Guttentag'sche Sammlung
Nr. 92. Deutscher Reichsgesetze. Nr. 92.
Text-Ausgaben mit Anmerkungen.

Gesetz über
den Verkehr mit Kraftfahrzeugen
vom 3. Mai 1909.

Text-Ausgabe mit Anmerkungen und Sachregister
von

Rudolf Kirchner,
Amtsrichter in Berlin.

Berlin 1909.
J. Guttentag, Verlagsbuchhandlung,
G. m. b. H.

Inhaltsverzeichnis.

Seite

Einleitung 7

Gesetz über den Verkehr mit Kraftfahrzeugen:

I. Verkehrsvorschriften. §§ 1—6 18

II. Haftpflicht. §§ 7—20 26

III. Strafvorschriften. §§ 21—26 255

Anhang:

Grundzüge betreffend den Verkehr mit Kraftfahrzeugen:

A. Allgemeine Vorschriften § 1 272

B. Das Kraftfahrzeug §§ 2—13 273

C. Der Führer des Kraftfahrzeugs. §§ 14—19 . 282

D. Die Benutzung öffentlicher Wege und Plätze. §§ 20—23 286

E. Verkehr über die Reichsgrenze und im Zollgrenzgebiete. §§ 24, 25 287

F. Untersagung des Betriebs. §§ 26, 27 291

G. Strafbestimmungen. § 28 292

H. Ausnahmen. § 29 292

J. Schlußbestimmungen. § 30 293

Sachregister 294

Abkürzungen.

Eger = Dr. Georg Eger, Kommentar zum Reichshaftpflichtgesetz, 6. Aufl.

Reindl = Dr. Max Reindl, Kommentar zum Reichshaftpflichtgesetz 1901.

EE. = Sammlung Eisenbahnrechtlicher Entscheidungen von Eger.

Zitiermethode.

RG. 25. 10. 07, JW. 750 [24] = Urteil des Reichsgerichts vom 25. 10. 07, abgedruckt in der Juristischen Wochenschrift Jahrgang 1907 Seite 750 Nr. 24.

RG. 15. 11. 07, JW. 08 9 [9] = Urteil des Reichsgerichts vom 15. 11. 07, abgedruckt in der Juristischen Wochenschrift Jahrgang 1908 Seite 9 Nr. 9.

RG. 3. 6. 07, EE. 24, 68, 69 = Urteil des Reichsgerichts vom 3. 6. 07, abgedruckt in den Eisenbahnrechtlichen Entscheidungen von Eger Band 24 Seite 68 und 69.

RG. 14. 12. 86, Bd. 17, 45 = Urteil des Reichsgerichts vom 14. 12. 86, abgedruckt in der Sammlung der Reichsgerichtsentscheidungen in Zivilsachen Band 17 Seite 45.

Einleitung.

Das Kraftfahrzeug hat sich in verhältnismäßig kurzer Zeit zu einem wichtigen und unentbehrlichen Beförderungsmittel im modernen Verkehrsleben entwickelt. Am 1. Januar 1907 waren im Deutschen Reiche insgesamt 27 026 Kraftfahrzeuge vorhanden; am 1. Januar 1908 betrug ihre Zahl bereits 36 022, hatte sich also in einem Jahre um rund 33 Prozent vermehrt. Neben den unleugbaren Vorzügen des neuen Verkehrsmittels, die vor allem in einer früher nicht erreichten Schnelligkeit der Beförderung bestehen, traten aber bald schwere Nachteile hervor. Je mehr das Kraftfahrzeug die öffentlichen Straßen eroberte, um so mehr häuften sich die Unglücksfälle. In der Zeit vom 1. Oktober 1906 bis 1. Oktober 1907 ereigneten sich in Deutschland 4864 Unglücksfälle beim Betriebe mit Kraftfahrzeugen, so daß auf je 100 vorhandene Kraftfahrzeuge 13,5 Unglücksfälle kamen. In der öffentlichen Meinung wurden mehr und mehr Stimmen laut, die einen erhöhten Schutz des Publikums vor den Gefahren des Kraftwagenbetriebs verlangten. Der nächstliegende Gedanke war, die Kraftfahrzeuge der Eisenbahnhaftpflicht zu unterwerfen. Wenn auch ein erheblicher Teil der Unfälle auf die Neuheit des Transportmittels zurückzuführen ist, an das sich der übrige Verkehr, insbesondere die im Straßenverkehr benutzten Pferde erst gewöhnen mußten, so sind doch mit dem Automobilbetrieb, ähnlich wie beim Eisenbahnbetrieb, gewisse eigentümliche Gefahren verbunden, und es entspricht der Billigkeit, daß hier wie dort das Risiko dieser Gefahren demjenigen auferlegt werde, der den Vorteil von dem gefährlichen Betriebe hat. Inzwischen war im Bürgerlichen Gesetzbuch der Grundsatz der Gefährdungshaftung weiter entwickelt und namentlich auch auf die Haftung des Tierhalters ausgedehnt worden. Der erste Entwurf eines Automobilgesetzes, der am 1. März 1906 dem Reichstage vorgelegt wurde, regelte die Haftpflicht für Kraftwagenunfälle ganz im Anschluß an das Reichshaftpflichtgesetz vom 7. Juni 1871. Danach sollte der Unternehmer eines Kraftwagenbetriebes schlechthin für Betriebsunfälle haften, und ihm nur die Einreden der höheren Gewalt und des eigenen Verschuldens des Verletzten zustehen. Dieser Entwurf ist wegen der Auflösung des Reichstags im Dezember 1906 nicht zur Erledigung gekommen. Am 12. Februar 1908 nahm der neue Reichstag zwei Resolutionen an, in denen wirksamere Maßregeln zur Verhütung von Unfällen und eine Verschärfung sowohl der Haftung für Schäden, als auch der Strafen für Überschreitungen der polizeilichen Vorschriften verlangt wurden. Demgemäß legte die

Reichsregierung im Juni 1908 einen neuen Entwurf vor, aus welchem das vorliegende Gesetz hervorgegangen ist.

In dem Entwurf von 1908 war die Haftpflicht des Automobilhalters auf eine ganz andere Grundlage gestellt, wie im Entwurf von 1906. Der Grundsatz der Gefährdungshaftung war im wesentlichen aufgegeben; der sonst im bürgerlichen Recht allgemein geltende Grundsatz der Verschuldenshaftung war nur in folgenden Punkten erweitert und zum Teil zugunsten des Prinzips der Gefährdungshaftung durchbrochen:

1. der Halter haftet unbedingt für Betriebsfehler und Betriebsstörungen;
2. er haftet im übrigen nicht nur für eigenes Verschulden, sondern auch für Verschulden des Fahrers, sofern er ihn zur Führung bestellt oder ermächtigt hat; er kann sich auch nicht durch den im § 831 BGB. sonst zugelassenen Nachweis sorgfältiger Auswahl und Beaufsichtigung des Fahrers befreien;
3. er trägt die Beweislast dafür, daß der Betriebsunfall weder durch sein noch seines Fahrers Verschulden und auch nicht durch Betriebsfehler oder Betriebsstörungen verursacht sei.

Diese Haftpflichtverschärfungen sollten sich nicht auf alle Kraftfahrzeuge, sondern nur auf solche erstrecken, die eine größere, ein zu bestimmendes Maß überschreitende Geschwindigkeit entfalten könnten und dadurch besonders gefährlich seien. Der Schutz der verschärften Haftpflicht sollte nur dem Straßenpublikum im Gegensatz zu den Insassen und dem Betriebspersonal des schädigenden Fahrzeugs zugute kommen. Der Umfang des Schadensersatzes sollte den Bestimmungen des Reichshaftpflichtgesetzes entsprechen, aber zugunsten des Haftpflichtigen durch Festsetzung von gesetzlichen Höchstbeträgen begrenzt werden.

Diesen Vorschlägen des Entwurfs hat die 29. Reichstagskommission in erster Lesung fast durchgängig ihre Zustimmung versagt. Sie kehrte im Prinzip zur Eisenbahnhaftung zurück, indem sie lediglich den Begriff der höheren Gewalt durch denjenigen des unabwendbaren äußeren Ereignisses ersetzte. Die Insassen des schädigenden Fahrzeugs wollte sie nur unter der Voraussetzung von dem Haftpflichtschutz des Gesetzes ausnehmen, daß ihre Beförderung nicht im Dienste oder Auftrage einer der haftpflichtigen Personen stattgefunden habe. Die übrigen Beschränkungen der Haftpflicht lehnte sie sämtlich ab.

In zweiter Lesung wurde ein Kompromiß mit der Regierung erzielt. Danach haftet der Automobilhalter zwar grundsätzlich ohne Rücksicht auf Verschulden, so daß er sich nicht, wie im Entwurf vorgesehen war, durch bloße Exkulpation von der Haftpflicht befreien kann. Indessen kommt der dem Halter nachgelassene Einwand des unabwendbaren Ereignisses in seinem praktischen Ergebnis einem verschärften Exkulpationsbeweis ziemlich nahe. Rein kommt der Grundsatz der Gefährdungshaftung nur darin zum Ausdruck, daß der Halter unbedingt für Unfälle einstehen muß, die auf einem Fehler in der Beschaffenheit des Fahrzeugs oder auf einem Versagen seiner Verrichtungen beruhen; daß dies nicht der Fall, hat er im einzelnen Falle zu beweisen. Im übrigen steht ihm der Einwand der Unabwendbarkeit zu, der im Verhältnis zu dem Einwande der höheren Gewalt, so wie sich dieser in der Rechtsprechung gestaltet hat, ganz erheblich erleichtert ist; denn ein Unfall gilt nach der ausdrücklichen Bestimmung des Gesetzes dann als unabwendbar, wenn Halter und Führer jede nach den Umständen des Falles gebotene Sorgfalt beobachtet haben.

Das Selbstverschulden des Verletzten ist nicht, wie im Reichshaftpflichtgesetze, zum Gegenstande einer besonderen Einrede gemacht, sondern unter dem Gesichtspunkte des unabwendbaren Ereignisses zu würdigen. Dadurch ist der Automobilhalter günstiger gestellt als der Eisenbahnunternehmer; sofern nicht eine fehlerhafte Beschaffenheit des Fahrzeugs oder eine Betriebsstörung mitgewirkt hat, braucht er nur nachzuweisen, daß das ursächlich auf einem Verhalten des Verletzten beruhende Ereignis für den Führer und für ihn selbst unabwendbar war, um gänzlich von der Haftpflicht für den Betriebsunfall frei zu werden; er hat also für die immerhin neben dem Verschulden des Verletzten zum Unfall mitwirkende Betriebsgefahr nicht einzustehen, wenn der Unfall unabwendbar war. Der Eisenbahnunternehmer hingegen muß auch, wenn ein Verschulden des Verletzten nachgewiesen ist, die mitwirkende Betriebsgefahr vertreten und es kommt erst auf die Abwägung der beiden ursächlichen Momente gemäß § 254 BGB. an, ob die Betriebsgefahr hinter dem Verschulden des Verletzten derart zurücktritt, daß der Betriebsunternehmer von jeder, auch nur teilweisen Verantwortlichkeit für den Schaden freibleiben kann.

Die vom Entwurf vorgeschlagenen Beschränkungen der Haftpflicht sind von der Kommission in zweiter Lesung gleichfalls im wesentlichen angenommen worden. Nur insofern hat die Kommission den Anwendungskreis des Gesetzes erweitert, als die Ausnahme des Entwurfs, daß Kraftfahrzeuge mit begrenzter Höchstgeschwindigkeit von den Haftpflichtbestimmungen des Gesetzes befreit sein sollen, auf Lastautomobile beschränkt worden ist, während alle zur Beförderung von Personen dienenden Kraftfahrzeuge auch dann, wenn sie nur eine begrenzte Geschwindigkeit entfalten können und dadurch weniger gefährlich sind, diesen Bestimmungen unterliegen. Für Lastautomobile ist die Höchstgeschwindigkeit, welche die Befreiung zusichert, auf 20 km in der Stunde gesetzlich festgelegt worden.

Gemäß diesen von der Kommission in zweiter Lesung gefaßten Beschlüssen wurde die Gesetzesvorlage im März 1909 vom Reichstage und am 24. April 1909 vom Bundesrat genehmigt. Die Ausfertigung und Verkündung des Gesetzes durch den Kaiser erfolgte am 3. Mai 1909.

Die Bestimmungen des Gesetzes über die Haftpflicht des Fahrzeughalters weichen in mehreren wichtigen Punkten von dem bisherigen Haftpflichtrechte ab. An Stelle des Begriffs der höheren Gewalt, der in der Rechtsprechung mehr und mehr eingeschränkt worden ist und praktisch höchst selten zur Anerkennung gelangt, wurde der neue Begriff der Unabwendbarkeit eingeführt und fest umgrenzt. Die Frage der Abwendbarkeit oder Unabwendbarkeit eines Ereignisses soll nicht nach bestimmten, dem Ereignisse anhaftenden oder fehlenden Merkmalen, sondern lediglich danach entschieden werden, ob sein Eintritt im einzelnen Falle trotz höchster Vorsicht und Aufmerksamkeit tatsächlich nicht verhindert werden konnte. Damit ist das Gesetz im wesentlichen zu der ursprünglichen Auslegung des Begriffes der höheren Gewalt zurückgekehrt.

Der Einwand des eigenen Verschuldens des Verletzten ist als besonderer Einwand fallen gelassen worden. Das Verhalten des Verletzten kann aber unter dem Gesichtspunkte der Unabwendbarkeit haftpflichtbefreiend wirken (s. oben).

Das Gesetz will nur denjenigen Teil der Bevölkerung schützen, der auf Straßen und Wegen in seinem gewohnten Verkehre gefährdet ist. Deshalb sind die Insassen und das Betriebspersonal der

Kraftfahrzeuge von dem besonderen Haftpflichtschutze des Gesetzes ausgenommen. Zur Begründung wurde namentlich auch angeführt, daß Kraftwagenunfälle mit ernstlichen Verletzungen der Insassen nicht erheblich häufiger vorkämen als im übrigen Fuhrwerksbetriebe mit Pferden.

Der Umfang des Schadensersatzes ist derselbe wie nach dem Reichshaftpflichtgesetz, jedoch ist nicht bloß, wie nach letzterem Gesetz, Personenschaden, sondern auch Sachschaden zu ersetzen, wobei aber diejenigen Sachen ausgenommen sind, die mit dem Fahrzeug befördert wurden. Eine wichtige Neuerung bringt das vorliegende Gesetz aber durch die Einführung von Höchstbeträgen, über die hinaus kein Ersatz geleistet zu werden braucht (§ 12). Diese Begrenzung der Haftpflicht soll in erster Linie den Verkehr mit Kraftfahrzeugen und die Automobilindustrie schützen, aber auch im Sinne sozialer Gerechtigkeit ausgleichend wirken: indem den Automobilhaltern durch diese Begrenzung die Möglichkeit gewährt wird, sich zu erschwinglichen Bedingungen gegen Haftpflicht zu versichern, wird die Verwirklichung der kleinen und mittleren Haftpflichtansprüche gesichert, während es denjenigen Personen, die in besonders günstigen Erwerbsverhältnissen leben und im Falle einer Verletzung einen besonders großen Schaden erleiden würden, überlassen bleiben muß, durch eigene Aufwendungen sich gegen diesen weiteren Schaden zu versichern.

Die Verjährung ist in Anlehnung an das BGB. — anders als im Reichshaftpflichtgesetz — geregelt; jedoch ist die 2jährige Verjährungsfrist des Reichshaftpflichtgesetzes beibehalten.

Die Erhaltung der Haftpflichtansprüche ist an eine Ausschlußfrist gebunden, innerhalb deren der Unfall dem Haftpflichtigen angezeigt werden muß (§ 15). Da der Haftpflichtige die Beweislast für die Aufklärung der Entstehung des Unfalls trägt, so soll er durch diese Bestimmung mehr noch als durch die kurze Verjährung gegen eine Erschwerung seiner Lage durch späte Anmeldung der Ansprüche geschützt werden.

§ 17 sorgt für einen gerechteren Ausgleich zwischen mehreren Haftpflichtigen, indem statt der gleichanteiligen Haftung des § 426 BGB. das Maß der Verursachung, wie nach § 254 BGB., entscheiden soll. Dabei sind auch die Tierhalter und die Eisenbahnunternehmer, wenn ihre Haftpflicht mit derjenigen des Fahrzeughalters konkurriert, berücksichtigt.

Der Führer eines Kraftfahrzeugs haftet nur für Verschulden, muß sich aber exkulpieren, da die Vermutung gegen ihn spricht.

Für Haftpflichtansprüche aller Art ist der Gerichtsstand des Unfalls (der begangenen Tat) ausdrücklich im Gesetz anerkannt.

Die Haftpflichtbestimmungen bilden nur einen Teil des Gesetzes. Daneben enthält es Verkehrsvorschriften und Strafvorschriften. Beide sollen gleichfalls dem Schutze des Publikums dienen, indem sie vorbeugend im Sinne der Verhütung von Unfällen wirken.

Die Verkehrsvorschriften hat man aus diesem Grunde für den wichtigsten Teil des Gesetzes erklärt und deshalb als Teil I den Haftpflichtbestimmungen vorangestellt. Nach diesen Vorschriften muß jedes Kraftfahrzeug, bevor es in der Öffentlichkeit in Betrieb gesetzt wird, behördlich zugelassen werden. Die Führung eines Kraftfahrzeugs ist von einer Fahrerlaubnis abhängig gemacht, welche nach bestandener Fahrerprüfung zu erteilen ist, sofern nicht sonstige, durch Tatsachen zu belegende Gründe gegen die Zuverlässigkeit und sonstige Eignung des Bewerbers sprechen. Im übrigen soll der Bundesrat einheitlich für das ganze Reich die erforderlichen Anordnungen über den Verkehr mit Kraftfahrzeugen erlassen.

Die Strafvorschriften sichern die Befolgung der Verkehrsvorschriften; insbesondere wird die Fälschung oder Unterdrückung des polizeilichen Kennzeichens, mit dem jedes Kraftfahrzeug versehen sein muß, mit Strafe bedroht (§ 25). Außerdem wird der Führer bestraft, wenn er sich nach einem Unfalle der Feststellung entzieht oder gar den Verletzten in hilfloser Lage verläßt (§ 22).

Die Haftpflichtvorschriften treten bereits am 1. Juni 1909, das übrige Gesetz erst am 1. April 1910 in Kraft, damit inzwischen die Ausführungsverordnungen des Bundesrats erlassen werden können.

Bis dahin gelten die von den Verwaltungsbehörden der einzelnen Bundesstaaten in Übereinstimmung miteinander auf Grund der vom Bundesrat vorgeschlagenen Grundzüge vom 3. Mai 1906 erlassenen Verordnungen über den Verkehr mit Kraftfahrzeugen (abgedruckt S. 272ff.).

Gesetz über den Verkehr mit Kraftfahrzeugen.

Vom 3. Mai 1909.

(RGBl. Nr. 26 S. 437—444.)

Wir **Wilhelm**, von Gottes Gnaden Deutscher Kaiser, König von Preußen ꝛc.

verordnen im Namen des Reichs, nach erfolgter Zustimmung des Bundesrats und des Reichstags, was folgt:

I. Verkehrsvorschriften.

§ 1.

Kraftfahrzeuge, die auf öffentlichen Wegen oder Plätzen in Betrieb gesetzt werden sollen, müssen von der zuständigen Behörde zum Verkehre zugelassen sein.

Als Kraftfahrzeuge im Sinne dieses Gesetzes gelten Wagen oder Fahrräder, welche durch Maschinenkraft bewegt werden, ohne an Bahngleise gebunden zu sein.

1. Öffentliche Wege und Plätze.

Öffentlich sind alle Wege und Plätze, welche tatsächlich dem Verkehr des Publikums freigegeben sind. Auf das Eigentum am Grund und Boden kommt nichts an. Der Verkehr kann im öffentlichen Interesse gewissen Beschränkungen unterworfen werden. Auch Straßen, die lediglich dem Verkehr mit Kraftfahrzeugen vorbehalten sind, verlieren dadurch nicht die Eigenschaft der öffentlichen Straßen, sofern sie nur allgemein für alle Kraftfahrzeuge oder für solche bestimmter Art (z. B. Personenwagen) geöffnet sind. Anders, wenn eine besondere Zulassung stattfindet, wie auf Rennbahnen.

2. von der zuständigen Behörde zum Verkehr zugelassen.

Bevor ein neues Kraftfahrzeug zum ersten Male in Betrieb gesetzt wird, findet eine behördliche Prüfung statt, ob es den im öffentlichen Interesse an seine Betriebssicherheit zu stellenden Anforderungen entspricht. Vgl. §§ 2—5 der Grundzüge des Bundesrats, abgedruckt S. 272 ff. Zuständig für die Prüfung und Zulassung ist danach die Polizeibehörde am Wohnort des Eigentümers.

3. Begriff des Kraftfahrzeugs.

Unter Wagen sind nach dem allgemeinen Sprachgebrauch Räderfuhrwerke zu verstehen, d. h. auf Rädern laufende Fahrzeuge zur Beförderung von Personen und Sachen. Motorboote und Dampfschiffe gehören deshalb ebensowenig wie Lokomobilen und Dampfstraßenwalzen zu den Kraftfahrzeugen.

Die Fahrzeuge müssen durch Maschinenkraft bewegt werden. Ob sich die krafterzeugende Maschine auf dem Fahrzeug selbst befindet, oder ob die Kraft von außen her irgendwie zugeleitet wird, macht keinen Unterschied. Der Antrieb muß durch das Wirken einer elementaren Kraft im Gegensatz zu animalischen Kräften geschehen. Ein Kraftfahrzeug, das vorübergehend, etwa weil es einen Maschinenschaden erlitten hat, von Zugtieren oder Menschen fortbewegt wird, verliert damit nicht die ihm nach seiner Einrichtung und Zweckbestimmung zukommende Eigenschaft des Kraftfahrzeugs; dagegen ist es während eines solchen Transports als Kraftfahrzeug nicht im Betriebe (vgl. Anm. II 1 zu § 7). Auf die Art der Kraft kommt es im übrigen nicht an. Auch Dampfstraßenwagen, Straßenlokomotiven und dergleichen gehören, sofern sie nicht auf

Schienen laufen, zu den Kraftfahrzeugen im Sinne dieses Gesetzes; desgleichen die Anhängewagen eines Kraftfahrzeugs, denn auch sie werden durch die auf mechanischem Wege auf sie übertragene Kraft des Motorwagens bewegt.

Fahrzeuge, die an Bahngleise gebunden sind, wie Eisenbahnen, Straßenbahnen, Feld- und Industriebahnen, auch Schwebebahnen und Drahtseilbahnen, gehören nicht zu den Kraftfahrzeugen im Sinne dieses Gesetzes. Sie sind besonderen Bestimmungen unterworfen, so namentlich bezüglich der Haftpflicht dem Reichshaftpflichtgesetze vom 7. Juni 1871. Dagegen fallen Fahrzeuge, die ihre Kraft aus einer fest in die Straße eingebauten Zuleitungsanlage empfangen, (z. B. Omnibusse mit elektrischer Oberleitung) deshalb nicht aus dem Begriff des Kraftfahrzeugs heraus; sie sind nicht an Bahngleise gebunden und können, wenn auch in beschränktem Maße, ausweichen.

§ 2.

Wer auf öffentlichen Wegen oder Plätzen ein Kraftfahrzeug führen will, bedarf der Erlaubnis der zuständigen Behörde. Die Erlaubnis gilt für das ganze Reich; sie ist zu erteilen, wenn der Nachsuchende seine Befähigung durch eine Prüfung dargetan hat und nicht Tatsachen vorliegen, die die Annahme rechtfertigen, daß er zum Führen von Kraftfahrzeugen ungeeignet ist.

Den Nachweis der Erlaubnis hat der Führer durch eine Bescheinigung (Führerschein) zu erbringen.

Die Befugnis der Ortspolizeibehörde, auf Grund des § 37 der Reichs-Gewerbeordnung weitergehende Anordnungen zu treffen, bleibt unberührt.

Auf Wegen und Plätzen, die nicht dem öffentlichen Verkehr freigegeben sind, bedarf der Führer keiner Erlaubnis, weil eine Gefährdung des Publikums hier nicht zu besorgen ist. Mit dieser Einschränkung des Gesetzes soll insbesondere der Ausbildung von Fahrlehrlingen in den Chauffeurschulen Raum geschaffen werden.

Nach § 14 der bundesrätlichen Grundzüge ist die Polizeibehörde des Wohnorts des Führers zuständig, die Fahrerlaubnis zu erteilen. Die Erteilung der Erlaubnis ist von zwei Voraussetzungen abhängig: 1. von dem Nachweis der technischen Befähigung, ein Kraftfahrzeug zu führen. Dieser Nachweis wird durch eine Prüfung dargetan. Der Erlaß einer Prüfungsordnung und die Bestimmung der für Abnahme der Prüfung zuständigen Stelle ist der Ausführungsverordnung des Bundesrats vorbehalten (§ 17 Ziffer 1). Die Prüfung wird sich auf eine genaue Kenntnis der Vorschriften für den Automobilbetrieb, der mechanischen Zusammensetzung der Kraftfahrzeuge und ihrer Konstruktionen, außerdem auf Übung im Fahrdienst auch unter schwierigen Bedingungen (Straßengewühl und Geländeschwierigkeiten) zu erstrecken haben. Nach der Erklärung eines Regierungsvertreters in der Reichstagskommission wird beabsichtigt, die Prüfung den Ingenieuren der Dampfkesselüberwachungsvereine zu übertragen, die dazu besonders vorgebildet werden sollen. Die Errichtung staatlicher Chauffeurschulen ist nicht geplant. 2. Außer der technischen Befähigung sind aber auch die moralischen und körperlichen Eigenschaften der Bewerber zu untersuchen. Notorische Trinker und Personen, die zu Roheitsdelikten neigen, sind ebenso zurückzuweisen wie taube, kurzsichtige oder epileptische Personen (Kommissionsbericht S. 32/33). Um behördliche Willkür bei Erteilung der Fahrerlaubnis auszuschließen, müssen die Tatsachen angegeben werden, welche gegen die moralische, körperliche oder sonstige Fähigkeit zum Führen eines Kraftfahrzeugs sprechen. Wird auf Grund solcher Tatsachen die Fahrerlaubnis versagt, so ist nach § 5 der Rekurs zugelassen.

Zurzeit besteht der Führerschein nach § 14 der Grundzüge in einem auf das Befähigungszeugnis gesetzten Vermerk der Ortspolizeibehörde. Der Führer hat das Zeugnis bei sich zu führen und auf Verlangen dem zuständigen Beamten vorzuzeigen.

Nach § 37 RGO. unterliegt die Unterhaltung des öffentlichen Verkehrs innerhalb der Orte durch Wagen oder andere Transportmittel der Regelung durch die Ortspolizeibehörde. Diese Behörde kann auch künftig zur größeren Sicherheit des Verkehrs innerhalb der Ortschaften weitergehende Anordnungen innerhalb ihrer Zuständigkeit aus § 37 RGO. erlassen. Dagegen kann sie nichts von den Anforderungen dieses Gesetzes und der zu seiner Ausführung erlassenen allgemeinen Anordnungen nachlassen.

§ 3.

Wer zum Zwecke der Ablegung der Prüfung (§ 2 Abs. 1 Satz 2) sich in der Führung von Kraftfahrzeugen übt, muß dabei auf öffentlichen Wegen oder Plätzen von einer mit dem Führerschein versehenen, durch die zuständige Behörde zur Ausbildung von Führern ermächtigten Person begleitet und beaufsichtigt sein. Das Gleiche gilt für die Fahrten, die bei Ablegung der Prüfung vorgenommen werden.

Bei den Übungs- und Probefahrten, die gemäß der Vorschrift des Abs. 1 stattfinden, gilt im Sinne dieses Gesetzes der Begleiter als Führer des Kraftfahrzeugs.

Die ordnungsmäßige Ausbildung der Fahrlehrlinge erfordert, daß sie sich auch auf den öffentlichen Straßen üben und das Fahrzeug auch in fremder Örtlichkeit und im öffentlichen Straßenverkehr steuern lernen. Diesem Bedürfnis trägt die vorliegende Bestimmung Rechnung.

Der Fahrlehrling selbst trägt keine Verantwortung (ObLG. Köln 2. 5. 05 EE. 23_2); allein verantwortlich ist der Begleiter, der im Sinne des Gesetzes, also in Ansehung sowohl der zivil- wie der strafrechtlichen Haftbarkeit als Führer gilt. Wegen den erhöhten Anforderungen, die an die Geschicklichkeit und an die persönlichen Eigenschaften des Lehrers zu stellen sind, ist neben der allgemeinen Fahrerlaubnis noch eine besondere Erlaubnis zur Ausbildung von Führern erforderlich.

§ 4.

Werden Tatsachen festgestellt, welche die Annahme rechtfertigen, daß eine Person zum Führen von Kraftfahrzeugen ungeeignet ist, so kann ihr die Fahrerlaubnis dauernd oder für bestimmte Zeit durch die zuständige Verwaltungsbehörde entzogen werden; nach der Entziehung ist der Führerschein der Behörde abzuliefern.

Die Entziehung der Fahrerlaubnis ist für das ganze Reich wirksam.

Die Entziehung der Fahrerlaubnis erfolgt, wenn eine der Voraussetzungen für ihre Erteilung (s. § 2) hinterher wegfällt; namentlich dann, wenn das spätere Verhalten des Führers zeigt, daß er nicht diejenigen moralischen oder körperlichen Eigenschaften besitzt, welche bei Erteilung der Fahrerlaubnis bei ihm angenommen wurden, oder wenn er sie später verloren hat. Nur die Verwaltungsbehörden sind befugt, die Entziehung auszusprechen; die ordentlichen Gerichte, welche über eine strafbare Handlung des Führers aburteilen, können die Entziehung nicht aussprechen; dies bleibt, wenn erforderlich, einem Nachverfahren vor den Verwaltungsbehörden überlassen. In der Entziehung auf Zeit besitzen die Behörden ein wichtiges Mittel, um leichtfertige Fahrer, die sich in kurzer Zeit wiederholte Übertretungen zuschulden kommen lassen, zu besserer Beobachtung der polizeilichen Anordnungen zu erziehen.

Wird nach der Entziehung — auch wenn sie auf Zeit ausgesprochen ist — der Führerschein trotz Aufforderung nicht abgeliefert, so macht sich der Führer nach § 24 Ziffer 3 strafbar.

§ 5.

Gegen die Versagung der Fahrerlaubnis ist, wenn sie aus anderen Gründen als wegen ungenügenden Ergebnisses der Befähigungsprüfung erfolgt, der Rekurs zulässig. Das Gleiche gilt von der Entziehung der Fahrerlaubnis; der Rekurs hat keine aufschiebende Wirkung.

Die Zuständigkeit der Behörden und das Verfahren bestimmen sich nach den Landesgesetzen und, soweit landesgesetzliche Vorschriften nicht vorhanden sind, nach den §§ 20, 21 der Reichs-Gewerbeordnung.

Die Versagung der Fahrerlaubnis wegen Nichtbestehens der Fahrerprüfung ist unanfechtbar. Die Bedingungen, unter denen die Prüfung wiederholt werden kann, wird voraussichtlich die vom Bundesrat zu erlassende Prüfungsordnung bestimmen. Der Rekurs ist nur zulässig, wenn die Fahrerlaubnis aus anderen Gründen (s. § 2) versagt worden ist; desgleichen, wenn die erteilte Fahrerlaubnis wieder entzogen wird.

Der Schutz des Publikums verlangt, daß ein Fahrer, den eine Behörde für unfähig zur Führung eines Kraftfahrzeugs erachtet hat, sofort diese verantwortungsreiche Tätigkeit einstelle.

In Preußen bedarf es einer königlichen Verordnung darüber, ob in erster Instanz die Kreis- (Stadt-) ausschüsse bzw. die Magistrate oder aber die Bezirksausschüsse zuständig sein sollen (§§ 109, 110 des Preuß. ZuständGes.

v. 1. 8. 83). Nach der Erklärung eines Regierungsvertreters ist beabsichtigt, die Befugnis zur Entziehung des Führerscheins der höheren Verwaltungsbehörde, also den Bezirksausschüssen, zu übertragen.

§ 6.

Der Bundesrat erläßt:

1. die zur Ausführung der §§ 1 bis 5 erforderlichen Anordnungen sowie die Bestimmungen für die Zulassung der Führer ausländischer Kraftfahrzeuge;
2. die sonstigen zur Erhaltung der Ordnung und Sicherheit auf den öffentlichen Wegen oder Plätzen erforderlichen Anordnungen über den Verkehr mit Kraftfahrzeugen, insbesondere über die Prüfung und Kennzeichnung der Fahrzeuge und über das Verhalten der Führer.

Soweit auf Grund der Anordnungen des Bundesrats die Militär- und Postverwaltung Personen, die sie als Führer von Kraftfahrzeugen verwenden, die Fahrerlaubnis versagt oder entzogen haben, finden die Vorschriften des § 5 keine Anwendung.

Soweit der Bundesrat Anordnungen gemäß Abs. 1 nicht erlassen hat, können solche durch die Landeszentralbehörden erlassen werden.

Die Anordnungen des Bundesrats sind durch das Reichs-Gesetzblatt zu veröffentlichen. Sie kommen in Bayern nach näherer Bestimmung des Bündnisvertrags vom 23. November 1870 (Bundes-Gesetzbl. 1871 S. 9) unter III §§ 4, 5, in Württemberg nach näherer Bestimmung des Bündnisvertrags vom 25. November 1870 (Bundes-Gesetzbl. 1870 S. 654) unter Artikel 2 Nr. 4 zur Anwendung.

Zurzeit ist bereits der Verkehr mit Kraftfahrzeugen einheitlich für das ganze Reichsgebiet geregelt, indem die einzelnen Landesbehörden in Übereinstimmung miteinander Verordnungen erlassen haben, welche den vom Bundesrat beschlossenen „Grundzügen betreffend den Verkehr mit Kraftfahrzeugen“ entsprechen. Siehe S. 272ff.

II. Haftpflicht.

§ 7.

Wird bei dem Betrieb eines Kraftfahrzeugs ein Mensch getötet, der Körper oder die Gesundheit eines Menschen verletzt oder eine Sache beschädigt, so ist der Halter des Fahrzeugs verpflichtet, dem Verletzten den daraus entstehenden Schaden zu ersetzen.

Die Ersatzpflicht ist ausgeschlossen, wenn der Unfall durch ein unabwendbares Ereignis verursacht wird, das weder auf einem Fehler in der Beschaffenheit des Fahrzeugs noch auf einem Versagen seiner Verrichtungen beruht. Als unabwendbar gilt ein Ereignis insbesondere dann, wenn es auf das Verhalten des Verletzten oder eines nicht bei dem Betriebe beschäftigten Dritten oder eines Tieres zurückzuführen ist und sowohl der Halter als der Führer des Fahrzeugs jede nach den Umständen des Falles gebotene Sorgfalt beobachtet hat.

Wird das Fahrzeug ohne Wissen und Willen des Fahrzeughalters von einem Anderen in Betrieb gesetzt, so ist dieser an Stelle des Halters zum Ersatze des Schadens verpflichtet.

Zu Absatz 1.

I. Allgemeines.

§ 7 begründet neben den allgemeinen Vorschriften des BGB. über die Verpflichtung zum Ersatze fremden Schadens eine besondere Verpflichtung des Halters eines Kraftfahrzeugs zum Ersatze von Schaden, der bei dem Betriebe dieses Kraftfahrzeugs einem Andern zugefügt wird. Diese besondere Verpflichtung hebt, wie § 16 des Gesetzes ausdrücklich bestimmt, die allgemeinen Vorschriften des BGB. für die durch Kraftfahrzeuge verursachten Schadensfälle nicht auf, sondern tritt ergänzend neben sie. Der Beschädigte ist also in der Lage, seine Ersatzansprüche sowohl auf das vorliegende Sondergesetz, wie auch auf die allgemeinen Normen des BGB. zu stützen. Die Bedeutung des Sondergesetzes beruht darin, daß die Voraussetzungen des Schadensersatzanspruchs im Vergleich zu den allgemeinen Erfordernissen des bürgerlichen Rechts wesentlich erleichtert sind. Bezüglich der letzteren vgl. die Erläuterungen zu § 16.

§ 7 regelt die Voraussetzungen des Sonderanspruchs.

II. Bei dem Betriebe eines Kraftfahrzeugs.

Die vorstehenden Gesetzesworte stimmen mit den Worten in § 1 des Reichshaftpflichtgesetzes „bei dem Betriebe einer Eisenbahn" überein und sind ihnen bewußt nachgebildet, da das Haftpflichtgesetz dem vorliegenden Gesetz über den Verkehr mit Kraftfahrzeugen zum Vorbild gedient hat. Daraus ergibt sich der Schluß, daß die zu den entsprechenden Worten des Haftpflichtgesetzes ergangene Rechtsprechung des obersten Gerichtshofes und die von diesem in zahlreichen Einzelfällen festgelegten Begriffe nach dem Willen des Gesetzgebers auch für das vorliegende Gesetz übernommen werden sollen, soweit sich nicht aus der veränderten Sachlage notwendige Abweichungen ergeben.

1. Betrieb. Unter dem Betrieb einer Eisenbahn als eines Transportunternehmens würden an sich, bei weiter Fassung des Begriffs, alle für die Verwaltung des Unternehmens erforderlichen Handlungen zu verstehen sein. Da aber die durch das Haftpflichtgesetz geschaffene besondere Haftpflicht einen Ausgleich eben nur für die besondere Gefährlichkeit des Eisenbahnbetriebes schaffen wollte, diese besondere Gefährlichkeit aber nicht mit allen Zweigen des Betriebes — man denke an die Tätigkeit in den Schreibstuben — verbunden ist, so ergab sich die logische Notwendigkeit, den Begriff „Eisenbahnbetrieb" im Sinne des Haftpflichtgesetzes auf diejenigen Verrichtungen zu beschränken, mit denen die dem Eisenbahnbetriebe eigentümlichen Gefahren verbunden sind. Das letztere ist ausnahmslos bei der eigentlichen Beförderungstätigkeit der Fall; deshalb ist jeder Unfall, der sich hierbei ereignet, ein Betriebsunfall, ohne daß der Zusammenhang mit den eigentümlichen Gefahren des Betriebes im einzelnen Falle besonders festgestellt zu werden brauchte. Unfälle, die sich nicht unmittelbar beim Transporte selbst, sondern bei andern, mit dem Transport auf der Bahn nur mittelbar zusammenhängenden, ihn vorbereitenden oder abschließenden Verrichtungen ereignen, sind nur dann als Betriebsunfälle anzusehen, wenn diejenige Betriebstätigkeit, die sie verursacht hat, entweder allgemein mit den eigentümlichen Eisenbahngefahren verbunden, oder doch im konkreten Falle von diesen Gefahren beeinflußt worden ist. RG. 19. 11. 06, JW. 07, 26[27]; 9. 1. 02, Bd. 50, 92; 12. 5. 02, JW. 367; 3. 12. 03, Bd. 56, 265.

Von diesen Grundsätzen aus dem Anwendungsbereiche des Haftpflichtgesetzes hat vor allem der Satz Bedeutung auch für die Anwendung des vorliegenden Gesetzes, daß ein Unfall, der sich bei der eigentlichen Beförderungstätigkeit (Betrieb im engsten Sinne) ereignet, als Betriebsunfall gilt, ohne daß im einzelnen Falle nachzuweisen wäre, daß der Unfall gerade auf einer der eigentümlichen Betriebsgefahren beruhe. Auch wenn ein ganz langsam fahrendes

Kraftfahrzeug einen Menschen anfährt oder sonst Schaden anrichtet, liegt ein Betriebsunfall vor, und es ist daraus, daß der Unfall in ganz gleicher Weise auch bei jedem andern, von Tieren bewegten Fahrzeug hätte passieren können, kein Einwand gegen die Haftpflicht herzuleiten. RG. 25. 1. 08, JW. 210[32]; 3. 2. 08, EE. 24, 392; 23. 1. 05, JW. 159.

Im übrigen darf aber der Unterschied zwischen dem Betriebe einer Eisenbahn und dem Betriebe eines Kraftfahrzeugs nicht übersehen werden. Der Eisenbahnbetrieb auch im engsten, lediglich die Beförderungstätigkeit umfassenden Sinne besteht in dem Zusammenwirken zahlreicher Betriebsmittel und Einrichtungen; die Bewegung eines einzelnen Zuges ist nur ein Teil des ganzen Betriebes; mögen einzelne Wagen und Zugmaschinen zeitweilig außer Betrieb sein, der Betrieb der Eisenbahn selbst ruht nicht und bildet in der Gesamtheit der Verrichtungen eine fortlaufende Einheit. Wenn man dagegen von dem Betriebe eines Kraftfahrzeugs spricht, so ist darunter nicht ein einheitliches Unternehmen wie bei der Eisenbahn zu verstehen. Man darf dabei nicht an das wirtschaftliche Unternehmen des Halters denken, dem das Kraftfahrzeug dient; auch wenn dies Unternehmen in einem Transportgewerbe bestehen sollte, für welches mehrere Kraftfahrzeuge gehalten werden. Das Gesetz spricht von dem Betriebe eines Kraftfahrzeugs, nicht vom Kraftfahrbetriebe. Das Halten eines Kraftfahrzeugs an sich begründet keinen Betrieb der Art, daß alle einzelnen Fälle der Benutzung des Fahrzeugs Glieder in der Kette eines einheitlichen, fortgesetzten Betriebes wären. Ein Betrieb im Sinne des vorliegenden Gesetzes findet nur statt, wenn und solange das Kraftfahrzeug selbst sich im Betriebe befindet. Unfälle, die vorher, ehe das Fahrzeug im einzelnen Falle in Betrieb gesetzt worden ist, bei den Vorbereitungen zur Fahrt, der Instandsetzung des Fahrzeugs, dem Beladen desselben, dem Reinigen, Schmieren, Füllen der Maschine und dergleichen oder nach der Beendigung der Betriebstätigkeit passieren, scheiden damit von vornherein aus der Reihe der Betriebsunfälle aus, ohne daß darauf eingegangen zu werden braucht, ob diese Verrichtungen etwa mit den eigentümlichen Gefahren des Betriebes von Kraftfahrzeugen zusammenhängen. Zur Abgrenzung der Betriebsunfälle kommt es wesentlich auf die Frage an, ob das Kraftfahrzeug sich zu der Zeit, wo die schädigende Wirkung von ihm ausging, im Betriebe befand.

Betrieb bedeutet eine von einem bestimmten Zweck beherrschte Tätigkeit. Und da die Zweckbestimmung des Kraftfahrzeugs in der Beförderung von Personen oder Sachen besteht, so ist das Kraftfahrzeug dann im Betrieb, wenn es zum Zweck der Beförderung in Bewegung gesetzt ist. Daß das Fahrzeug Fahrgäste oder Fracht aufgenommen haben müsse, um im Betriebe zu sein, ist damit nicht gesagt; auch wenn es leer fährt, dient es der Beförderung von Fahrer und Wagen.

Zweifellos befindet sich ein Kraftfahrzeug im Betriebe, während es durch die ihm zugehörige Maschinenkraft bewegt wird. Auf die Fahrgeschwindigkeit kommt nichts an; insbesondere ist nicht erforderlich, daß es mit der den Kraftfahrzeugen eigentümlichen erheblichen Geschwindigkeit bewegt wird. Die verminderte Geschwindigkeit beseitigt nur unter den Voraussetzungen des § 8 Ziffer 2 die Haftpflicht. Unerheblich ist auch, ob sich der Unfall auf öffentlichen Verkehrsstraßen, oder auf privaten Straßen, auf Höfen, in abgesteckten Rennbahnen, oder auf besonderen Automobilstraßen zugetragen hat. Wenn auch der Zweck des Gesetzes der Schutz des Verkehrs auf den allgemeinen Verkehrsstraßen ist, so ist doch keine dementsprechende Beschränkung der Haftpflicht in das Gesetz aufgenommen worden.

Nicht jedes in Bewegung befindliche Kraftfahrzeug ist damit zugleich im Betriebe. Es muß durch die ihm zugehörige maschinelle Kraft bewegt sein. Wird ein Kraftfahrzeug, das unterwegs Schaden genommen hat, unter

Vorspann von Zugtieren in die Reparaturwerkstatt befördert, so ist es als Kraftfahrzeug außer Betrieb, tote Last, auch wenn es auf eigenen Rädern läuft, ein Wagen wie jeder andere von Pferden gezogene Wagen. Das gleiche gilt, wenn ein Kraftfahrzeug durch menschliche Muskelkraft bewegt wird, z. B. der Wagenwäscher zieht es aus der Remise in den Hof, oder der Chauffeur eines Droschkenautomobils verändert auf dem Droschkenhalteplatz um ein weniges die Stellung seines Fahrzeugs, ohne dazu das Triebwerk einzuschalten; in solchen Fällen, wo es an eigener Kraftwirkung fehlt, ist das Kraftfahrzeug als toter Körper ein Werkzeug wie jedes andere. Wird bei solchen Gelegenheiten durch die Bewegung des Fahrzeugs ein Mensch verletzt z. B. durch Umstoßen, so liegt kein Betriebsunfall im Sinne des Gesetzes vor, denn der Unfall ist passiert, bevor das Fahrzeug überhaupt in Betrieb gesetzt worden war. Das Gleiche muß für solche Fälle gelten, wo ein in völliger Betriebsruhe befindliches Kraftfahrzeug durch äußere elementare Gewalten z. B. durch Sturm in Bewegung gesetzt führerlos einen Abhang hinunterrollt.

Aus dem Gesagten ist nicht zu folgern, daß das Kraftfahrzeug gerade im Augenblick des Unfalls mit eigener Kraft gefahren sein müsse. Hat der Fahrer auf abfallender Straße die Triebkraft ausgeschaltet, um den Abhang mit Hilfe der Schwerkraft hinunterzufahren, so ist das Fahrzeug damit nicht außer Betrieb. Die zeitweilige Ausschaltung der Triebkraft gehört auch auf ebener Straße zu der regelmäßigen ordentlichen Bedienung der Maschine und kann, solange das Fahrzeug in Bewegung ist, den Betrieb nicht beendigen.

Genügt einerseits die Bewegung des Fahrzeugs, sofern sie nicht aus der Kraftquelle der zugehörigen Maschine stammt, nicht, um das Fahrzeug als im Betriebe befindlich erscheinen zu lassen, so setzt andererseits auch der Gang des Maschinenwerks das zurzeit noch stille stehende Fahrzeug nur unter der Voraussetzung in Betrieb, daß die

Fortbewegung beabsichtigt ist, daß eine Fahrt angetreten werden soll. Regelmäßig wird diese Absicht vorhanden sein, und dann beginnt mit dem Augenblick, wo die Maschine anfängt zu laufen, der Betrieb des Kraftfahrzeugs; denn die Maschine ist hier als Teil des Ganzen, dem sie zu dienen bestimmt ist, in Tätigkeit getreten. Es ist aber auch möglich, daß die Maschine einmal außerhalb des Zusammenhangs mit dem Wagen als selbständiges Ding in Funktion treten soll, z. B. wenn es sich darum handelt, ihren Gang im Interesse einer künftigen, aber nicht unmittelbar bevorstehenden Fahrt zu prüfen. Gleichviel ob diese Prüfung in der Garage oder in der Reparaturwerkstatt oder auf dem Droschkenhalteplatz stattfindet, so muß notwendig solche Tätigkeit der Maschine für den Betrieb des Kraftfahrzeugs selbst belanglos sein; die Verbindung zwischen Maschine und Fahrzeug ist in solchen Fällen nur äußerlich, zufällig, die Zweckverbindung ist gelöst. Es fehlt die unmittelbare Beziehung zwischen dem Betrieb der Maschine und einer beabsichtigten Beförderungstätigkeit des Kraftfahrzeugs. Ein Unfall, der sich bei einer solchen Probe des Maschinenwerks durch Explosion, Abspringen rotierender Teile oder dergleichen ereignet, würde also nicht die Haftpflicht des Gesetzes begründen.

Im allgemeinen setzt aber der Lauf der Maschine auch das Kraftfahrzeug in Betrieb, ohne daß es darauf ankommt, ob die Übertragung der Kraft auf die Räder, wie es regelmäßig geschieht, erst später eingeschaltet wird. Der Betrieb beginnt also nicht erst mit der Bewegung des Fahrzeugs, sondern, wenn die Maschine schon vorher zum Zweck einer Fahrt in Gang gesetzt wird, schon damit. Beim Benzinmotor dokumentiert sich der Beginn des Betriebes darin, daß der Motor „angekurbelt" wird. Bei Verwendung elektrischer Betriebskraft fällt dieses umständliche In-Gang-Bringen der Maschine fort; die Kraft ist immer verwendungsbereit vorhanden und braucht nur eingeschaltet zu werden, um sofort das Fahrzeug in Bewegung zu setzen. Hier fällt das Zwischenstadium, in welchem nur die Maschine geht, das Fahrzeug selbst aber noch stille steht, fort. Ereignet sich bei Verwendung eines Benzinmotors in dem erwähnten Zwischenstadium ein Unfall, etwa durch Explosion des Motors, so würde ein solcher Unfall als Betriebsunfall die Haftpflicht begründen.

Die Frage, wann ein in Betrieb gesetztes Fahrzeug aufhört, im Betriebe zu sein, ist nach dem Gesagten dahin zu beantworten, daß beides, sowohl die Bewegung des Fahrzeugs, als auch der Lauf der Maschine, aufgehört haben muß. Es wird aber ferner auch auf die Absicht des Fahrers ankommen, ob die Fahrt beendigt sein oder doch auf längere Zeit unterbrochen werden soll, oder ob nur ein ganz vorübergehender Halt gemacht wird, etwa weil das Fahrzeug mit Rücksicht auf den übrigen Straßenverkehr in engen oder sehr belebten Straßen oder bei besonderem Andrang an Bahnhöfen, Theatern und dgl. stillehalten muß, oder wenn ein Kraftomnibus anhält, um Fahrgäste einzunehmen oder abzusetzen. Auch wenn die Pause so lange währen sollte, daß die rotierenden Maschinenteile völlig zur Ruhe kommen, wird eine Unterbrechung des Betriebes meines Erachtens nicht anzunehmen sein, solange das Fahrzeug mitten im Straßenverkehr anhält, um jeden Augenblick wieder weiter zu fahren.

2. bei. Damit ein Unfall als bei dem Betriebe geschehen zu erachten sei, muß entsprechend der ständigen zum Reichshaftpflichtgesetz ergangenen Rechtsprechung einmal ein äußerer, örtlicher und zeitlicher, ferner aber auch ein innerer ursächlicher Zusammenhang zwischen Betrieb und Unfall vorliegen. RG. 2. 1. 05, JW. 112; 22. 3. 06, JW. 316[25]; 28. 2. 06, JW. 07, 276[40]; 14. 3. 07, JW. 315[19]; 13. 5. 07, JW. 394[15]; 1. 10. 07, JW. 682[28]; 29. 6. 03, Bd. 55, 229. Der ursächliche Zusammenhang allein reicht nicht aus, wenn der äußere Zusammenhang fehlt. Die Fassung „bei dem Betriebe" ist also enger, als wenn es hieße „durch den Betrieb", denn sie stellt

noch ein zweites Erfordernis, das des äußeren Zusammenhanges auf. Z. B. kann in Fällen, wo der ursächliche Zusammenhang zwar nachweisbar ist, aber nur durch eine längere Kette von Zwischengliedern vermittelt wird, die Eigenschaft des Betriebsunfalls verneint werden, weil es an einem näheren örtlichen und zeitlichen Zusammenhange fehlt. RG. 2. 3. 08, JW. 306[17]; 29. 6. 03, Bd. 55, 229; 28. 2. 06, JW. 07, 276[40].

Anderseits reicht aber auch der lediglich äußere, örtliche und zeitliche Zusammenhang nicht aus, um die gesetzliche Haftpflicht zu begründen. Nicht jeder Unfall, der in einer gewissen äußeren Beziehung zu dem Betriebe eines Kraftfahrzeuges steht, ist ein Betriebsunfall. Der Betrieb selbst, irgendeine Betriebsäußerung muß ursächlich für die Entstehung des Unfalls geworden sein. Fehlt es überhaupt an einer Betriebsäußerung, weil das — gleichwohl im Betriebe befindliche — Kraftfahrzeug momentan geräuschlos stillehält, so kann von einem Betriebsunfall keine Rede sein, wenn sich z. B. jemand in der Dunkelheit an dem Fahrzeug stößt und dadurch verletzt. So hat das Reichsgericht in der Entscheidung vom 13. 5. 07 (JW. 394[15]) den Fall, wo ein Pferd vor einem ruhig auf der Strecke haltenden Zuge gescheut hatte und durchgegangen war, deswegen nicht als Eisenbahnbetriebsunfall beurteilt, weil der Betrieb gar nicht in die äußere Erscheinung getreten sei, nur die dem Tiere ungewohnte äußere Form eines Betriebsmittels, der Lokomotive, also ein lebloser, im gegebenen Zeitpunkt unbewegter Gegenstand auf den Gesichtssinn des Tieres gewirkt und es erschreckt habe. Dieselben Erwägungen müssen zur Verneinung eines Betriebsunfalls in den Fällen führen, wo eine Betriebsäußerung zwar vorhanden war, aber nicht kausal für den Unfall geworden ist. Z. B. es fährt ein fremdes Fuhrwerk von hinten gegen ein im Betriebe befindliches Kraftfahrzeug an; dann ist das Kraftfahrzeug zwar das Werkzeug der Verletzung, es befindet sich auch im Betriebe, gleichwohl hat nicht die Betriebstätigkeit des Fahrzeugs kausal bei dem Unfall mitgewirkt, sondern lediglich das Fahrzeug als toter Gegenstand. Anders liegt die Sache nur dann, wenn die Bewegung, in der sich das Kraftfahrzeug z. Zt. des Unfalls befand, oder eine sonstige Betriebsäußerung auf die Entstehung oder den Umfang des Schadens positiv eingewirkt hat. Solche Einwirkung braucht aber nicht notwendig vorzuliegen, dürfte sogar unwahrscheinlich sein, wenn das fremde Gefährt von hinten gegen ein Kraftfahrzeug anfährt; denn hier scheint die Eigenbewegung des Kraftfahrzeuges eher geeignet zu sein, die Wirkung des Anpralles abzuschwächen, als zu dem schädlichen Erfolge ursächlich mitzuwirken. Anders ist zu entscheiden, wenn der Zusammenstoß zweier dicht hintereinander fahrender Wagen dadurch herbeigeführt wird, daß das vordere Fahrzeug plötzlich anhält oder seine Fahrgeschwindigkeit stark herabsetzt. Hier ist in der Betriebstätigkeit des vorderen Fahrzeugs, zu der auch der Übergang aus der Bewegung in die Ruhe zu rechnen ist, eine mitwirkende Ursache des Unfalls zu erkennen. RG. 22. 3. 06, JW. 316[25]. Ist der äußere Zusammenhang gegeben, so spricht allerdings die Vermutung für das Vorhandensein auch eines ursächlichen Zusammenhangs, sofern dieser nach der Sachlage möglich erscheint. RG. 30. 6. 80, EE. 1, 243; 28. 12. 80, Bd. 3, 20; 29. 6. 03, Bd. 55, 229.

Der ursächliche Zusammenhang muß bestehen zwischen dem Unfall und einer Betriebsäußerung des Kraftfahrzeugs. Der Zusammenhang mit den dem Verkehr mit Kraftfahrzeugen eigentümlichen Betriebsgefahren ist im konkreten Fall nicht besonders nachzuweisen. Dieses Erfordernis hat das Reichsgericht nur aufgestellt als Merkmal für die Abgrenzung von Haftpflichtfällen, die außerhalb der eigentlichen Beförderungstätigkeit der Eisenbahn in dem sonstigen, nur mittelbar mit der eigentlichen Beförderungstätigkeit zusammenhängenden Betriebe, also unter Umständen sich ereignen, für welche die Anwendung der strengen Haftpflichtbestimmungen besonderer Rechtfertigung bedarf. RG. 19. 11. 06, JW. 07, 26[27]. Für die Anwendung des vorliegenden Gesetzes kommt aber wegen der oben erörterten Verschiedenheit in der Bedeutung des Ausdrucks „Betrieb eines Kraftfahrzeugs" von dem Ausdruck „Betrieb einer Eisenbahn" ohnehin nur die eigentliche Beförderungstätigkeit des Kraftfahrzeugs in Frage.

Die Einwirkung der Betriebstätigkeit des Kraftfahrzeugs kann unmittelbar den Schaden hervorrufen; ein Mensch oder eine Sache wird direkt durch ein in Bewegung befindliches Fahrzeug angestoßen, niedergerissen, überfahren oder bei der Explosion der Maschine beschädigt, oder ein Mensch durch die ausströmenden giftigen Gase verletzt. In solchen Fällen kommt es für die Frage der Verursachung nicht darauf an, welche andern Umstände den Verletzten dem Gefahrenbereiche des Kraftfahrzeugs nahe gebracht und dadurch zur Entstehung des Schadens mitgewirkt haben; die Ursächlichkeit des Betriebs kann unter keinen Umständen aus der Welt geschafft werden, selbst wenn der Verunglückte sich in selbstmörderischer Absicht oder im Wahnsinn vor das Fahrzeug geworfen haben oder von einem anderen in verbrecherischer Absicht in die Bahn des Fahrzeugs gestoßen worden sein sollte. Mag auch die Betriebsgefahr in solchen Fällen an kausaler Bedeutung hinter anderen Momenten zurücktreten, so kann sie doch logischerweise niemals aus dem Kreise derjenigen Umstände verschwinden, welche in ihrer Gesamtwirkung die Ursache des Schadens bilden. Die Theorie von der causa efficiens, welche aus den Zusammenhängen der Entstehung eines Erfolges ein einzelnes Moment herausgreift und dieses als die Ursache bezeichnet, allen übrigen Vorbedingungen aber die Ursächlichkeit abspricht, war schon früher in der Rechtsprechung jedenfalls nicht unbestritten anerkannt (vgl. RG. 24. 2. 82, EE. 3, 245), und ist jedenfalls unvereinbar mit den Bestimmungen der §§ 840, 254 BGB., wo das

Nebeneinanderwirken mehrerer Momente zu einem schädigenden Erfolge anerkannt wird. RG. 22. 6. 03, 19. 10. 03, 3. 12. 03, EE. 20, 179, 256—258, 333; 2. 7. 08, EE. 25, 188, insbesondere auch RG. 10. 5. 06, JW. 422[6], wo die Mitwirkung dreier verschiedener Momente anerkannt und bei der Abwägung in Rechnung gezogen ist. Der unmittelbare Kausalzusammenhang, der in der direkten mechanischen Einwirkung des Kraftfahrzeugs auf den verletzten Körper oder den beschädigten Gegenstand besteht, kann durch nichts unterbrochen oder seiner rechtlichen Bedeutung entkleidet werden.

Es ist aber nicht erforderlich, daß eine körperliche Berührung zwischen dem Kraftfahrzeug und der beschädigten Person oder Sache stattgefunden habe. Auch eine mittelbare Einwirkung des Kraftfahrzeugs, die zunächst andere Kräfte in Bewegung setzt, die ihrerseits dann wieder direkt oder indirekt den Schaden herbeiführen, genügt, um den Kausalzusammenhang zu vermitteln. Z. B. ein Kraftfahrzeug fährt gegen einen Baum oder Laternenpfahl und der umstürzende Gegenstand richtet im Fallen Schaden an.

Kausal im Sinne der reinen Logik ist jedes Moment, welches eine Vorbedingung, eine conditio sine qua non des Erfolges bildet. Nun sind aber die Fäden, durch die ein Ereignis mit früheren Zuständen oder Geschehnissen derart verknüpft ist, daß es als ein Produkt aus allen diesen erscheint, zahllos und unübersehbar. Alle Erfindungen, welche nötig waren, um den komplizierten Apparat des Kraftfahrzeugs zu erdenken und herzustellen, sind zugleich die Vorbedingungen für jeden Kraftwagenunfall, der ohne das Ergebnis dieser Erfindungen niemals hätte passieren können. Der logische Begriff der Verursachung ist in seiner Unbegrenztheit für die Rechtsanwendung nicht brauchbar. Die Rechtswissenschaft hat — abgesehen von andern Versuchen zur Lösung der Kausalitätsfrage — diese Grenze in der jetzt wohl herrschenden Lehre von der adäquaten Verursachung gezogen (v. Kries in der

Vierteljahrsschrift für wissenschaftliche Philosophie Bd. 12 — 1888 — S. 180ff., Karl Haß in Iherings dogm. Jahrbüchern Bd. 37 S. 327ff.). Danach kommt es für das Recht nicht darauf an, einen schädlichen Erfolg in allen seinen ursächlichen Beziehungen klarzustellen, als vielmehr darauf, näher zu prüfen, in welcher Weise ein einzelnes interessierendes Moment aus der Reihe der Vorbedingungen — in der Regel die Tatsache, durch die eine Schadensersatzpflicht begründet werden soll — mit dem schädlichen Erfolge zusammenhängt. Stellt sich das Moment auch bei einer Verallgemeinerung des konkreten Tatbestandes, d. h. wenn man von besonderen, außergewöhnlichen Umständen, die vorliegend vielleicht mitgewirkt haben, absieht und dafür beliebige andere, nach den Grundsätzen der Lebenserfahrung normale Tatbestände unterstellt, als kausal für den Schaden dar, so daß ihm eine allgemeine Richtung auf die Herbeiführung dergleichen ihm adäquater schädlicher Erfolge zuzusprechen ist, dann und nur dann ist im Rechtssinne ein ursächlicher Zusammenhang anzuerkennen. Zum Beispiel: ein Wagen ist vom rechten Wege abgekommen, weil der betrunkene Kutscher schläft. Ein Blitzschlag tötet den Reisenden. Der ursächliche Zusammenhang zwischen der Unaufmerksamkeit des Kutschers und dem Tode des Reisenden kann nicht geleugnet werden; denn ohne sie wäre der Wagen nicht an jenen Ort gekommen, wo der Blitz ihn traf. Aber die Art des eingetretenen Schadens ist der Ursache nicht adäquat; allgemein genommen pflegt es nicht die Folge unachtsamen Fahrens zu sein, daß der Blitz das verirrte Fuhrwerk zu Schaden bringt. Wenn dagegen die sich selbst überlassenen Pferde den Wagen gegen Hindernisse fahren, so daß er umstürzt und der Reisende hierbei den Tod findet, so ist für diesen, nach der Lebenserfahrung im Bereich des Möglichen liegenden Unfall die Unaufmerksamkeit des Kutschers kausal auch im Rechtssinne (Haß S. 380). Die Beurteilung, ob im einzelnen Falle ein Schaden als die normalerweise mögliche Wirkung eines vorangegangenen Ereignisses zu gelten hat, unterliegt dem freien richterlichen Ermessen nach § 287 ZPO.

Das Reichsgericht hat zwar die Lehre von der adäquaten Verursachung meines Wissens nirgends ausdrücklich anerkannt, kommt aber namentlich in seinen neueren Entscheidungen zu Ergebnissen, die im wesentlichen mit diesem Standpunkt übereinstimmen. Schon die Entsch. v. 5. 7. 84 (EE. 3, 374) erklärt für den Nachweis des juristischen Kausalzusammenhangs die Probe als unzuverlässig, daß der Schaden ohne die fragliche Tatsache nicht eingetreten sein würde; d. h. nicht alles, was logisch zur Ursache gehört, ist ohne weiteres darum schon kausal im Rechtssinne. In der Entsch. v. 25. 3. 07 (JW. 307[8]) heißt es, „der — durch eine Handlung des Verunglückten vermittelte — ursächliche Zusammenhang sei nicht unterbrochen worden, weil es in dem natürlichen und regelmäßigen Verlauf der Dinge begründet gewesen sei, daß der Verunglückte so, wie geschehen, gehandelt habe“. In der Entsch. v. 9. 12. 07 (JW. 08, 41[16]) wird „die nach rein theoretischer Anschauung vielleicht bestehende Kausalverbindung“ abgelehnt, weil in der Person der Verletzten vermöge ihrer Nervenschwäche ungewöhnliche Voraussetzungen bestanden, die den Eintritt des Schadens erst ermöglichten. Die Entsch. v. 28. 2. 08 (JW. 299[5]) betrifft einen Fall, wo zwei aufeinanderfolgende, voneinander unabhängige Handlungen zweier verschiedener Personen durch ihr Zusammenwirken den schädigenden Erfolg herbeigeführt hatten: „Von eine Unterbrechung des Kausalzusammenhangs — scil. zwischen dem Schaden und der ersten Handlung durch die zweite Handlung — kann um so weniger die Rede sein, als das Tun des zweiten Handelnden gerade in der Richtung der Handlungen des ersten lag.“ Besonders deutlich spricht sich die Entsch. v. 25. 11. 02 (EE. 20, 122, auch JW. 03, 30[32]) aus: „Ob in einem einzelnen Falle eine Handlung noch als fortwirkende Ursache eines Schadens anzusehen ist, oder ob die Handlung nicht sowohl die Ursache, als vielmehr bloß die Veranlassung des Schadens bildet, derart, daß letzterer auf ein nachträgliches Ereignis als selbständige Ursache zurückzuführen ist, diese Frage ist im wesentlichen eine nach den Umständen des Falles zu beurteilende Tatfrage, deren Entscheidung gemäß dem auch auf die Frage des Kausalzusammenhangs sich erstreckenden § 287 ZPO. dem freien Ermessen des Gerichts unterliegt. Anderenteils fehlt es bei vorliegendem Verschulden an der zivilrechtlichen Zurechenbarkeit eines Schadens nicht, wenn dieser auch nicht als notwendige Folge der Handlung eingetreten ist, sondern nur als mögliche, wenn auch nicht einmal als wahrscheinliche Folge der Handlung voraussehbar war." Ein interessanter Fall der mittelbaren Verursachung liegt der Entscheidung des Reichsgerichts vom 15. Mai 1905 (JW. 405) zugrunde. Eine aus einem fahrenden Eisenbahnzuge geworfene Flasche hatte eine neben dem Bahndamm befindliche Person getroffen. Das Reichsgericht nahm einen Betriebsunfall an, weil die Geschwindigkeit des Zuges die Flugbahn des Wurfs beeinflußt habe.

Die Einwirkung des Kraftfahrzeugs braucht überhaupt nicht körperlicher oder mechanischer Art zu sein; es kann eine Betriebsäußerung auch auf die Psyche von Mensch oder Tier wirken und dadurch Handlungen auslösen, die ihrerseits im weitern Verfolg Schädigungen herbeiführen. RG. 11. 4. 06, JW. 349[7]; 25. 3. 07, JW. 307[8]; 21. 11. 07, 9. 12. 07, JW. 08, 40[15], 41[16]; 14. 4. 08, 405[5]. Das Reichsgericht hat in einem Falle, wo ein Vater bei der plötzlichen Nachricht, daß seine Tochter auf der Eisenbahn verunglückt sei, und beim Anblick der verunglückten Tochter vor Schreck in Geisteskrankheit verfallen war, den ursächlichen Zusammenhang zwischen der Gesundheitsbeschädigung des Vaters und dem Eisenbahnunglück für unzweifelhaft erklärt und die Annahme eines Betriebsunfalls nur deshalb abgelehnt, weil es an einer näheren örtlichen und zeitlichen Beziehung zu dem Betriebe fehle, RG. 2. 3. 08, JW. 306[17].

Wenn durch das plötzliche Auftauchen oder das schnelle Vorbeifahren oder das Geräusch eines Kraftfahrzeugs ein Pferd scheu wird und durchgeht, so sind die genannten Betriebsäußerungen ursächlich für allen Schaden, der von dem durchgehenden Gespann an Pferd und Wagen, Kutscher und Insassen und auch an fremdem Gut und dritten Personen angerichtet wird, die von dem dahinrasenden Gefährt niedergerissen, überfahren oder sonst beschädigt werden. RG. 11. 3. 83, Bd. 10, 50; 10. 5. 92, EE. 10, 197; 19. 3. 00, JW. 396[18]; 12. 5. 02, Bd. 53, 114; 11. 12. 05, JW. 06, 54[5]; 20. 9. 06, JW. 681[2].

Ein anderer häufiger Fall der durch psychische Eindrücke vermittelten Kausalität ist es, wenn ein Mensch durch ein plötzlich herannahendes Kraftfahrzeug erschreckt wird und bei dem Bestreben, sich in Sicherheit zu bringen, unüberlegte Bewegungen macht und zu Schaden kommt. Dergleichen Unfälle können wie im großstädtischen Straßengetriebe, so auch auf der einsamen Landstraße passieren. Ein Schwerhöriger z. B. oder der Begleiter eines mit Eisen beladenen, stark rasselnden Wagens hört das Warnungssignal eines von hinten nahenden Kraftfahrzeugs erst im letzten Augenblick, als es schon ganz nahe ist, und rennt nun in der Bestürzung über die gefährliche Lage, der er sich plötzlich gegenübersieht, blindlings in den Kraftwagen hinein (in diesem Falle konkurriert mit der mittelbaren Kausalität eine unmittelbare: Der Verletzte ist erstens durch eine Betriebsäußerung in Schreck versetzt und durch den Schreck in die Fahrbahn geraten; er wird zweitens unmittelbar durch die elementare Kraft des Fahrzeugs niedergerissen und verletzt) oder er rettet sich zwar nach der richtigen Seite, stolpert aber in der Eile und verletzt sich beim Hinfallen. Obgleich hier eine Handlung des Verletzten zwischen der Betriebsäußerung des Kraftfahrzeugs und dem Unfall liegt, die den Zusammenhang erst herstellt, ist doch ein ursächlicher Zusammenhang im Rechtssinne zwischen beiden Momenten vorhanden. Die Handlung des Verletzten war keine freie Willensäußerung, sondern wurde unmittelbar, fast automatisch ausgelöst durch die psychische Aufregung, in die ihn das plötzliche Erscheinen des Kraftfahrzeugs versetzt hatte. RG. 4. 1. 08, JW. 106[3].

Aber auch durch eine auf freiem Willensentschluß beruhende Handlung kann der ursächliche Zusammenhang zwischen dem schädlichen Ergebnis dieser Handlung und einem Vorgange, der sie veranlaßt hat, vermittelt werden. Ist jemand durch die Betriebstätigkeit eines Kraftfahrzeugs in eine gefährliche Lage geraten, und kommt bei dem Versuche, sich in Sicherheit zu bringen, auf andere Weise zu Schaden, etwa indem er auf der Flucht vor dem nahenden Kraftwagen von einem anderen Fuhrwerk überfahren wird, so ist die Betriebstätigkeit des Kraftfahrzeugs für diese Verletzung jedenfalls dann kausal auch im Rechtssinne, wenn der Verletzte bei dem Versuche sich in Sicherheit zu bringen, so gehandelt hat, wie ein verständiger Mensch in gleicher Lage normalerweise gehandelt haben würde. RG. 11. 4. 06, JW. 349[7]; 25. 3. 07, JW. 307[8]; 3. 3. 91 abgedruckt in der Entsch. v. 21. 3. 92 bei SeuffArch. 48, 149 u. Entsch. Bd. 29, 120—123. Vorauszusetzen ist regelmäßig, daß eine Gefahr wirklich bestanden hat, und daß die Abwehrmaßregeln des Verletzten den Umständen nach geboten oder doch zweckentsprechend waren. Bestand dagegen die Gefahr infolge abnormer krankhafter Ängstlichkeit und Schreckhaftigkeit des Verletzten nur in seiner Einbildung, oder waren seine Abwehrmaßregeln ganz und gar unvernünftig, so ist der veranlassenden Betriebsäußerung eine kausale Bedeutung für den Schaden überhaupt gänzlich abzusprechen. RG. 9. 12. 07, JW. 08, 41[16]. Aber nur ein völlig abnormes, singuläres Verhalten hebt die Kausalität im Rechtssinne auf. Dazu ist keineswegs jede Fahrlässigkeit des Verletzten zu rechnen. Abgesehen davon, daß die Handlungsweise eines

Menschen, der sich einer drohenden Gefahr gegenübersieht, nicht vom Standpunkte kühler Überlegung, sondern unter Berücksichtigung der zu schnellem Handeln drängenden Lage beurteilt werden muß, wobei unter Umständen auch unvorsichtiges Handeln entschuldigt werden kann (Näheres s. Anm. II 5 zu § 9), wird auch schuldhafte Unbesonnenheit in vielen Fällen nur als mitwirkendes Verschulden neben der als fortwirkend anzuerkennenden Betriebsgefahr in Betracht kommen, deren Kausalität aber nicht aufgehoben sein. RG. 22. 4. 97, EE. 14, 160.

Wer einen anderen aus einer Gefahr zu retten versucht und dabei selbst zu Schaden kommt, dessen Schaden wird als eine Fortwirkung der Umstände, die jene Gefahr für den andern heraufbeschworen hatten, angesehen, wenn nach Lage der Sache der Versuch der Rettung als ein Gebot der Sittlichkeit erscheint. Es entspricht dem natürlichen und regelmäßigen Verlauf der Dinge, daß die Menschen den Geboten der Sittlichkeit gehorchen; deshalb ist das freiwillige Eingreifen des Retters mit dem damit verknüpften Erfolge einer Schädigung geeignet, eine Kausalverbindung im Rechtssinne zwischen dieser Schädigung einerseits und der Gefahr und ihren Ursachen anderseits herzustellen. RG. 21. 3. 92, Bd. 29, 120—123; auch SeuffArch. 48, 149: „Man darf den ursächlichen Zusammenhang zwischen Versehen und Schaden nicht in einem rein mechanischen Sinne auffassen und ihn ohne weiteres ausschließen, wenn eine auf freiem Entschluß beruhende Tätigkeit des Beschädigten dazwischen getreten ist. Eine solche Auffassung würde den Lebensverhältnissen nicht gerecht werden. Hat jemand durch seine Schuld eine Situation herbeigeführt, in der es für einen anderen zur rechtlichen und moralischen Pflicht wird, ohne Rücksicht auf die damit verbundene eigene Gefahr zum Schutze des Lebens, der Gesundheit oder vielleicht auch wertvoller Güter Dritter einzugreifen, so wird derjenige, der für die Entstehung der Gefahr verantwortlich ist, sich der Haftung für den bei den Rettungsversuchen entstehenden Schaden nicht entschlagen können." Vgl. auch über die mögliche Vermittlung des Kausalzusammenhangs durch pflichtmäßiges Eingreifen eines Dritten RG. 2. 1. 93, SeuffArch. 48, 388—390 und 25. 11. 02, EE. 20, 122.

Über die Folgen eines mitwirkenden Verschuldens beim Rettungsversuch s. Anm. II, 6 zu § 9. Der Kausalzusammenhang ist zu verneinen, wenn der Rettungsversuch sich als ganz unvernünftig und aussichtslos darstellt, so daß der normale Mensch ihn nicht unternommen haben würde, oder dann, wenn der Erfolg der Rettung außer allem Verhältnis zu dem Lebensgut, das aufs Spiel gesetzt wurde, stand, wie es regelmäßig der Fall sein wird, wenn jemand Gesundheit und Leben wagt, um Sachen oder Tiere zu retten. RG. 28. 12. 99, EE. 17, 120.

3. Über den Begriff „Kraftfahrzeug" s. § 1 Anm. 3.

III. ein Mensch getötet.

Solange der Embryo sich im Mutterleibe befindet, ist noch kein Mensch vorhanden. Aus der Abtötung oder Verletzung der menschlichen Frucht im Mutterleibe — gelegentlich eines Unfalles der Mutter — können besondere Ansprüche nicht hergeleitet werden.

Im übrigen kommt es auf bestimmte Eigenschaften des Menschen nicht an. Die Tötung (oder Verletzung) eines jeden Menschen begründet die Ersatzpflicht. Ausgenommen sind nur die im § 8 Ziffer 1 des Gesetzes bezeichneten Personen, kurz gesagt der Fahrer und die Fahrgäste.

Es ist nicht erforderlich, daß der Tod sofort als zeitlich unmittelbare Folge des Unfalls eingetreten sei (RG. 27. 1. 80, Bd. 1, 49; Eger S. 68, 69). Auch wenn als nächste Folge sich nur eine Körperverletzung oder Gesundheitsbeschädigung zeigt, die erst nach längerem Krankenlager und nach fruchtlosen Heilungsversuchen zum Tode führt, ist der Mensch bei dem Betriebe getötet worden. Gefordert wird nur ein ursächlicher Zusammenhang zwischen der bei dem Betriebe erlittenen Verletzung und dem Tode.

Die Körperverletzung mit Todeserfolg steht der Tötung gleich. Daß dies dem Willen des Gesetzes entspricht, ergibt sich unzweideutig aus der Bestimmung in § 10 Abs. 1, die auch für den Fall der Tötung den Ersatz der Kosten einer versuchten Heilung und die Entschädigung für Erwerbsverlust während der Krankheit vorsieht.

IV. der Körper oder die Gesundheit eines Menschen verletzt.

Die Beschädigung der menschlichen Gesundheit ist nach dem Vorgang des BGB. (§§ 823, 843, 845, 847) auch hier ausdrücklich der Körperverletzung gleichgestellt, während es ohne diese Gleichstellung zweifelhaft sein könnte, ob bloße Gesundheitsbeschädigungen, die bei körperlicher Integrität sich zeigen, z. B. Funktionsstörungen der Geisteskräfte, zu den Körperverletzungen zu rechnen seien. Für das Reichshaftpflichtgesetz, welches nur von Körperverletzungen spricht, ist der Zweifel im Wege der Gesetzesauslegung durch die Rechtsprechung dahin gelöst worden, daß das Haftpflichtgesetz unter den Körperverletzungen auch die Gesundheitsbeschädigungen verstanden wisse wolle. Die Fassung des vorliegenden Gesetzes beseitigt jeden Zweifel. Es fällt also namentlich auch die moderne Unfallkrankheit, die sogenannte traumatische Neurose unter die Haftpflicht. Die Krankheitserscheinungen brauchen nicht in zeitlich unmittelbarem Anschluß an den Unfall aufzutreten; auch wenn sie sich erst später zeigen, begründen sie die Haftpflicht, sofern der ursächliche Zusammenhang mit dem Unfall nachzuweisen ist.

V. eine Sache beschädigt.

Die Ausdehnung der Haftpflicht auch auf die Beschädigung von Sachen bedeutet eine Erweiterung gegenüber dem Reichshaftpflichtgesetz, welches die Haftung auf Personenschaden beschränkt.

Für den Begriff der Sache ist § 90 BGB. maßgebend, der lautet:

„Sachen im Sinne des Gesetzes sind nur körperliche Gegenstände".

Im Gegensatz zu den körperlichen Gegenständen stehen die Rechte. Sofern es denkbar sein sollte, daß durch einen Kraftwagen Rechte ohne die gleichzeitige Beschädigung ihres Sachsubstrats beschädigt werden könnten, würde ein solcher Schaden nicht unter das Gesetz fallen.

Unter den Sachbegriff gehören sowohl bewegliche Sachen, namentlich auch Tiere, als auch unbewegliche Sachen, der Grund und Boden mit dem, was darauf eingebaut und eingepflanzt ist; ferner auch zusammengesetzte Sachen, die in dieser Eigenschaft beschädigt werden.

Nicht erforderlich ist, daß eine „fremde" Sache beschädigt sei. Auch die Beschädigung einer dem Halter oder sonstigen Haftpflichtigen selbst gehörigen Sache kann dessen Ersatzpflicht begründen, wenn ein anderer auf Grund seiner Rechtsbeziehungen zur Sache als der Verletzte erscheint. Darüber, wer bei der Sachbeschädigung berechtigt ist, Schadensersatz zu fordern, s. Anm. VII zu diesem Paragraphen.

Beschädigt wird eine Sache, wenn entweder ihre Substanz oder die Art der Zusammensetzung ihrer Teile verändert oder eine andere Sache mit ihr in Verbindung gebracht wird, vorausgesetzt, daß durch diese Einwirkung der Wert der Sache oder ihre Tauglichkeit zum gewöhnlichen Gebrauch oder für ihre besondere Zweckbestimmung aufgehoben oder gemindert wird. Danach wird die Beschmutzung einer Sache regelmäßig als Sachbeschädigung zu erachten sein. Ebenso liegt eine Sachbeschädigung vor, wenn zwar die Substanz der Sache und ihrer Teile, auch die Verbindung der Teile unversehrt bleibt, jedoch durch Verbindung mit Fremdkörpern die Gebrauchsfähigkeit dauernd oder vorübergehend aufgehoben wird, wenn z. B. Holz- oder Glassplitter in das Räderwerk einer Maschine eindringen.

Besitzentziehung steht zwar im Ergebnis für das Vermögen des Verletzten häufig der Sachbeschädigung oder

Sachvernichtung gleich, aber nicht in der Rechtswirkung. Ist z. B. ein Kraftfahrzeug auf der Straße gegen ein anderes mit Waren beladenes Fuhrwerk oder in ein Schaufenster hineingefahren und werden in Ausnutzung dieser Gelegenheit unbeschädigte Waren gestohlen, so haftet der Halter des Kraftfahrzeugs nach dem vorliegenden Gesetz nicht für den durch Diebstahl verursachten Schaden.

VI. der Halter des Kraftfahrzeugs.

Das Wort „Halter" entstammt der Ausdrucksweise des täglichen Lebens, wo man sagt, jemand hält sich einen Dienstboten oder eine Equipage oder ein Tier. In die Gesetzessprache hat das Wort zum ersten Male mit dem § 833 BGB. Aufnahme gefunden. Der rechtliche Inhalt des Begriffs „Tierhalter" ist bis in die neueste Zeit ein Gegenstand des Streits. Wenn gleichwohl der Gesetzgeber bei Bezeichnung des Haftpflichtigen auf den Begriff „Halter" zurückgegriffen und die Bezeichnung „Halter des Kraftfahrzeugs" dem im ersten Entwurf gebrauchten Ausdruck „Betriebsunternehmer" vorgezogen hat, so ist daraus wohl zu entnehmen, daß das Gesetz damit die Formulierung, die der „Halter"-Begriff in der maßgebenden Rechtsprechung des Reichsgerichts gefunden hat, billigt. Es wird deshalb zunächst zu erörtern sein, welche Begriffsmerkmale das Reichsgericht für den Begriff des Tierhalters aufgestellt hat, und demnächst wird danach mutatis mutandis der Begriff des Fahrzeughalters zu konstruieren sein.

1. Der Tierhalter. Das Reichsgericht geht zunächst vom Sprachgebrauch aus und bezeichnet danach als Tierhalter denjenigen, der im eigenen Interesse durch Gewährung von Obdach und Unterhalt die Sorge für das Tier übernommen hat, und zwar nicht bloß zu einem vorübergehenden Zwecke, sondern auf einen Zeitraum von einer gewissen Dauer. RG. 3. 7. 02, Bd. 52, 117; 2. 7. 03, Bd. 55, 163; 20. 11. 05, JW. 06, 62[14]; 15. 2. 06, JW. 197[14]. Es handelt sich also beim Halten eines Tieres immer nur um ein rein tatsächliches Ver-

hältnis, welches von den Fragen des Eigentums, des Besitzes oder sonstiger Rechte am Tier unabhängig ist. In vielen Fällen wird der Eigentümer und Eigenbesitzer eines Tieres Tierhalter sein, in vielen Fällen aber auch der Nutznießer, Mieter, Pächter und dergleichen. Die obige Begriffsbestimmung gibt das wieder, was man nach allgemeinem Sprachgebrauch unter Tierhalter versteht, und hat, wie alle dergleichen Definitionen, den Mangel, daß sie dem Normalfall angepaßt ist, das Wesentliche zwar zum Ausdruck bringt, aber erst ausgeschliffen werden muß, um eine Entscheidung zweifelhafter Fälle zu ermöglichen.

Wenn jemand ein Tier kauft, nicht um es zu behalten und in seinen Wirtschaftsbetrieb einzustellen, sondern als Händler, um es sofort zum Markt zu schaffen und weiter zu verkaufen, so scheint die obige Begriffsbestimmung schlecht zu passen, denn der Händler will dem Tier weder Obdach noch Unterhalt gewähren, er will es nur ganz vorübergehend besitzen und so schnell wie möglich losschlagen. Und doch kann gewiß kein Zweifel bestehen, daß das Gesetz den Händler für die Zeit zwischen Kauf und Weiterverkauf oder richtiger zwischen Übergabe und Weitergabe als Tierhalter angesehen wissen will. Er steht als Eigentümer und unmittelbarer Besitzer im denkbar engsten Verhältnis zum Tier; dies Verhältnis ist rechtlich und tatsächlich von unbegrenzter Dauer; seine Beendigung hängt von ungewissen künftigen Ereignissen ab; während des Verhältnisses hat er die volle Verfügungsgewalt über das Tier und wird auch genötigt sein, wenn sich seine Verkaufsabsicht nicht verwirklichen läßt, durch Gewährung von Obdach und Unterhalt für das Tier zu sorgen. Bei näherer Prüfung lassen sich also alle Merkmale eines Tierhalters wenigstens im Keime nachweisen.

Schwieriger ist die Beurteilung, wenn ein Tier von Hand zu Hand geht, ohne daß das Verhältnis zum früheren Besitzer für die Dauer gelöst sein soll. Hier kommen zwei Personen für die Tierhaltung in Frage. Z. B. ein Landwirt leiht dem Nachbarn sein Pferd zur Aushilfe bei der Feldarbeit; oder jemand mietet beim Pferdeverleiher ein Pferd zum Ausreiten für einen Nachmittag oder für die Dauer einer militärischen Übung. In beiden Fällen soll derjenige, der das Pferd aus der Hand des Tierhalters empfängt, nur vorübergehend im eigenen Interesse Gebrauch davon machen; nach Beendigung der vereinbarten Benutzungszeit soll das Tier wieder zurückgegeben werden. Hier fragt sich nun, ob der bisherige Tierhalter für die Zwischenzeit des fremden Gebrauchs weiter als Tierhalter gelten und für Schaden, den das Tier anrichtet, während es der Obhut eines andern untersteht, haften soll, oder ob für diese Zeit dem andern mit dem Besitz des Tieres auch die Verantwortung zufallen soll. Das letztere entspricht namentlich dann der Billigkeit, wenn die Gebrauchsüberlassung unentgeltlich geschieht. Denn hier fehlt dem bisherigen Tierhalter für die Zeit der Gebrauchsüberlassung an einen andern jedes eigene Interesse. Deshalb hat auch das Reichsgericht in der Entsch. v. 20. 11. 05 (JW. 06, 62[14]) denjenigen, der ohne Entgelt, bloß aus nachbarlicher Gefälligkeit sein Pferd einem andern zu einer Ausfahrt hergeliehen hatte, von der Verantwortung des Tierhalters für einen während des fremden Gebrauchs geschehenen Tierschaden freigelassen. Diese allerdings recht weitgehende Entscheidung hat zu Mißdeutungen Anlaß gegeben, als ob das Reichsgericht damit seine eigene Begriffsbestimmung aufgegeben hätte. Einige Wendungen der Gründe, wie „der aus dem Sprachgebrauch geschöpfte Begriff könne nicht ausnahmslos herrschen" oder „das dem Sprachgebrauch entnommene Erfordernis nicht bloß vorübergehender Dauer des Verhältnisses führe, wenn ihm ausschlaggebende Bedeutung beigemessen werde, zu auffallenden praktischen Ergebnissen" haben freilich die mißverständliche Auffassung, als wolle das Reichsgericht die eigene Begriffsbestimmung nicht gelten lassen, begünstigt. In der Tat begründet das Reichsgericht aber seine Entscheidung, daß der bisherige

Tierhalter auf die zwar kurze Zeit der fremden Gebrauchsüberlassung die Tierhaltereigenschaft verloren habe, damit: das Pferd sei zwar nicht für die Dauer, wohl aber für eine gewisse Zeit aus seinem Wirtschaftsbetriebe ausgeschieden, denn es habe nicht ihm, sondern dem andern zum alleinigen Nutzen als Betriebsmittel gedient, und der andere habe das Tier zur selbständigen Verwendung gehabt und die tatsächliche Gewalt über das Pferd ausgeübt. In dieser Begründung fehlt das Moment der Sorge für Obdach und Unterhalt. Daraus folgt, daß die Sorge für Obdach und Unterhalt zwar in den meisten Fällen charakteristisch für den Tierhalterbegriff, aber doch kein notwendiges Begriffserfordernis ist, daß man also die Sorge für Obdach und Unterhalt eines Tieres haben kann, trotzdem aber nicht jederzeit die Verantwortlichkeit als Tierhalter tragen braucht. Dagegen ist aus der Urteilsbegründung nicht zu folgern, daß das Reichsgericht das Erfordernis habe fallen lassen wollen, daß das Tierhalterverhältnis einige Dauer voraussetze. Wenn Wert darauf gelegt wird, daß das Pferd aus dem Wirtschaftsbetrieb des einen ausgeschieden und in den Wirtschaftsbetrieb des andern eingestellt worden sei, und daß dieser das Tier zur selbständigen Verwendung gehabt habe, so ergibt sich schon hieraus, daß es sich nicht um eine einzige von vornherein bestimmte Arbeitsleistung des Pferdes, sondern um einen Zustand der Verwendungsbereitschaft für die Zwecke und nach Anordnung des Gebrauchers gehandelt haben muß. Auf die absolute Länge dieses Zustandes kann es gewiß nicht ankommen; jedenfalls weist aber der Zustand, der die Möglichkeit mehrerer einander folgender Betätigungen des Herrenwillens und dementsprechend mehrerer Leistungen des Tieres voraussetzt, auf eine gewisse Dauer des Verhältnisses hin. Daraus folgt, daß derjenige, der ein fremdes Tier nur zu einer einzigen von vornherein bestimmten Arbeitsleistung dingt, nicht Tierhalter wird. Daß auch er während der Benutzung des fremden Tieres die Verfügungsgewalt tatsächlich ausübt, daß er bei einem zu einer einzigen Fahrt nach einem bestimmten Ziele gemieteten oder geborgten Pferde während der Fahrt das Pferd lenkt und die Straßen auswählt, die er benutzt, diese Befugnisse, die er mit jedem Besitzdiener gemein hat, verschaffen ihm nicht die Herrenstellung gegenüber dem Tiere, die mit dem Begriff des Tierhalters verbunden ist. Sein Verhältnis zum Tier ist dem Wesen nach anders als das eines Herren, der selbständig über die Verwendung des Tieres verfügt. Es ist nicht bloß durch die kurze Dauer des Verhältnisses, sondern vor allem dadurch anders, daß er auch innerhalb dieser kurzen Dauer nur beschränkt selbständig ist, an gewisse Richtlinien gebunden ist, die der Herr des Tieres gesetzt hat. Das Tier leistet ihm zwar Dienste, aber er kann nicht so über die Dienste verfügen, wie bei einem Tier, das er in seinem Wirtschaftsbetrieb eingestellt hat und das für ihn zu beliebiger wirtschaftlicher Verwendung bereit steht. In dem Augenblick, wo er sich ein fremdes Tier zu einer einzelnen, im voraus bestimmten Dienstleistung sichert, ist sein Disponierungsrecht über das Tier auch schon verbraucht, da er die Grenzen der Verwendung schon bestimmt hat; das Verhältnis trägt damit von vornherein seiner Art nach den Keim des Vorübergehenden in sich. Wer aber ein fremdes Tier in der Weise an sich bringt, daß er für einen wenn auch noch so begrenzten Zeitraum über die Verwendung des Tieres zu diesem oder jenem wirtschaftlichen Zweck frei zu bestimmen hat — wenn gewisse Schranken auch hierbei denkbar sind —, dessen Verhältnis zum Tier ist dem innern Wesen nach auf die Dauer gerichtet. Deshalb ist mit Recht das Moment der nicht bloß vorübergehenden Dauer für die Begriffsbestimmung des Tierhalters festzuhalten. Im einzelnen Falle ist aus den Umständen zu ermitteln, ob der Zweck, zu dem das Tier einem Fremden überlassen wird, diesem die Möglichkeit freier wirtschaftlicher Verfügung, wenn auch nur für beschränkte Zeit, gewähren soll, oder ob die Verwendung des Tieres nur in vorher bestimmten engen Grenzen erfolgen soll. Ersterenfalls erscheint das Tier als in den Wirtschaftsbetrieb des Gebrauchers eingestellt, womit die Verantwortung als Tierhalter auf ihn ausschließlich übergeht; im andern Falle dagegen bleibt auch für die Zeit des fremden Gebrauchs der bisherige Tierhalter Herr des Tieres im wirtschaftlichen Sinne und damit verantwortlich für das, was das Tier unter der fremden Führung anrichtet. Diese Verantwortung ist keine Unbilligkeit; sie ist nicht wesentlich verschieden von der Verantwortung, die dem Herrn bleibt, wenn er das Tier seinem Knecht zur Führung anvertraut; in beiden Fällen wird das Tier mit seinem Willen zu einer bestimmten Verwendung gebraucht.

Das Reichsgericht hat denn auch in späteren Entscheidungen an dem Erfordernis der nicht bloß vorübergehenden Dauer festgehalten. In der Entscheidung vom 15. 2. 06 (JW. 197[14]) heißt es: „Es kommt nicht darauf an, zu welchem Zweck das Tier gerade in dem Augenblick gebraucht wurde, wo es den Schaden anrichtete; unter Halten des Tieres kann nicht eine augenblickliche Benutzung, sondern nur ein Verhältnis von einiger Dauer verstanden werden". Dieselben Worte finden sich schon in der Entscheidung vom 2. 7. 03 (Bd. 55, 163ff.); ebendort heißt es: „Durchaus zu verwerfen ist die Ansicht, daß es darauf ankäme, in wessen Interesse das Tier im Moment der Schädigung gerade gebraucht wird". Auch an anderer Stelle wird ausdrücklich betont, daß die Tierhaftung zwar dem rheinisch-französischen Recht entnommen sei, aber bei ihrer Rezeption in das BGB. eine andere Regelung erfahren habe, als im französischen Rechte, wo die Haftung demjenigen obliege, der sich des Tieres im Moment der Schädigung bediene (celui, qui s'en sert).

Das eigene Interesse am Tier gehört notwendig zum Begriff des Tierhalters, aber nur in dem Sinne, daß sein Verhältnis zum Tier von seinem eigenen Interesse getragen und beherrscht wird. Dagegen geht nicht notwendig die Eigenschaft als Tierhalter dadurch verloren, daß das Tier einmal zu einem fremden Zweck benutzt wird; vorausgesetzt, daß nicht gleichzeitig das Verhältnis auch in den übrigen für den Tierhalterbegriff wesentlichen Bedingungen zeitweise als gelöst erscheint. Wenn also der Verwalter eines Gutes die Pferde seines Herrn einmal — gleichviel ob mit oder ohne dessen Willen — im eigenen Interesse zu einer Ausfahrt benutzt, so bleibt der Herr als Tierhalter verantwortlich (RG. 27. 11. 02, bei Gruchot 47, 404). Das Interesse am Tier braucht nicht ein Geld- oder Erwerbsinteresse zu sein; es kann auch in der Förderung des Hauswirtschaftsbetriebs oder in der Befriedigung von Luxusbedürfnissen bestehen. Bei entgeltlicher Überlassung des Tieres an einen anderen zum Gebrauch ist das Interesse bei beiden Personen vorhanden; aber auch bei unentgeltlicher Überlassung kann auf seiten des Überlassers ein Interesse an guter Nachbarschaft und an gelegentlicher Erwiderung der gleichen Gefälligkeit in Frage kommen.

2. Der Fahrzeughalter. Wenn nun der vorstehend erörterte Tierhalterbegriff auf den Begriff des Halters eines Kraftfahrzeugs übertragen werden soll, so ergibt sich:

> derjenige „hält" ein Kraftfahrzeug, der es in seinen Wirtschaftsbetrieb eingestellt hat, d. h. der im eigenen Interesse ein tatsächliches Herrschaftsverhältnis zum Kraftfahrzeug hergestellt hat, das ihm gestattet, selbständig über die wirtschaftliche Verwendung des Fahrzeugs zu disponieren.

Bei dieser Fassung versteht sich von selbst, daß das Verhältnis eine gewisse Dauer haben muß, da es sich keinesfalls mit einem einzigen Verwendungsakte erschöpfen darf.

Die Streitfrage aus dem Tierhalterbegriff, ob jede vorübergehend bestehende, im eigenen Interesse geübte Verfügungsgewalt den Begriff erfülle, oder ob dazu nicht vielmehr eine gewisse Dauer gehöre, ist für den Begriff des Kraftfahrzeughalters durch das Gesetz selbst im Sinne der obigen Erörterungen entschieden. Denn wenn Abs. 3 zu § 7 ausdrücklich für einen einzelnen Fall die Haftpflicht des Halters beseitigt, für den Fall nämlich, daß ein anderer ohne Wissen und Willen des Halters das Fahrzeug in Betrieb gesetzt hat, so folgt aus dem singulären Charakter dieser Vorschrift ohne weiteres, daß ohne sie der Halter auch unter der gedachten Voraussetzung wenigstens unter Umständen haften würde, und daß er also seiner Eigenschaft als Fahrzeughalter nicht in jedem Falle momentaner Verfügungsentziehung verlustig geht; und es folgt weiter daraus, daß dem andern, der sich die momentane Verfügungsgewalt anmaßt, nicht schon ohne weiteres die Eigenschaft als Halter und damit die Verantwortlichkeit für Schäden zufällt. Der Dieb freilich, der mit einem fremden Kraftfahrzeug davon fährt, wird damit sogleich zum Halter im Rechtssinne, während die Haltereigenschaft des Bestohlenen mit der Besitzentziehung aufhört. Denn der Dieb setzt sich mit der Aneignung in das denkbar innigste Verhältnis zum Kraftfahrzeug und vernichtet damit jede andere Herrschaft. Der Chauffeur aber, der nur einmal gelegentlich mit dem Wagen seines Herrn eine Extratour im eigenen Interesse macht, wie überhaupt jeder, der verbotswidrig und eigenmächtig ein fremdes Kraftfahrzeug zu einer einzelnen Fahrt benutzt in der Absicht, es nach Beendigung der Fahrt wieder zurückzubringen, werden durch diese ihrer Natur nach vorübergehende Gebrauchsanmaßung nicht zu selbständigen Herren des Fahrzeugs und unterbrechen damit nicht die auch während der Gebrauchsanmaßung fortdauernde Fahrzeughalter-Eigenschaft dessen, dem wirtschaftlich das Kraftfahrzeug zugehört. Das Gesetz bezeichnet ihn trotz der Gebrauchsentziehung als Halter und bürdet nur an seiner Stelle dem eigenmächtigen Gebraucher für die Zeit des Gebrauchs die an sich dem Halter gebührende Haftpflicht auf.

Wie für den Begriff des Tierhalters so ist auch für den Begriff des Fahrzeughalters zwar nicht von ausschlaggebender Bedeutung, aber in den meisten Fällen ein wichtiges Erkenntnismittel die Frage, wem die Sorge für den Gegenstand der Haltung, hier also für das Kraftfahrzeug, obliegt. Diese Sorge wird namentlich umfassen: die Beschaffung einer eigenen oder gemieteten Garage oder eines sonstigen Unterstands für das Fahrzeug, die Anschaffung der Betriebsmittel, des Benzins und dgl., die Tragung der Reparaturkosten, die Bezahlung des Chauffeurs. Insofern besteht eine Verwandtschaft mit dem Begriff des Betriebsunternehmers, zu dessen wesentlichen Merkmalen gehört, daß er den Betrieb für eigene Rechnung führt, also die Betriebskosten aus eigener Tasche zahlt und dafür den Vorteil aus dem Betriebe hat. Auch bezüglich des letzteren Punktes ist eine Ähnlichkeit zwischen Fahrzeughalter und Betriebsunternehmer nicht zu verkennen. Mit Recht hat aber der Gesetzgeber es aufgegeben, den Haftpflichtigen mit dem im ersten Entwurf gebrauchten Ausdruck „Betriebsunternehmer" zu bezeichnen, da man von einem Unternehmen nicht gut sprechen kann, wenn — wie in den meisten Fällen — nur ein Kraftwagen oder Motorrad vorhanden ist.

In der Praxis wird in den meisten Fällen der Halter eines Kraftfahrzeugs mit dem Eigentümer identisch sein, nämlich überall da, wo der Eigentümer das Fahrzeug zum eigenen Bedarf seines Haushalts oder Erwerbsgeschäfts gebraucht. Der angestellte Chauffeur, der als Besitzdiener die Anordnungen seines Herrn zu befolgen hat, kommt niemals als Halter in Frage; es sei denn, daß er mit dem Fahrzeug durchgeht und gewaltsam das Verhältnis zwischen seinem Herrn und dem Fahrzeug zerstört.

Wer sich eine Kraftdroschke, sei es zu einer einzelnen Fahrt, sei es zu regelmäßig wiederkehrenden Fahrten dingt, tut dies in der Regel im Wege des Werkvertrages; dann wird ihm das betriebsfertige Fahrzeug nebst dem Chauffeur gestellt, er hat sich um nichts zu kümmern; er ist nicht als Halter anzusehen, selbst wenn ihm dasselbe Fahrzeug jahraus jahrein dient, ja selbst wenn es ihm tatsächlich ausschließlich dient. Anders wird es meist sein, wenn jemand sich die Benutzung eines Kraftfahrzeugs im Wege der Sachmiete sichert, zweifellos dann, wenn er das Fahrzeug in eine eigene oder gemietete Garage einstellt und auch sonst für das Fahrzeug sorgt, den Chauffeur selbst bezahlt und dergleichen. In solchen Fällen ist der Mieter unbedenklich als Halter anzusehen. Aber die genannten Erkenntnismomente der Sorge für das Fahrzeug können auch fehlen, ohne daß dies an der Haltereigenschaft des Mieters etwas ändert. Es ist möglich, daß der Mieter des Fahrzeugs vom Vermieter auch einen Unterstand dafür mietet und daß auch die Reinigung, das Schmieren und Füllen, die Reparaturen, sowie die Führung des Fahrzeugs durch Leute des Vermieters auf Kosten des Mieters ausgeführt werden sollen; ja es ist eine Vereinbarung denkbar, wonach alle diese Leistungen des Vermieters durch eine Pauschalsumme vergütet werden sollen; trotzdem ist auch im letzten Falle der Mieter als der Halter anzusehen, sofern ihm die ausschließliche Benutzung eines bestimmten Fahrzeugs und damit das Recht, jederzeit selbständig über die Verwendung des Fahrzeugs zu bestimmen, rechtlich gesichert ist. Anderseits ist es auch bei der Sachmiete denkbar, daß die Eigenschaft des Halters auch für die Zeit des Mietverhältnisses dem Vermieter verbleibt. Dies dürfte der Fall sein, wenn jemand sich ein Motorrad nur zu einer bestimmten Fahrt, also zu einem vorübergehenden Zweck mietet.

VII. dem Verletzten.

Unter dem Verletzten ist, wie der Zusammenhang nicht zweifelhaft läßt, nicht etwa nur der an seinem Körper oder seiner Gesundheit Verletzte zu verstehen, sondern da das Gesetz soeben außer für diesen noch für die andern

Schadensfälle, den Fall der Tötung eines Menschen und den Fall der Beschädigung einer Sache, die Ersatzpflicht des Halters grundsätzlich angeordnet hat, allgemein für alle drei Schadensfälle derjenige, der durch eine der genannten Unfallsfolgen geschädigt ist. Doch nicht jeder Schaden ist zu ersetzen, und nicht jeder Geschädigte hat Anspruch auf Ersatz seines Schadens, z. B. nicht der Geschäftsherr oder sonstige Arbeitgeber, der infolge der Verletzung seines Angestellten dessen Dienste entbehren muß und dadurch unter Umständen erheblichen Schaden erleidet; auch dem Vater eines verletzten Kindes steht wegen der durch die Verletzung bewirkten Mehrung der Unterhaltskosten kein selbständiger Anspruch auf Schadensersatz zu, RG. 8. 11. 06, JW. 810[7]. Unter dem „Verletzten" im Sinne unserer Vorschrift ist aber nur derjenige Geschädigte zu verstehen, dessen Schaden auf Grund dieses Gesetzes zu vergüten ist. Für die Fälle des Personenschadens ist in den §§ 10 und 11 ausdrücklich bestimmt, welchen Geschädigten und für welche Schäden Ersatz zu leisten ist: nämlich im Falle der Körper- und Gesundheitsbeschädigung derjenige, dessen Körper oder Gesundheit beschädigt worden ist, und im Falle der Tötung die unterhaltsberechtigten Angehörigen und derjenige, der pflichtmäßig die Beerdigungskosten bezahlt hat. Diese Personen sind „die Verletzten". Für den Fall des Sachschadens fehlt es im Gesetz selbst an einer Bestimmung darüber, welches Verhältnis zur Sache dazu berechtigen soll, im Falle ihrer Beschädigung Ersatz zu verlangen. Es wird deshalb meines Erachtens auf das BGB. zurückzugehen sein, von dessen allgemeinem Rechtsboden sich das vorliegende Gesetz als Sondergesetz abhebt, dessen Bestimmungen es mehrfach ausdrücklich für anwendbar erklärt und dessen allgemeine Begriffe und Grundsätze überall zur Auslegung bei offengelassenen Fragen heranzuziehen sind, sofern nicht die Sonderzwecke des Gesetzes eine abweichende Auslegung erheischen. Die Richtung des vorliegenden Gesetzes geht nun dahin, auf der einen Seite die Voraussetzungen für den Haftpflichtanspruch gegenüber dem bürgerlichen Recht erheblich zu erleichtern, anderseits aber auch den Umfang des Haftpflichtanspruchs auf das notwendige Maß zu beschränken. Braucht dementsprechend der Haftpflichtige im Falle der Tötung und Körperverletzung nicht in dem vollen Umfange Schadensersatz zu leisten wie derjenige, der nach bürgerlichem Recht für Verschulden einzustehen hat, so kann gewiß nicht als Wille des Gesetzes gelten, im Falle der Sachbeschädigung die Haftpflicht über das Maß desjenigen, was nach bürgerlichem Recht zu leisten ist, zu erweitern.

Nach § 823 Abs. 1 BGB. ist nur demjenigen Ersatz zu leisten, dessen Recht verletzt worden ist; und nach der herrschenden Meinung sind hierunter nur absolute Rechte, die ein unmittelbares Verhältnis zwischen Person und Sache herstellen, zu verstehen. Danach kann bei Sachbeschädigungen der Eigentümer und auch jeder dinglich an der Sache Berechtigte Ersatz verlangen; diese sind unmittelbar durch die Beschädigung der Sache in ihren Rechten verletzt. Wer nur ein obligatorisches Recht auf die Sache hatte, kann auch geschädigt sein, indem er die Sache nicht erhält, auf die er ein Recht hatte. Aber sein Recht auf die Sache bestand lediglich in einem Anspruch gegen seinen Vertragsgegner; die Beschädigung der Sache hat unmittelbar nur in dessen Rechtssphäre eingegriffen; der obligatorisch Berechtigte leidet nur unter der Rückwirkung dieses Schadens, der direkt den andern getroffen hat; er ist nur mittelbar geschädigt; dem mittelbar Geschädigten wird aber grundsätzlich im BGB. ein selbständiger Ersatzanspruch versagt. Wer nur einen obligatorischen Anspruch auf die beschädigte Sache hatte, bleibt darauf angewiesen, sich an seinen Vertragsgegner zu halten. Der letztere allein kann auf Grund seines dinglichen Rechts vom Haftpflichtigen Ersatz verlangen und dabei natürlich auch das liquidieren, was er wegen Nichterfüllung seiner

Vertragspflicht dem Dritten hat leisten müssen. Ist aber ein obligatorisches Recht durch Einräumung des Besitzes für jeden erkennbar geworden, so hat es damit den Charakter eines absoluten Rechts erhalten, RG. 28. 12. 04, Bd. 59, 326. Daher haben außer dem Eigentümer und dem dinglich Berechtigten auch der Mieter und Pächter im Falle der Sachbeschädigung einen direkten Ersatzanspruch gegen den Haftpflichtigen, vorausgesetzt, daß sie sich im Besitze der beschädigten Sache befanden.

VIII. den daraus entstehenden Schaden.

1. Ist durch ein in Betrieb befindliches Kraftfahrzeug ein Mensch verletzt oder getötet oder eine Sache beschädigt worden, so entsteht ex lege im Augenblick des Unfalls, das ist der Verletzung usw., ein Rechtsverhältnis zwischen dem Verletzten und dem Halter des Inhalts, daß der Halter zum Schadensersatz verpflichtet wird. Das Gesetz unterscheidet zwischen der Verletzung selbst und dem daraus entstehenden Schaden. Bei Tötung und Körperverletzung insbesondere ist nämlich der Ersatz nicht für die Entziehung oder Beeinträchtigung der direkt betroffenen unschätzbaren idealen Lebensgüter (Gesundheit und Leben) zu gewähren, es sind vielmehr nur gewisse bestimmte Nachteile zu entschädigen, welche die Verletzung oder Tötung für die Vermögenslage des Berechtigten nach sich zieht. Unter Schaden im Sinne des Gesetzes sind diese Vermögensnachteile zu verstehen.

Der Ersatzanspruch hat zur Voraussetzung, daß solche zu ersetzenden Nachteile entstanden sind. Nicht jede Körperverletzung zieht notwendig einen Vermögensschaden nach sich. Ist die Verletzung geringfügig, heilt die Wunde von selbst ohne Aufwendungen für ärztliche Hilfe, und tritt auch keine vorübergehende Minderung der Erwerbsfähigkeit ein, so ist in Ermangelung eines zu ersetzenden Vermögensschadens kein Haftpflichtanspruch gegeben. Auch die Beeinträchtigung, ja der Verlust der Erwerbsfähigkeit — als Folge eines Kraftwagenunfalls — erzeugt nicht notwendig einen Ersatzanspruch; z. B. wenn der Verletzte seine ohne den Unfall vorhandene Erwerbsfähigkeit voraussichtlich in der Zukunft nicht wirtschaftlich nutzbar gemacht haben würde, so hat er durch ihren Verlust auch keinen Vermögensschaden erlitten und kann deshalb auch keinen Ersatz verlangen.

Kann hiernach ein Ersatzanspruch nicht lediglich auf die Tatsache einer Körperverletzung gegründet werden, so ist anderseits grundsätzlich nicht erforderlich, daß schon zur Zeit der Klage aus der Körperverletzung oder Tötung solche Nachteile gegenwärtig hervorgetreten seien, für die nach dem Gesetz Ersatz zu leisten ist; es genügt die Möglichkeit, daß künftig solche Nachteile hervortreten können. Auch die Leistungsklage — ihre prozessuale Zulässigkeit nach §§ 258, 259 ZPO. vorausgesetzt — ist grundsätzlich nicht ausgeschlossen, sofern einmal der künftige Eintritt von zu ersetzenden Nachteilen zuverlässig festgestellt und zweitens die künftigen Verhältnisse, von denen der Umfang des Schadens abhängt, schon zurzeit soweit übersehen werden können, daß eine Bezifferung des Schadens möglich ist. Z. B. kann unter dieser Voraussetzung einem Kinde, dessen künftige, zurzeit noch gar nicht vorhandene Erwerbsfähigkeit durch die Unfallsverletzung voraussichtlich geschmälert sein wird, schon jetzt eine Rente wegen dieser Erwerbsbeschränkung zugesprochen werden, deren Anfangstermin auf den Zeitpunkt festzusetzen ist, zu welchem — ohne den Unfall — der Eintritt der Erwerbsfähigkeit eingetreten sein würde, RG. 1. 3. 06, JW. 236[23]. § 258 ZPO. hat nicht zur Voraussetzung, daß der Beginn der Rentenleistungen der Vergangenheit angehöre. In der Regel wird freilich die Leistungsklage auf Ersatz für künftige, zurzeit noch gar nicht eingetretene Nachteile an der tatsächlichen Unmöglichkeit scheitern, daß sich die Gestaltung der künftigen Umstände, von denen die Entscheidung abhängt, ob und in welchem Umfange die Nachteile eintreten, noch nicht übersehen läßt. Dann ist aber die Feststellungsklage aus § 256 ZPO. gegeben, die lediglich eine durch ein Kraftfahrzeug verursachte Verletzung und das daraus ex lege entstehende Rechtsverhältnis einer Schadensersatzpflicht voraussetzt und nur dann zu versagen ist, wenn schon jetzt jede Möglichkeit künftigen Vermögensschadens gänzlich ausgeschlossen erscheint. Solange eine, wenn auch nur entfernte und sogar unwahrscheinliche Möglichkeit zukünftigen Schadenseintritts besteht, ist das Rechtsverhältnis nicht gegenstandslos, und die Klage auf Feststellung kann nicht mangels Interesses abgewiesen werden. RG. 13. 11. 05 und 4. 12. 05, JW. 06, 16[14] und 92[16].

Ob die Nachteile früher oder später nach dem Unfall erkennbar hervortreten, ist gleichgültig. Auch wenn sie sich erst nach Jahren zeigen, kann Ersatz verlangt werden.

In welchem Umfange Schadensersatz zu leisten ist, wird für den Fall der Tötung und Körperverletzung in den §§ 10ff. des Gesetzes näher bestimmt. Danach kann weder Schmerzensgeld noch Entschädigung für Verunstaltung (sogenannter immaterieller Schaden) gefordert werden, und auch für Vermögensschaden ist nur nach bestimmten Kategorien (Heilungskosten, vermehrte Bedürfnisse, Erwerbsbeschränkung, Beerdigungskosten, Entziehung des Unterhalts), aber nicht für weitergehende Nachteile (vgl. § 842 BGB.) Ersatz zu leisten.

Für den Fall der Sachbeschädigung gibt das Gesetz keine besonderen Bestimmungen darüber, auf welche Nachteile sich der Ersatz erstrecken oder beschränken soll. Es kommen daher die allgemeinen Vorschriften des BGB. über Sachschaden zur Anwendung. Nach § 249 daselbst kann der Berechtigte nach seiner Wahl die Herstellung der beschädigten Sache in den früheren Zustand oder den dazu erforderlichen Geldbetrag verlangen. Soweit die Herstellung aber überhaupt nicht möglich oder zur Entschädigung des Berechtigten nicht genügend ist, kann dieser den Ersatz für die Wertminderung, der unter Umständen im Ersatz des Sachwerts besteht, fordern; diese Art des Schadensersatzes muß er sich aber auch gegen seinen Willen gefallen lassen, wenn der Ersatzpflichtige es verlangt, weil die Herstellung nur mit unverhältnismäßigen Aufwendungen möglich sei (§ 251 BGB.). Außerdem umfaßt der zu ersetzende Schaden auch den entgangenen Gewinn. Als entgangen gilt der Gewinn, welcher nach dem gewöhnlichen Laufe der Dinge oder nach den besonderen Umständen, insbesondere nach den getroffenen Anstalten und Vorkehrungen, mit Wahrscheinlichkeit erwartet werden kann (§ 252 BGB.). Bei gänzlicher Vernichtung der Sache ist regelmäßig der höchste Wert der Sache in der Zeit zwischen Unfall und Ersatzleistung nebst Verzinsung vom Tage der Wertbestimmung an (§ 849 BGB.) und ferner Schadloshaltung dafür, daß der Berechtigte die Sache in der Zwischenzeit hat entbehren müssen, zu gewähren. Je nach Umständen kann auch ein höherer Ersatz für entgangenen Gewinn gefordert werden. RG. 9. 4. 06, JW. 382[9].

2. Die Nachteile, wofür Ersatz verlangt wird, müssen „daraus", d. h. aus der Verletzung, Tötung oder Sachbeschädigung entstanden sein. Es ist mithin ein doppelter Kausalzusammenhang notwendig: einmal der oben in Anm. II 2 erörterte zwischen der Einwirkung des Betriebes eines Kraftfahrzeugs und einer Verletzung usw., und zweitens ein solcher zwischen der Körperverletzung usw. und einem Vermögensschaden der vorbezeichneten Art.

Über den Begriff des Kausalzusammenhangs s. oben Anm. II 2.

Daß die Nachteile die ausschließliche Folge der Verletzung usw., kurz gesagt des Unfalls, sein müßten, ist nicht zu fordern, das ist schlechterdings nicht möglich. Stets werden die individuellen Verhältnisse des Betroffenen bei der Gestaltung der Nachteile mitwirken; je nachdem der Eigentümer der beschädigten Sache gerade ein besonders vorteilhaftes Geschäft damit abzuschließen im Begriff war, je nachdem der Getötete der Versorger einer großen Familie oder ein einsamer Mensch war, der sich um niemanden zu kümmern brauchte, je nachdem der Verletzte ein Mann von robuster Gesundheit und gesunden Säften oder aber alt und schwächlich und wenig widerstandsfähig ist, werden sich die Schäden des Unfalls und danach der Umfang der Ersatzpflicht sehr verschieden gestalten. Das Mitwirken anderer Umstände schließt die kausale Bedeutung des Unfalls für den Schaden nicht aus.

Bestand schon vor dem Unfall ein krankhafter Zustand des Verletzten oder eine besondere Anlage und Empfänglichkeit für Krankheiten, und hat infolgedessen der Unfall schwerere Folgen für die Gesundheit und Erwerbsfähigkeit des Verletzten nach sich gezogen, als es der Fall gewesen wäre, wenn dieser vor dem Unfall eine normale Gesundheit gehabt hätte, so ist gleichwohl der Unfall für die eingetretene Verschlimmerung des Zustandes in vollem Maße kausal. Es genügt, daß der Unfall irgendwie erheblich den schon vorher bestehenden Krankheitszustand ungünstig beeinflußt hat. Der Haftpflichtige hat aber für den Schaden nur insoweit einzustehen, als dieser eine Folge des Unfalls ist, also nur für die nachträgliche Verschlimmerung, und auch für diese insoweit nicht, als sich etwa durch ärztliches Gutachten feststellen läßt, daß die Verschlimmerung auch ohne den Unfall über kurz oder lang infolge der naturgemäßen Weiterentwicklung des Leidens eingetreten sein würde. RG. 11. 10. 06, JW. 739 [7], auch EE. 23, 285; Preuß. Ob.Verw.Ger. 14. 10. 05, EE. 23 [17]; ObLG. Stuttgart 14. 6. 07, EE. 24, 162. Namentlich bei der Bestimmung des Endtermins einer wegen Erwerbsbeschränkung zuzusprechenden Rente ist daher zu prüfen, „inwiefern die nach dem ärztlichen Gutachten schon vor dem Unfall vorhandene Kränklichkeit und ihre aus andern Gründen abzuleitende Steigerung in späterer Zeit im Zusammenhalt mit der Art der Erwerbstätigkeit des Klägers vor und nach diesem Zeitpunkte voraussehen lassen, daß auch ohne den Unfall der Kläger sein früheres Einkommen nicht bis an sein Lebensende behalten haben würde, die Minderung also teilweise auch ohnedem eingetreten sein würde." RG. 15. 2. 06, JW. 204[25].

Die Kausalität zwischen dem Tod des Verletzten und dem Unfall wird dadurch nicht gestört, daß der Unfall nur in Verbindung mit einem vorhandenen Leiden den frühen Tod verursacht hat, und daß der Tod auch ohne Unfall allein infolge des Leidens in naher Zeit eingetreten sein würde. RG. 12. 2. 07, JW. 272[36]. Traf der Unfall geradezu einen Sterbenden, so daß der Tod nur um eine ganz kurze Spanne Zeit verfrüht eingetreten ist, so dürfte in Frage kommen, ob nicht jeder Ersatzanspruch deshalb zu versagen sei, weil überhaupt kein Schaden durch den Unfall verursacht worden ist; denn die Beerdigungskosten würden auch ohne den Unfall etwa zu derselben Zeit aufgebracht worden sein müssen. Im übrigen erlischt jeder Ersatzanspruch aus der Tötung, insbesondere der Anspruch der Hinterbliebenen wegen Entziehung des Unterhaltsrechts, mit dem Augenblick, wo ohne den Unfall der Tod eingetreten sein würde.

Tritt durch spätere Umstände, die nach dem Unfall hinzukommen, eine Verschlimmerung der Unfallsfolgen ein, so ist auch diese Verschlimmerung ursächlich auf den Unfall zurückzuführen, wenn das vermittelnde Ereignis selbst sich als eine generell mögliche, nicht völlig abgelegene und singuläre, sondern dem normalen Verlauf entsprechende, d. h. adäquate Folge des Unfalls darstellt. Der ursächliche Zusammenhang ist deshalb zu bejahen, wenn der Tod des Verletzten in der Narkose eingetreten ist, die notwendig war, um die durch den Unfall verursachte Körperverletzung zu beheben; dagegen zu verneinen, wenn ein Kunstfehler des Arztes oder eine abnorme, regelwidrige Körperbeschaffenheit des Verletzten den Tod in der Narkose verschuldet hat. Denn solche normwidrigen, nicht adäquaten

Folgen des Unfalls unterbrechen den ursächlichen Zusammenhang im Rechtssinne und eröffnen selbständig eine neue Kausalreihe. RG. 25. 10. 07, JW. 750[24]. Ebenso können gänzliche Vernachlässigung der Wunden durch den Verletzten, grobe Versehen bei der Pflege, die ganz und gar törichte Verweigerung einer ungefährlichen und sicheren Erfolg versprechenden Operation und dgl. — auch abgesehen von der Frage des Verschuldens — insofern für den Ersatzanspruch Bedeutung erlangen, als durch dgl. völlig normwidrige Umstände der Kausalzusammenhang zwischen dem Unfall und den späteren Krankheitserscheinungen ganz oder teilweise unterbrochen wird.

Anderseits fällt auch die durch den Schadensersatzprozeß selbst und die damit verbundenen Aufregungen verursachte ungünstige Einwirkung auf die Gesundheit des Verletzten unter die Unfallsfolgen; denn der Prozeß ist eine notwendige Folge des Unfalls, wenn der Haftpflichtige, was freilich sein gutes Recht ist, auf richterlicher Entscheidung besteht. Daß ein Rechtsstreit von so weittragender Bedeutung, wie es ein Haftpflichtprozeß zu sein pflegt, auf angegriffene kranke Nerven ungünstig wirkt, entspricht der allgemeinen Lebenserfahrung, sodaß auch diese Schädigung als adäquate Folge des Unfalls zweifellos dann zu beurteilen ist, wenn der leidende Zustand und die besondere Empfindlichkeit der Nerven durch den Unfall verursacht worden ist. Der 3. Senat des RG. hat in der Entscheidung vom 14. 4. 08 (JW. 405[5]) die nachteilige Einwirkung des Schadensersatzprozesses auf den Nervenzustand des Verletzten als Unfallsfolge anerkannt, allerdings im Gegensatz zu der Entscheidung des 6. Senats vom 5. 3. 06 (JW. 231[15]), der in einem gleichen Falle den adäquaten Kausalzusammenhang, aber mit meines Erachtens unzutreffenden Gründen verneint hatte.

Der Unfall kann auch nach völliger Wiederherstellung der physischen Gesundheit und damit der Arbeitsfähigkeit des Verletzten dadurch fortwirken, daß dieser sich infolge der Verletzung in einem Zustand seelischer Erkrankung und Willenslähmung befindet und sich nicht von der Zwangsvorstellung, daß er eine Unfallrente haben müsse, freimachen kann und auf diese Weise verhindert wird, erwerbstätig zu werden. Entscheidung des Schweizer Bundesgerichts vom 31. 1. 08, EE. 23, 34.

Hält sich der Verletzte auf Anordnung des behandelnden Arztes länger von der Arbeit fern, als sein Zustand es erfordert, weil der Arzt auf Grund einer irrtümlichen Diagnose eine unzutreffende Behandlung angeordnet hat, so kommt es darauf an, ob die falsche Diagnose sich geradezu als Kunstfehler darstellt. In diesem Falle würde man den weiteren Erwerbsausfall nicht mehr als adäquate Folge des Unfalls erachten können; andernfalls dagegen wohl. Entscheidung des Schweizer Bundesgerichts vom 22. 11. 06, EE. 23, 383/4.

Beruht eine Verschlimmerung des Zustandes auf dem Hinzutritt neuer Umstände, die selbst in keinem ursächlichen Zusammenhang mit dem Unfall stehen, so ist zu prüfen, inwieweit in dem gegenwärtigen Zustande die Unfallverletzung noch fortwirkt. Das neue Ereignis hebt nur dann den Kausalzusammenhang zwischen dem Unfall und seinen Folgen gänzlich auf, wenn es — für sich betrachtet — diese Folgen ebenfalls ursächlich trägt. Andernfalls gibt eine Vergleichung desjenigen Zustandes, wie er sich auf Grund des neuen Ereignisses voraussichtlich entwickelt haben würde, wenn die Unfallsfolgen nicht vorhanden gewesen wären, mit dem bisherigen Zustande und seinen naturgemäßen Veränderungen den Maßstab dafür ab, in welchem Umfange der gegenwärtig bestehende Zustand noch als Folge des Unfalls angesehen werden kann. RG. 11.5.08, JW. 434[11]; Entscheidung des Preuß. OVG. vom 14. 12. 05, EE. 23, 17. Vgl. hierzu auch Anm. V zu § 11.

Für die Höhe des Vermögensschadens ist die Frage von Einfluß, inwieweit Vorteile, die einem Verletzten oder einem sonstigen Haftpflichtgläubiger infolge des Unfalles zufallen, z. B. Versicherungen, Pensionen und dergleichen, den Schaden mindern und dann also die Haftpflicht beschränken. Darüber s. das Nähere Anm. IV, 9 A a. E. und B zu § 10, III, 3 zu § 11.

Der Verletzte hat den Kausalzusammenhang zwischen den Krankheitserscheinungen, auf die er seine Schadensersatzansprüche gründet, und dem Unfalle zu beweisen. Dieser Beweis kann unter Umständen sehr schwierig sein. Nach der ständigen Rechtsprechung des Reichsgerichts „muß es, damit den Erfordernissen des praktischen Lebens genügt werde, bei den Schranken menschlicher Erkenntnis ausreichen, wenn eine hohe Wahrscheinlichkeit für den ursächlichen Zusammenhang von Krankheitserscheinungen mit einem Unfall besteht. Eine mathematische Gewißheit kann nicht verlangt werden." RG. 13. 1. 08, JW. 196[10]; 21. 3. 92, Bd. 29, 120; 27. 5. 92, Seuff. Arch. 48, 41; 9. 4. 96, Bolze 23, 163; 19. 3. 00, EE. 17, 221; 2. 4. 00, 17, 232.

Zu Absatz 2.

IX. die Ersatzpflicht ist ausgeschlossen, wenn...

Diese Formel bedeutet in der Gesetzessprache, daß es sich im folgenden um Einredetatsachen handelt, die der Halter zu beweisen hat, wenn er sich von der nach Abs. 1 begründeten Haftpflicht befreien will. Die Haftpflicht aus Abs. 1 setzt lediglich voraus, daß sich die mit dem Betriebe eines Kraftfahrzeugs verbundene Gefahr, die Betriebsgefahr, in einem Unfalle verwirklicht hat, daß ein Mensch oder eine Sache von den bei dem Betriebe wirkenden Kräften erfaßt und beschädigt worden ist. Wie dies gekommen ist, welche Umstände mitgewirkt haben, um den Menschen oder die Sache dem Gefahrenbereiche des Kraftfahrzeugs nahezubringen, dies aufzuklären und die einzelnen ursächlichen Beziehungen zwischen dem Unfall und den vorangegangenen Umständen darzulegen, gehört nicht zum Klaggrund. Der Haftgläubiger hat nur zu beweisen, daß ein Mensch oder eine Sache im örtlichen und zeitlichen Zusammenhange mit dem Betriebe eines Kraftfahrzeugs unter Umständen beschädigt worden ist, die ganz allgemein auf die Möglichkeit eines ursächlichen Zusammenhangs zwischen Betrieb und Unfall hinweisen. Sache des Haftpflichtigen ist es, wenn er seine Ersatzpflicht ablehnen will, die kausalen Beziehungen zwischen dem Unfall und seiner Vorgeschichte aufzuklären und nachzuweisen, daß ein gesetzlicher Befreiungsgrund vorliege. Gelingt ihm dies nicht, bleibt der Vorfall ungeklärt, z. B. weil alle dabei Beteiligten, Fahrer, Wageninsassen und der verunglückte Straßenpassant, getötet oder dauernd vernehmungsunfähig, unbeteiligte Zeugen aber nicht vorhanden sind, so haftet er nach dem Gesetz für den Schaden. RG. 14. 5. 06, JW. 437[26]; 9. 6. 80, EE. 1, 206; 7. 4. 88, EE. 6, 281; 16. 9. 90, EE. 8, 51; 30. 6. 91, EE. 8, 375; 23. 3. 93, EE. 11, 197; 10. 7. 02, EE. 19, 148; 1. 2. 04, EE. 21, 32.

X. durch — verursacht...

Der Vorgang aus der Entstehungsgeschichte des Unfalls, auf den sich der Haftpflichtige zu seiner Entlastung beruft, muß, abgesehen von der Frage, ob er geeignet ist, die Haftung auszuschließen, in ursächlichem Zusammenhange mit dem Unfall stehen. Über den Begriff des ursächlichen Zusammenhangs siehe oben Anm. II, 2. Die Lebenserfahrung zeigt, daß viele Unfälle durch ein Zusammenwirken mehrerer regelwidriger Umstände entstehen, deren jeder auch im Rechtssinne als Ursache des schädlichen Erfolges in Betracht kommt. Wo dies der Fall ist, hat der Haftpflichtige darzutun, daß alle diese Umstände dem Bereiche des unabwendbaren Zufalls angehören, für den seine Haftpflicht nicht gilt. Er muß alle erkennbaren ursächlichen Beziehungen des Unfalls, die überhaupt nach der gegebenen Sachlage in Frage kommen, aufklären und für jede von ihnen den Entlastungsbeweis führen. Bleibt der Hergang nach irgendeiner Richtung ungeklärt, so wird er nicht befreit.

XI. unabwendbares Ereignis, das weder auf einem Fehler in der Beschaffenheit des Fahrzeugs, noch auf einem Versagen seiner Verrichtungen beruht.

1. Diese Fassung des Gesetzes vermeidet absichtlich den nahe verwandten Begriff der „höheren Gewalt". Zum Verständnis des Gesetzes muß aber kurz auf diesen in der Rechtsprechung zum Reichshaftpflichtgesetz viel behandelten Begriff eingegangen werden. Der Begriff „höhere Gewalt" ist gleichbedeutend mit dem in § 25 des preuß. Eisenbahngesetzes vom 3. 11. 38 gebrauchten Ausdruck „unabwendbarer äußerer Zufall". Es handelt sich dabei um ein zufälliges schadenstiftendes Ereignis, das einmal außerhalb des Betriebes entstanden und von außen her in diesen Betrieb eingebrochen ist, und das zweitens in seinem Eintritt selbst und in seinen schädlichen Folgen für den Betriebsunternehmer nicht abwendbar ist. Das erste Erfordernis des „Eintritts von außen her" schließt aus dem Kreise der höheren Gewalt alle diejenigen Ereignisse aus, welche durch Handlungen der im Betriebe Tätigen in Ausführung ihrer Dienstverrichtungen oder durch den Zustand der Betriebsmittel herbeigeführt worden sind; bei diesen Ereignissen kommt es auf die Frage der Abwendbarkeit nicht an; für den durch sie verursachten Erfolg soll der Haftpflichtige unbedingt einstehen. Insoweit besteht über den Begriff der höheren Gewalt kein Streit. Aber während nach der früheren Rechtsprechung Handlungen eines Dritten oder Geschehnisse, die nicht einen Teil der Betriebsfunktionen selbst bildeten, regelmäßig als von außen her eintretende Ereignisse aufgefaßt wurden (RG. 20. 3. 88, Bd. 21, 13; 9. 12. 87, EE. 6, 102; 29. 3. 84, Bd. 11, 146; 30. 6. 83, EE. 3, 86), hat das Reichsgericht in einer Reihe neuerer Entscheidungen den Grundsatz aufgestellt, daß als von außen her eintretende Ereignisse alle diejenigen nicht zu erachten seien, die bei dem Eisenbahnbetriebe mit einer gewissen Häufigkeit einzutreten pflegen und durch die Natur des Betriebes von selbst gegeben seien; diese Ereignisse seien auf die eigentümlichen Gefahren des Be-

triebes zurückzuführen und, weil sie mit dem Betriebe und seinen Gefahren in Zusammenhang stehen, vom Unternehmer gemäß § 1 Haftpflichtgesetzes zu vertreten (RG. 2. 11. 99, EE. 16, 355; 9. 1. 02, Bd. 50, 92; 5. 1. 03, JW. 110; 11. 5. 03, Bd. 54, 404, insbesondere 4. 2. 04, JW. 183; 28. 1. 01, JW. 164; 28. 3. 04, JW. 292). Diese weitgehende Ausdehnung des Erfordernisses eines „äußeren Zufalls" hat in fast allen Fällen, in denen anknüpfend an die frühere Rechtsprechung, besonders von Straßenbahnunternehmern, der Einwand der höheren Gewalt erhoben wurde, zu dessen Verwerfung geführt. Im besonderen sind neuerdings alle Unfälle im Straßenbahnverkehr, welche durch scheu gewordene Pferde, durch unmündige Kinder und durch andere Fuhrwerke, die von der Seite oder von hinten in den Straßenbahnwagen hineinfuhren, verursacht worden waren, von dem Anwendungsbereiche des Begriffs der höheren Gewalt ausgeschlossen worden, weil solche Vorkommnisse, wie ihre Häufigkeit beweise, bei der Art des Betriebes sich als unvermeidbar ergäben und deshalb als innere, dem Betriebe angehörige Zufälle zu erachten seien. RG. 1. 10. 03, EE. 20, 249. Nur bei Unfällen infolge plötzlich eingetretener Krankheit oder infolge von Geisteskrankheit hat das Reichsgericht auch in neuerer Zeit den Einwand höherer Gewalt noch mehrfach zugelassen. RG. 28. 1. 01, EE. 18, 81; 27. 2. 02, JW. 312.

Diese starke Einengung des Begriffs der höheren Gewalt, wodurch in der Tat seine Anwendung auf ein sehr geringes Maß zurückgeführt worden ist, sollte für das vorliegende Gesetz vermieden werden. Aus diesem Grunde hat die Reichstagskommission unter Ablehnung anderer Anträge die jetzige Fassung gewählt. In dem Kommissionsbericht heißt es ausdrücklich: „es sei nicht die Absicht der Kommission, die Judikatur des Reichsgerichts, die bei Anwendung des Begriffs ‚höhere Gewalt' in einzelnen Fällen bedenklich weit gegangen sei, für dies Gesetz zu übernehmen". Die Fassung des Gesetzes „unabwendbares

Ereignis, das weder auf einem Fehler in der Beschaffenheit des Fahrzeugs noch auf einem Versagen seiner Vorrichtungen beruht" stimmt mit dem Begriff der höheren Gewalt in dem Erfordernis der Unabwendbarkeit überein, hat aber an Stelle des zweiten Erfordernisses, daß das Ereignis von außen her in den Betrieb eingewirkt haben müsse, die negative Forderung gesetzt, daß das Ereignis nicht auf bestimmt formulierten Regelwidrigkeiten des Betriebes beruhe. Das bedeutet eine erweiterte Anwendungsmöglichkeit des dem Fahrzeughalter nachgelassenen Entlastungsbeweises, als die Anwendung des Begriffes der höheren Gewalt — auch abgesehen von der engen Auslegung des Reichsgerichts — zulassen würde. Der Fahrzeughalter ist günstiger gestellt als der Eisenbahnunternehmer; sein Beweisthema ist schärfer umgrenzt; er braucht nur darzutun, daß das ursächliche Ereignis nicht in bestimmten Regelwidrigkeiten des Betriebes beruhte und im übrigen unabwendbar war.

2. unabwendbar. Auch der Begriff der Unabwendbarkeit ist im Gegensatz zu der Auslegung, die dieser Begriff insbesondere im Anwendungsbereiche des Haftpflichtgesetzes gefunden hat, vom vorliegenden Gesetz ausdrücklich in einem für den Haftpflichtigen erheblich günstigeren Sinne festgelegt worden. Darüber siehe unten Anm. XII und XVI.

Unabwendbare Zufälle können nicht nur in Naturereignissen (Blitzschlag, Erdrutsch, Fels- und Lawinensturz, Überschwemmung, Sturm usw.), sondern auch in Handlungen sowohl des Verletzten selbst wie auch dritter Personen bestehen, die nicht gerade als Organe des Halters beim Betriebe tätig waren. RG. 9. 10. 02, JW. 591; 27. 2. 02, JW. 212. Insbesondere kommen auch unwillkürliche Handlungen von Geisteskranken, Bewußtlosen, Unmündigen, sowie Betätigungen tierischer Lebenskraft in Betracht. Nur die Handlungen der bei dem Betriebe selbst tätigen Personen können nicht als unabwendbar gelten. Siehe Anm. XIV.

3. Fehler in der Beschaffenheit des Fahrzeugs, Versagen seiner Verrichtungen. In der dem Entwurfe des Gesetzes beigegebenen Begründung wird ausgeführt: „eine besondere Gefahr des Automobilbetriebs liege darin, daß der Mechanismus des Automobils ein ungleich verwickelterer sei, als der der übrigen Fahrzeuge; geringe Fehler in der Beschaffenheit oder Zusammensetzung der einzelnen Teile, kleine Störungen in ihrer Funktion könnten die Lenkung der Maschine plötzlich unmöglich machen. Dazu trete bei dem größeren Teile der jetzt üblichen Automobile die Explosionsgefahr.“ Deshalb, heißt es, muß der Automobilhalter für die Betriebssicherheit seines Fahrzeugs unbedingt haften. Auf die Frage der Abwendbarkeit kommt es gar nicht an; auch wenn das Fahrzeug aus bestem Material hergestellt und mit den bewährtesten Einrichtungen versehen war und nur durch einen unglücklichen, mit keiner menschlichen Kunst abwendbaren Zufall plötzlich versagt hat, muß der Halter für den Schaden aufkommen.

Das Gesetz spricht von Fehlern in der Beschaffenheit des Fahrzeugs und von Mängeln der Verrichtungen des Fahrzeugs, woraus sich ergibt, daß es nicht bloß auf die Maschinerie ankommt, soweit sie der Krafterzeugung, Kraftübertragung, Lenkung und Bremsung dient, sondern auf alle im Kraftfahrzeug zu einem Ganzen vereinigten, den Zwecken dieses Ganzen dienenden Teile, z. B. auch auf die Bereifung der Räder. Als Betriebsfehler nennt die Begründung zum Entwurf: Fehler in der Konstruktion, Mängel im Material (dies würden Fehler in der Beschaffenheit des Fahrzeugs sein), ferner Ordnungswidrigkeiten, die bei dem Zusammenwirken der Bestandteile des Fahrzeugs infolge des Betriebs eintreten, wie Versagen der Steuerung, Platzen der Luftreifen, Explosion, Selbstentzündung; dergleichen Störungen würden als Versagen der Verrichtungen des Fahrzeugs anzusehen sein. Mit den angeführten Beispielen sind die möglichen Unregelmäßigkeiten des Betriebes nicht erschöpft. Beispielsweise wird auch die hinten an manchem Wagen angebrachte Vorrichtung zum Aufhängen des Reisegepäcks zu den Betriebseinrichtungen zu rechnen sein. Wenn also infolge der Erschütterungen beim Fahren sich die Befestigungsmittel lösen, der Reisekoffer herabfällt, durch die Gewalt des Aufpralls zur Seite geschleudert wird und Schaden anrichtet, so dürfte dieser Schaden, weil auf dem Versagen einer Betriebseinrichtung beruhend, unter allen Umständen den Halter belasten.

Voraussetzung ist aber, daß der Fehler oder die Betriebsstörung für den Eintritt des Unfalls ursächlich geworden ist. Wird das Fahrzeug nach einem Unfall auf Betriebssicherheit untersucht, und stellen sich hierbei Mängel heraus, so bleibt dem Haftpflichtigen immerhin der Nachweis offen, daß diese Mängel in keinem ursächlichen Zusammenhange zum Unfalle stehen können. Ist dagegen die Möglichkeit eines ursächlichen Zusammenhangs zwischen einer Unregelmäßigkeit des Betriebes und dem Unfall nicht völlig widerlegt, so kommt es für die Bejahung der Haftpflicht nicht darauf an, ob daneben noch irgendwelche anderen ursächlichen Momente in Frage stehen. Es ist deshalb auch belanglos, ob das Versagen einer Betriebseinrichtung auf äußere Einflüsse, z. B. Einwirkung von Frost oder Nässe oder Hitze oder Staub zurückzuführen ist. Auch das Schleudern der Wagen auf nassen Wegen und ebenso die leichte Verletzlichkeit der Luftreifen durch Glassplitter und andere scharfe Gegenstände ist eine Folge des zur Bereifung verwendeten Materials bzw. des unvollkommenen Gleitschutzes und deshalb vom Halter unbedingt zu vertreten.

XII. Als unabwendbar gilt ein Ereignis insbesondere dann ...

Wie überhaupt bei der Fassung des ganzen zweiten Absatzes ist es ganz besonders der Zweck dieses Satzes, den Begriff des unabwendbaren Ereignisses noch näher zu umgrenzen, bestimmte Anhaltspunkte für seine Auslegung zu geben und damit der Rechtsprechung eine sachgemäße Anwendung der Vorschrift zu erleichtern (Kommissionsbericht S. 9). Deshalb werden die wichtigsten Fälle aus dem bestrittenen Anwendungsbereich des Begriffs der höheren Gewalt als Beispiele herausgegriffen, um einmal für diese wichtigen Fälle selbst die Anwendbarkeit des neuen Begriffs „unabwendbares Ereignis" außer Frage zu stellen, und um damit ferner eine Richtschnur für diese Anwendung auf andere Fälle zu geben. Die Vorschrift will eine Anleitung für das Verständnis und den Gebrauch der in Satz 1 gegebenen Rechtsregel sein.

Von dem Anwendungsbereiche des Begriffs „unabwendbares Ereignis" sollen nicht ausgeschlossen sein Ereignisse, welche beruhen

a) auf dem Verhalten des Verletzten;
b) auf dem Verhalten eines nicht bei dem Betriebe beschäftigten Dritten;
c) auf dem Verhalten eines Tieres;

vorausgesetzt, daß das Ereignis im gegebenen Falle tatsächlich unabwendbar war.

XIII. Verhalten des Verletzten.

1. Während im Reichshaftpflichtgesetz ebenso wie schon im preußischen Eisenbahngesetz vom 3. November 1838 das Verschulden des Verletzten einen besonderen Haftausschließungsgrund neben der höheren Gewalt bildet, kennt das vorliegende Gesetz nur einen einzigen Haftausschließungsgrund, das unabwendbare, nicht in Regelwidrigkeiten des Betriebes wurzelnde Ereignis. Aber dem Selbstverschulden des Verletzten ist damit nichts von der haftbefreienden oder haftpflichtbeschränkenden Wirkung genommen, die ihm nach dem Reichshaftpflichtgesetz zukommt. Im Gegenteil ist diese Wirkung im vorliegenden Gesetz erweitert. Die Bestimmung im § 1 des Haftpflichtgesetzes, daß eigenes Verschulden des Verletzten die Haftpflicht ausschließen soll, stellte vor 1900 allerdings den Haftpflichtigen insofern

noch günstiger, als er beim Vorliegen von Selbstverschulden des Verletzten nicht noch die Unabwendbarkeit des Unfalls zu beweisen hatte, sondern ohne weiteres völlig befreit war. Aber diese Bestimmung ist seit Einführung des BGB., dessen allgemeine Vorschriften auch für den Anwendungskreis des Reichshaftpflichtgesetzes Geltung haben, durch den § 254 BGB. ganz erheblich eingeschränkt worden. Nur wenn das Selbstverschulden die Betriebsgefahr an ursächlicher Bedeutung für die Entstehung des Unfalls ganz erheblich überwiegt, wird nunmehr der Haftpflichtige gänzlich von der Pflicht zum Schadensersatze befreit, während in andern Fällen das Abwägen der beiden ursächlichen Momente gemäß § 254 regelmäßig zu einer Verteilung des Schadens führt, der Haftpflichtige also wenigstens einen Teil des Schadens tragen muß. Man kann sagen, daß jene Bestimmung in § 1 des Reichshaftpflichtgesetzes über das Selbstverschulden als Haftausschließungsgrund überhaupt gänzlich in seiner praktischen Wirksamkeit beseitigt ist; denn überall, wo die haftbefreiende Wirkung des Selbstverschuldens jetzt noch vom Richter anerkannt wird, ist dies auch aus § 254 BGB. zu begründen. Gegenüber dieser Rechtslage bedeutet es eine erhebliche Milderung der Haftpflicht, daß das Verhalten, insbesondere also auch das schuldhafte Verhalten des Verletzten unter den Gesichtspunkt des unabwendbaren Ereignisses gebracht ist. Nunmehr kann sich der Haftpflichtige bei mitwirkendem Verschulden des Verletzten von der Haftpflicht gänzlich durch den Nachweis befreien, daß sowohl der Halter wie der Führer des Kraftfahrzeugs jede nach den Umständen des Falles erforderliche Sorgfalt beobachtet haben. Gelingt dieser Nachweis, der schließlich nicht viel anderes als ein etwas erschwerter Exkulpationsbeweis ist, und kann der Haftpflichtige ferner noch nachweisen, daß sein Fahrzeug in guter Ordnung war und gut funktioniert hat, so ist damit das ihn nach Abs. 1 belastende Verursachungsmoment der Betriebsgefahr seiner haftpflichterzeugenden Kraft entkleidet, so daß für die Anwendung des § 254 BGB. kein Raum bleibt; denn dieser setzt voraus, daß eine Verpflichtung zum Ersatz auf seiten des Haftpflichtigen überhaupt besteht. Im praktischen Ergebnis nähert sich somit die vorliegende Gesetzesbestimmung, welche ihre vom Entwurf abweichende Fassung in der Reichstagskommission erhalten hat, doch wieder stark der ursprünglichen Regierungsvorlage, die vom Halter verlangte, daß er sich, den Führer und den Betrieb exkulpiere, und ihn unter dieser Voraussetzung von der Haftpflicht freiließ. Auch in der Reichstagskommission äußerte ein Mitglied, welches die vorliegende Fassung zugunsten der Einführung der strengeren Eisenbahnhaftpflicht bekämpfte, daß die vorliegende Fassung sich nur noch im Wortlaut von der Regierungsvorlage unterscheide, in der Wirkung ihr aber gleichstehe. Der Kommissionsbericht (Bl. 19) läßt nicht erkennen, daß diese Beurteilung Widerspruch gefunden hätte. Der einzige Unterschied besteht in der Tat darin, daß der Haftpflichtige nicht bloß seine und seines Führers Schuldlosigkeit, sondern darüber hinaus beweisen muß, daß beide die allergrößte Sorgfalt aufgewandt haben.

2. Das Gesetz spricht nicht von dem Verschulden, sondern von dem Verhalten des Verletzten, gleichviel ob es verschuldet oder unverschuldet ist. Über Verschulden des Verletzten siehe Anm. II zu § 9. Als unverschuldet kommen solche Handlungen des Verletzten in Betracht, die ihn in den Gefahrenbereich des Kraftfahrzeugs hineingebracht haben, ohne daß die Unvorsichtigkeit der Handlung ihm zugerechnet werden kann; sei es, daß ihm allgemein wegen kindlichen Alters oder Geisteskrankheit die Zurechnungsfähigkeit fehlt, sei es, daß er in einem vorübergehenden Zustande der Bewußtlosigkeit (Ohnmacht, epileptischer Anfall, unverschuldete sinnlose Trunkenheit) gehandelt hat. Dergleichen Handlungen des Verletzten sind auch bisher ebensowenig wie Handlungen dritter Personen und

Betätigungen tierischer Lebenskraft grundsätzlich von dem Begriffe der höheren Gewalt ausgeschlossen gewesen. Insbesondere ist bei Unfällen, die durch plötzliche Erkrankung oder durch Handlungen Geisteskranker unabwendbar herbeigeführt worden waren, regelmäßig der Einwand der höheren Gewalt für durchgreifend erachtet worden. RG. 23. 3. 88, Bd. 21, 15. Aber das Bestreben des Reichsgerichts, den Begriff der höheren Gewalt einzuschränken, tritt z. B. in folgendem Ausspruch hervor, welcher der Entscheidung vom 21. Januar 1907 (EE. 23, 305) entnommen ist: „Eine durch Schlaftrunkenheit bewirkte vorübergehende Bewußtlosigkeit des Verletzten ist nicht ein von außen in den Betrieb eingreifendes Ereignis, sondern stellt sich als ein Vorgang dar, der die durch den Betrieb geschaffene Gefahr wirkend macht.“ Fast regelmäßig ist in der letzten Zeit der Einwand der höheren Gewalt verworfen worden, wenn der Unfall im Straßenbahnbetriebe durch das unverständige Verhalten eines Kindes unter sieben Jahren verursacht worden war, RG. Bd. 44, 27—31. In diesem Urteil wird ausgeführt: höhere Gewalt sei deshalb ausgeschlossen, weil der Unfall auf eine dem Straßenbahnbetriebe in einer volks- und verkehrsreichen Stadt eigentümliche, nicht vermeidbare Gefahr zurückzuführen sei. Also gerade wegen der Unabwendbarkeit wird der Einwand der höheren Gewalt verworfen. Früher hatte das Reichsgericht in dieser Frage einen andern Standpunkt vertreten, zu welchem bei Anwendung des vorliegenden Gesetzes zurückzukehren sein wird, z. B. RG. Bd. 14, 82, 83; Bd. 1, 276—279.

XIV. Verhalten eines nicht beim Betriebe beschäftigten Dritten.

Die Handlung des Dritten kann vorsätzlich sein, z. B. es stößt jemand einen andern absichtlich in die Fahrbahn eines Kraftfahrzeugs; sie kann fahrlässig, sie kann aber auch unverschuldet sein, man denke an die Tat eines Geisteskranken oder Unmündigen. Höhere Gewalt ist z. B.

angenommen worden in einem Falle, wo auf einem Bahnhofe durch die nachdrängende Menschenmasse Personen in einen fahrenden Zug hineingeschoben worden waren. RG. 27. 3. 88, Bolze 5 Nr. 366^{b}, auch EE. 6, 222, vgl. auch 1. 4. 98, EE. 15, 138; 13. 10. 04, JW. 577, auch EE. 21, 371.

Dagegen hat das Reichsgericht den Einwand der höheren Gewalt in einem Falle verworfen, wo jemand in der Bestürzung und Aufregung über die von einem Zuge drohende Gefahr seinen Begleiter, in der Absicht, ihn zu retten, zurückgerissen und damit in die Fahrbahn des Zuges gebracht hatte. RG. 17. 1. 07, EE. 23, 393: „Von höherer Gewalt kann keine Rede sein, wenn der Verletzte, der ein Eisenbahngleis zu überschreiten im Begriffe war, durch unglückliches Eingreifen eines Genossen zurückgehalten und vom Zuge überfahren worden ist, weil die Bestürzung und Geistesverwirrung, in der der Genosse den sonst glücklich hinübergelangten Verletzten zurückriß, selbst eine Folge der Eisenbahngefahr war.“ Diese Entscheidung ist für das Anwendungsgebiet des Haftpflichtgesetzes gewiß zutreffend, weil danach erforderlich ist, daß die zum Schaden führende Kausalreihe außerhalb des Betriebes ihren Ursprung genommen habe. Nach dem vorliegenden Gesetz dagegen, welches dieses Erfordernis nicht aufgenommen hat, sondern nur verlangt, daß die Ursache des Unfalls nicht auf einem Fehler in der Beschaffenheit des Fahrzeugs, noch auf einem Versagen seiner Vorrichtungen beruhe, würde im gleichliegenden Falle der Einwand der Unabwendbarkeit aus dem angegebenen Grunde nicht abzulehnen sein, es würde vielmehr auf die Frage der tatsächlichen Unabwendbarkeit ankommen.

Allgemein anerkannt ist, daß schuldhaftes Verhalten der beim Betrieb beschäftigten Personen niemals den Einwand der höheren Gewalt begründen kann, weil insoweit, als das Verschulden eines Angestellten einen Unfall verursacht hat, die Ursache eben im Betriebe selbst ihren Ursprung genommen, nicht von außen in den Betrieb hinein gewirkt hat, RG. Bd. 1, 253. Streitig ist die Frage bei unverschuldetem Verhalten von Betriebsangestellten, wenn z. B. der Zugführer plötzlich geisteskrank oder bewußtlos wird. Die soeben angeführte Entscheidung scheint sich im Sinne der Zulassung des Einwandes in diesem Falle auszusprechen: „Bei einem Bahnbediensteten im Dienst könnte höhere Gewalt nur etwa im Falle plötzlich eingetretener Geisteskrankheit angenommen werden".

Für das vorliegende Gesetz fällt, wie gesagt, das dem Begriff der höheren Gewalt zugehörige Erfordernis des Eintritts von außen hinweg. Das Verhalten, insbesondere das schuldhafte Verhalten der Betriebsangestellten ist in Satz 1 des Abs. 2, welcher die Rechtsregel aufstellt, nicht ausdrücklich neben den Fehlern des Fahrzeugs und dem Versagen seiner Verrichtungen als einwandbeseitigendes Moment genannt. Und auch im zweiten Satze wird lediglich ausgeführt, daß das Verhalten eines nicht beim Betriebe beschäftigten Dritten haftpflichtbefreiend wirken könne. Mit logischer Notwendigkeit folgt hieraus nicht, daß das Verhalten einer beim Betriebe beschäftigten Person schlechterdings niemals den Einwand des unabwendbaren Ereignisses begründen könne; die Frage scheint vielmehr offen gelassen zu sein. Erwägt man aber das Streben des Gesetzes und daß gerade die vorliegende Fassung von der Kommission gewählt worden ist, um gegenüber der Regierungsvorlage die Haftpflicht zu verschärfen, und daß die ausdrückliche Hervorhebung des Unterscheidungsmerkmals „nicht beim Betriebe beschäftigt" eine Bedeutung haben muß, so ergibt sich meines Erachtens der Schluß, daß durch diese Unterscheidung das Verhalten des betriebstätigen Dritten von dem Einwande des unabwendbaren Ereignisses grundsätzlich hat ausgeschlossen werden sollen. Ist also der Unfall auf das Verhalten einer bei dem Betriebe tätigen Person ursächlich zurückzuführen, so ist der Haftausschließungseinwand ebenso beseitigt, wie wenn der

Unfall ursächlich mit einem Fehler des Fahrzeugs oder einem Versagen seiner Verrichtungen zusammenhinge; auf die Frage der Abwendbarkeit kommt es gar nicht erst an. Hierbei macht es auch keinen Unterschied, ob das Verhalten des Angestellten schuldhaft war oder nicht.

Das für den Unfall ursächlich gewordene Verhalten des Angestellten muß aber im Zusammenhange mit der ihm beim Betriebe des Fahrzeugs zugewiesenen Beschäftigung stehen. Bei dem Betriebe beschäftigt ist nicht bloß der Führer, sondern auch z. B. der Schaffner eines Kraftomnibus und die einem Automobillastzuge beigegebenen Begleiter und Bremser.

XV. Verhalten eines Tieres.

Zahlreiche Unfälle in Stadt und Land sind auf das Scheuwerden von Tieren, namentlich Pferden, zurückzuführen. Bisher wurde unterschieden, ob das Scheuwerden auf eine Betriebsäußerung der Eisenbahn oder auf andere Ursachen zurückzuführen war. In Fällen der ersteren Art wurde höhere Gewalt verneint, weil der Betrieb selbst den ersten Anstoß gegeben hatte, um die zum Unfall führende Kausalreihe in Bewegung zu setzen, weil das Ereignis im Betriebe selbst seinen Entstehungsgrund hatte, RG. 5. 1. 87, Bd. 19, 37; 1. 3. 94, EE. 10, 270. War das Pferd dagegen aus einer andern, äußeren Ursache scheu geworden, so wurde der Einwand der höheren Gewalt zugelassen, RG. 3. 12. 06, EE. 23, 386. Die Unterscheidung kann für das vorliegende Gesetz nicht aufrecht erhalten werden; es müßte denn sein, daß gerade ein Fehler des Kraftwagens oder ein Versagen seiner Verrichtungen oder das Verhalten einer bei dem Betriebe beschäftigten Person das Pferd zum Scheuen gebracht hätten, z. B. die Explosion der Maschine. Abgesehen hiervon ist es gleichgültig, ob das Pferd infolge des plötzlichen Erscheinens oder der schnellen Annäherung des Kraftfahrzeugs oder des von ihm ausgehenden Geräusches oder aus anderen Ursachen scheu geworden ist.

XVI. und sowohl der Halter wie der Führer des Fahrzeugs jede nach den Umständen des Falles gebotene Sorgfalt beobachtet hat.

Diese Worte umgrenzen den Begriff der Unabwendbarkeit nicht nur für die zuvor beispielsweise angeführten Fälle menschlichen oder tierischen Verhaltens, sondern allgemein, gleichviel auf welches ursächliche Ereignis die Einrede gestützt wird. Damit sind die Streitfragen über die Tragweite dieses auch dem Begriff der höheren Gewalt zugehörigen Erfordernisses für das vorliegende Gesetz entschieden. Abzulehnen ist vor allem die absolute Exnersche Theorie, nach welcher bestimmte Eigenschaften, welche dem Ereignis anhaften oder fehlen, es ohne Rücksicht auf seine übrige Individualität und gleichmäßig für alle Verkehrsunternehmungen ganz unbedingt entweder in den Bereich der höheren Gewalt oder außerhalb desselben stellen. RG. 5. 1. 87, Bd. 19, 41. Abzulehnen ist aber auch die in der oben genannten und in anderen Entscheidungen des Reichsgerichts vertretene Ansicht, daß aus der Art des einzelnen Betriebes ein objektiver Maßstab für eine Trennung der an sich möglichen Zufälle zu entnehmen sei in solche, welche der gefährlichen Natur gerade dieses Unternehmens eigentümlich seien und deshalb mit einer gewissen Häufigkeit einzutreten pflegten, und in außergewöhnliche Zufälle. Nach dem vorliegenden Gesetz soll es aber nicht auf die Art des Betriebes und seiner Gefahren, die bei Kraftfahrzeugen überall etwa die gleiche ist, sondern auf die Umstände des einzelnen Falles ankommen. Allerdings kann die objektive Art der Zufälle, daß sie sich häufig im Kraftfahrbetriebe ereignen, daß der Halter also auf sie gefaßt sein kann, Bedeutung haben für das Maß der aufzuwendenden Sorgfalt; solchen Zufällen gegenüber, die mit der gefährlichen Natur seines Betriebes im Zusammenhange stehen, muß er sich mit allen überhaupt nur möglichen Mitteln der Abwehr wappnen; er muß vorbeugend wirken. Was von ihm verlangt wird, wenn er den Einwand der Unabwendbarkeit erheben will, ist mehr als die gewöhnliche im Verkehr erforderliche Sorgfalt, deren Nichtleistung er als Verschulden zu verantworten haben würde; er muß jede nach den Umständen des Falles gebotene Sorgfalt beobachten. Aber Unmögliches verlangt das Gesetz nicht von ihm. War der Unfall unter gar keinen Umständen, auch nicht bei Anwendung der neuesten und besten Schutzvorrichtungen — deren Nichtvorhandensein durchaus noch kein Verschulden zu bedeuten braucht — abzuwenden, dann soll die Haftpflicht ausgeschlossen sein. Der Halter trägt eine gesetzliche Garantiepflicht des Inhalts: beschränkt er sich bei seinem gefährlichen Betriebe darauf, den polizeilichen Vorschriften zu genügen und die allgemeine im Verkehr erforderliche Sorgfalt zu beobachten, so haftet er für Zufälle, die vermeidbar gewesen wären, wenn er und der Führer sowohl bei der Einrichtung des Kraftfahrzeugs als auch auf der Fahrt gewisse andere, an sich mögliche und ihnen zuzumutende Vorsichts- und Sicherheitsmaßnahmen getroffen hätten; dagegen gibt es — abgesehen von Unregelmäßigkeiten des Betriebes selbst — keinerlei bestimmte Arten von Zufällen, für die der Halter ohne Rücksicht auf die in concreto vorhandene Unabwendbarkeit unbedingt Garantie zu leisten hätte. Man darf also z. B. nicht schließen: weil es bei der schnellen Bewegung der Kraftfahrzeuge auf belebten Straßen unvermeidlich ist, daß bisweilen Kinder durch ihre Unachtsamkeit von solchen Fahrzeugen umgerissen werden, muß der Haftpflichtige für solche dem Betrieb mit Kraftfahrzeugen eigentümlichen Unfälle unbedingt aufkommen, auch dann, wenn der konkrete Unfall tatsächlich unabwendbar war; sondern man muß fragen: war dieser konkrete Unfall irgendwie vermeidlich? etwa wenn diese oder jene, an sich mögliche und mit dem Betriebe vereinbare Schutz- und Vorsichtsmaßregel beobachtet worden wäre? Verneinendenfalls ist die Haftpflicht ausgeschlossen. Es ist also in der Tat nur ein gesteigerter Diligenzbegriff, von dem aus zu beurteilen bleibt, ob ein zufälliges Ereignis schlechthin unwiderstehlich war.

Das Maß von Sorgfalt richtet sich nach den Verkehrsanschauungen. „Von demjenigen, der bis zur höheren Gewalt zu haften hat, muß allerdings nachgewiesen werden, daß auch mit Aufbietung der äußersten Vorsicht und Sorgfalt und Aufwendung aller Kräfte, welche den Menschen überhaupt zu Gebote stehen, das schädigende Ereignis nicht abgewendet oder unschädlich gemacht werden konnte. Aber hierbei kommen doch nur solche Mittel in Betracht, deren Anwendung überhaupt möglich ist, ohne den wirtschaftlichen Erfolg des Unternehmens vollständig auszuschließen. Die Anwendung derartiger Mittel kann von dem Unternehmer nicht verlangt, z. B. nicht gefordert werden, daß die ganze Eisenbahnstrecke auf beiden Seiten mit Mauern versehen oder derart mit Wächtern besetzt werde, daß es unmöglich ist, die Schienen zu überschreiten, oder sich beim Herannahen des Zuges auf dieselben zu werfen. . . . Es ist an der Auffassung festzuhalten, nach welcher bei Beurteilung der Frage der Abwendbarkeit auf die Verhältnisse des einzelnen Falles, insbesondere auf das Verhältnis zwischen dem anzustrebenden Erfolge und den aufzuwendenden Mitteln Rücksicht zu nehmen ist. Diese Auffassung führt aber keineswegs dazu, daß höhere Gewalt immer dann vorliege, wenn bezüglich des in Frage stehenden Schadens ein Verschulden des Haftpflichtigen nicht nachgewiesen werden kann, daß derselbe sonach für gewöhnlichen Zufall nicht haften würde. Der Haftpflichtige, welcher nur dann von der Haftung befreit ist, wenn er das Vorhandensein höherer Gewalt nachweisen kann, haftet vielmehr auch dann, wenn in dem in Rede stehenden Falle mit aller Umsicht verfahren worden und der Schaden auf einen Zufall zurückzuführen ist. Nur dann liegt höhere Gewalt vor, wenn es auch bei den zweckmäßigsten Einrichtungen nicht möglich war, den Eintritt des in Frage stehenden zufälligen Ereignisses oder dessen Folgen abzuwenden. Als solche kann nur gelten, was auch durch die umsichtigsten Schutzvorrichtungen nicht verhütet werden kann, also menschlicher Kraft und Vorsicht spottet." Diese Ausführungen aus dem Urteil des Reichsgerichts vom 23. 3. 88 (Bd. 21, 17/18) kennzeichnen treffend den Begriff der Unabwendbarkeit im Sinne auch des vorliegenden Gesetzes. Man wird also vom Fahrzeughalter nicht verlangen können, daß er die öffentlichen Straßen überhaupt meide; das käme heute, wo es noch keine besonderen Automobilstraßen gibt, der Forderung der Betriebseinstellung gleich. Man wird auch nicht verlangen können, daß er durchweg, auch wo die Umstände nicht die Möglichkeit einer Gefährdung des übrigen a ßenverkehrs erkennen lassen, in einem Tempo fahre, ch welches der wesentliche Zweck des Kraftfahrbetriebes, größere Schnelligkeit der Fortbewegung, vereitelt werden würde. Dagegen wird man allerdings vom Standpunkt einer gesteigerten Diligenz aus verlangen müssen, daß überall, wo die, wenn auch nur entferntere Möglichkeit einer Gefährdung gegeben ist, das Tempo entsprechend herabgemindert wird, so daß beim Näherrücken der Gefahr sofort gehalten werden kann. Man wird ferner die Unabwendbarkeit des Unfalls nur zugestehen können, wenn das Fahrzeug z. B. auch bei der technisch allervollkommensten Bremseinrichtung (mit der es im vorliegenden Falle nicht versehen war) nicht mehr rechtzeitig hätte zum Stehen gebracht werden können. Auch an die persönlichen Eigenschaften des Führers wird man die höchsten Anforderungen stellen und fragen müssen, ob nicht bei Anwendung eine den besten Führern eigenen, das Normalmaß übersteigenden Geistesgegenwart, Geschicklichkeit und Umsicht der Unfall hätte abgewendet werden können. Es ist immer daran festzuhalten, daß es sich nicht um einen bloßen Exkulpationsbeweis handelt, sondern darum, ob auch ein über die normale, im Verkehr erforderliche Sorgfalt hinausgehendes Maß von Sorgfalt den Unfall nicht verhindert haben würde.

Kann die Frage, ob bei Anwendung der größtmöglichen Sorgfalt der Unfall hätte abgewendet werden können, nicht mit Sicherheit verneint werden, so ist der Einredebeweis nicht geführt. RG. Bd. 1, 276–279.

In Übereinstimmung mit dem hier erörterten Begriff der Unabwendbarkeit befinden sich die Entscheidungen des Reichsgerichts vom 4. 3. 07 und 11. 2. 07 (EE. 23, 398 und 396). In beiden ist der Einwand der höheren Gewalt abgelehnt worden, weil sich durch Anbringung von Geländern und dgl. Sicherheitsvorrichtungen an der Plattform des Eisenbahnwagens der Absturz der Fahrgäste, der in dem einen Falle durch eine Ohnmacht, im andern Falle durch eine Schlägerei zwischen den Fahrgästen veranlaßt worden war, hätte verhüten lassen.

Schon unter dem bisher geltenden Recht hat das Reichsgericht wiederholt geäußert, daß mit Rücksicht auf die besondere Gefährlichkeit des Kraftfahrbetriebes an die Geschicklichkeit, Besonnenheit und Geistesgegenwart des Chauffeurs besonders hohe Anforderungen gestellt werden müssen, RG. 23. 4. 08, JW. 405 [7]. Demzufolge liegen, schon um die im Verkehr erforderliche Sorgfalt zu leisten und sich vor dem Vorwurf des Verschuldens zu bewahren, dem Halter bei der Auswahl des Chauffeurs und dem letzteren bei der Führung des Fahrzeugs erhöhte Diligenzpflichten ob. Der Führer eines Kraftfahrzeugs muß Rücksicht auf das Publikum nehmen, ihm ausweichen; um die Gefährdung eines Passanten zu vermeiden, nötigenfalls auch die Geschwindigkeit verringern, RG. 14. 10. 07, JW. 705 [7]. Beim Überholen muß er sich zuvor überzeugen, ob die Vorausbefindlichen auch sein Hupensignal gehört haben, andernfalls darf er nur im langsamsten Tempo vorbeifahren, um jene nicht zu erschrecken und sie möglicherweise zu hastigem und ungeschicktem Ausweichen zu veranlassen, RG. 4. 1. 08, JW. 106 [3]. Wenn er sieht, daß bei Annäherung seines Fahrzeugs ein Pferd unruhig wird, so muß er Vorkehrungen treffen, um die erkennbare Möglichkeit einer Gefahr zu beseitigen, nötigenfalls muß er anhalten, bis das unruhige Pferd vorüber oder abseits geführt worden ist, RG. 20. 9. 06, JW. 681[2]. Diese Grundsätze werden — wenigstens für die Anwendung des vorliegenden Gesetzes — um so mehr Geltung behalten, als das Gesetz selbst ein erhöhtes Maß von Sorgfalt erfordert, wenn der Einwand der Unabwendbarkeit durchgreifen soll.

Zu Absatz 3.

XVII. Wird das Fahrzeug ohne Wissen und Willen des Fahrzeughalters von einem anderen in Betrieb gesetzt, so ist dieser an Stelle des Halters zum Ersatze des Schadens verpflichtet.

1. Es entspricht der Billigkeit, dem Halter die Haftpflicht nur dann aufzuerlegen, wenn er selbst veranlaßt oder geduldet hat, daß das Fahrzeug in Betrieb gesetzt werde. Aus ähnlichen Erwägungen hat das Reichsgericht für den Bereich des Haftpflichtgesetzes Bedenken geäußert, ob ein Eisenbahnbetriebsunfall vorliege, wenn unberufene Dritte die Transportmittel der Bahn in Bewegung gesetzt haben. RG. 18. 4. 07, JW. 340[24]. Für unser Gesetz ist die Frage ausdrücklich durch die vorliegende Bestimmung zugunsten des Halters entschieden.

2. Ohne Wissen und Willen des Fahrzeughalters. Hierunter gehören nicht alle Fälle eigenmächtiger Benutzung. Ist nicht nur eine vorübergehende Gebrauchsanmaßung, sondern eine völlige Entziehung der Verfügungsgewalt für immer oder wenigstens für eine gewisse Dauer beabsichtigt, so daß das wirtschaftliche Verhältnis zwischen dem Fahrzeug und dem bisherigen Halter wenigstens zeitweise gelöst erscheint, so hat damit der Halter die Eigenschaft als Fahrzeughalter verloren, so daß ein Haftpflichtanspruch gegen ihn auf Grund von Unfällen, die sich während der Zeit der Gebrauchsentziehung ereignen, schon nach Absatz 1 nicht entstehen kann. Vgl. oben Anm. VI,

Hierher gehören also nur die Fälle vorübergehender Gebrauchsanmaßung.

In wessen Interesse das Fahrzeug benutzt wird, ist gleichgültig. Auch wenn der Eigenmächtige es im Interesse des Halters benutzt, aber ohne dessen Erlaubnis oder gar wider seinen Willen, wird jener von der Verantwortung frei.

Der Auftrag oder die Erlaubnis zur Inbetriebsetzung des Fahrzeugs kann auch stillschweigend durch schlüssige Handlungen erteilt sein; z. B. der Halter sieht, daß ein anderer das Fahrzeug in Betrieb setzt, und verhindert es nicht, obgleich er in der Lage dazu ist.

3. von einem andern. Der andere kann ein Fremder sein, aber auch der Chauffeur oder ein sonst zur Benutzung des Fahrzeugs Ermächtigter, wenn sie den Auftrag oder die Erlaubnis überschreiten. Ob eine solche Überschreitung vorliegt, kann nur nach Lage des einzelnen Falles beurteilt werden; dabei kommt vor allem in Betracht, ob dem Beauftragten oder Ermächtigten Spielraum gelassen war, oder ob Auftrag und Erlaubnis bis ins einzelne genau umgrenzt waren. Aber auch letzteren Falles werden veränderte Umstände Abweichungen von der Anordnung des Halters rechtfertigen, die als genehmigt gelten müssen, sofern sie innerhalb seiner mutmaßlichen Willensrichtung liegen.

4. in Betrieb gesetzt. In Betrieb setzen bedeutet, das Fahrzeug zum Zwecke der Beförderung in Bewegung setzen. Derjenige setzt ein Kraftfahrzeug in Betrieb, der eigenhändig die dazu erforderlichen Verrichtungen vornimmt, die Kurbel dreht und den Hebel stellt, vorausgesetzt, daß er damit den eigenen Herrschaftswillen über das Fahrzeug betätigt. Handelt er lediglich im Auftrage eines Dritten, der sich den Gebrauch des Fahrzeugs anmaßt, so setzt nicht er, sondern der Dritte das Fahrzeug in Betrieb; er haftet dann nur als Führer, der Dritte dagegen haftet als Ersatzmann des Halters. Wenn mehrere

bei der Gebrauchsanmaßung beteiligt sind, so hängt es von den Umständen ab, ob nicht ein gemeinschaftliches Handeln anzunehmen ist nach Art der Mittäterschaft, so daß jeder Beteiligte die Inbetriebsetzung als eigene Handlung gewollt hat und demgemäß auch jeder an Stelle des Halters haftet.

Die Gebrauchsanmaßung muß nicht notwendig eine bewußt rechtswidrige sein, sie kann durch Mißverständnis, Irrtum veranlaßt sein, z. B. jemand benutzt zur Heimfahrt von einem Orte, wo viele Besitzer von Kraftfahrzeugen versammelt waren, aus Irrtum ein fremdes Fahrzeug, oder er benutzt das fremde Kraftfahrzeug, weil er in entschuldbarem Irrtum annimmt, der Halter habe ihn beauftragt oder ermächtigt. Die Frage des Verschuldens bei der Gebrauchsanmaßung betrifft lediglich das innere Verhältnis zwischen den beiden Beteiligten; für die Frage, wer dem Publikum gegenüber die Verantwortung für vorkommende Unfälle trägt, kommt es lediglich darauf an, daß sich in der fraglichen Betriebstätigkeit nicht der Herrenwille des Halters, sondern derjenige einer anderen Person betätigt hat. Der Chauffeur, der den Irrtum des Einsteigenden nicht bemerkt, sondern seinen Herrn zu fahren glaubt, oder der an die Ermächtigung des Dritten glaubt, trägt auch bei solcher Fahrt nur die Verantwortung als Führer, nicht die Verantwortung als Halter, da er fremdem Willen folgt und nicht selbständig das Fahrzeug in Betrieb setzt.

Wer ein fremdes Fahrzeug, z. B. eine Kraftdroschke, zur Benutzung dingt, setzt sie dadurch nicht in Betrieb und kann deshalb niemals als Ersatzmann des Halters haften, auch wenn er weiß, daß derjenige, mit dem er z. B. den Werkvertrag abschließt, ohne Wissen und Willen des Halters das Fahrzeug in Betrieb setzt.

5. an Stelle des Halters. Der objektive Tatbestand, daß ein Kraftfahrzeug ohne Wissen und Willen des Fahrzeughalters in Betrieb gesetzt ist, befreit den Halter

von der Haftpflicht. Die Bestimmung bezweckt den Schutz des Fahrzeughalters gegen mißbräuchliche Benutzung des Fahrzeugs durch Dritte, für die er die schwere Verantwortung als Halter nicht tragen soll. Nicht der Besitz eines Kraftfahrzeugs, sondern der Betrieb ist gefährlich und soll nach dem Willen des Gesetzes die Haftpflicht begründen. Zur Sicherheit des Publikums ist aber die Haftpflicht prinzipiell dem Halter als solchem auferlegt und ihm nur der Einredebeweis gestattet, daß im konkreten Falle das Fahrzeug ohne sein Wissen und Willen in Betrieb gesetzt worden sei. Der oder die andern, die das Fahrzeug ohne Wissen und Willen des Halters in Betrieb gesetzt haben, treten an seine Stelle. Zur Begründung der Haftpflicht dieses andern gehört keine andere Voraussetzung als der gleiche objektive Tatbestand, der den Halter befreit. Es ist keinerlei subjektives Moment erforderlich, weder ein Verschulden, noch überhaupt das Bewußtsein, daß das Einverständnis des Halters fehle.

6. zum Ersatze des Schadens. Wer eigenmächtig ein Kraftfahrzeug in Betrieb gesetzt hat, haftet in demselben Umfange wie der Halter.

Wer auf eigenmächtig unternommener Fahrt den Wagen steuert, ist verantwortlich erstens als Führer aus § 18 des Gesetzes der Art, daß er sich durch den Nachweis sorgfältiger Steuerung befreien kann, und zweitens, wenn er selbst für sich das Fahrzeug in Betrieb gesetzt hat, als Ersatzmann des Halters der Art, daß er, um sich zu befreien, ferner noch die Unabwendbarkeit des Unfalls nachweisen muß. Wird ihm ein Verschulden bei Verursachung des Unfalls nachgewiesen, so kann er außerdem auf Grund des BGB. in Anspruch genommen werden. Stellt sich die Inbetriebsetzung des Fahrzeugs als schuldhafte Besitzstörung dar, so begründet dies Verschulden aus §§ 823, 858 BGB. eine Ersatzpflicht gegenüber dem Halter; für die Frage der Unfallhaftung gegenüber dem Verletzten kann dies Verschulden aber nicht verwertet werden.

§ 8.

Die Vorschriften des § 7 finden keine Anwendung:

1. wenn zur Zeit des Unfalls der Verletzte oder die beschädigte Sache durch das Fahrzeug befördert wurde oder der Verletzte bei dem Betriebe des Fahrzeugs tätig war;
2. wenn der Unfall durch ein Fahrzeug verursacht wurde, das nur zur Beförderung von Lasten dient und auf ebener Bahn eine auf 20 Kilometer begrenzte Geschwindigkeit in der Stunde nicht übersteigen kann.

I. § 8 begrenzt in Ergänzung und Abänderung des § 7 das Anwendungsgebiet des Gesetzes nach zwei Richtungen:

Unter Ziffer 1 wird der Kreis der durch das Gesetz geschützten Personen beschränkt. Das Gesetz bezweckt lediglich den Schutz der Straße, des öffentlichen Verkehrs; denn dieser ist durch das neue Verkehrsmittel besonders gefährdet. Dagegen besteht nach den Ausführungen des Staatssekretärs in der Reichstagskommission kein Grund, den verschärften Schutz des Gesetzes auch denjenigen zukommen zu lassen, die sich dieses Verkehrsmittels bedienen; denn nach der Statistik seien Unfälle mit ernsteren Beschädigungen der Insassen im Automobilverkehr verhältnismäßig selten und vermutlich nicht häufiger, als sie auch bei Benutzung anderer Fahrzeuge infolge Durchgehens der Pferde u. dgl. einträten. Auch für Ausdehnung des Schutzes auf den Chauffeur liege kein ausreichender Grund vor, weil insoweit die Unfallversicherung genüge, der auch der Privatchauffeur, der bislang noch nicht zur Fuhrwerksberufsgenossenschaft gehöre, unterstellt werden solle; auch sei zu befürchten, daß die Gewährung des Haftpflichtschutzes den Chauffeur unter Umständen dazu verleiten werde, sorgloser zu fahren.

Unter Ziffer 2 werden Kraftfahrzeuge, die wegen gewisser Eigenschaften mindergefährlich erscheinen, von der Sonderhaftpflicht des Gesetzes befreit. Allerdings haben auch gerade Lastautomobile wegen ihres größeren Gewichts, selbst bei verminderter Geschwindigkeit, ihre besonderen Gefahren, da namentlich die große lebendige Kraft einem schnellen Anhalten hinderlich ist. Aber die hauptsächlichste Gefahr der Kraftwagen beruht doch auf der großen Schnelligkeit, und hierauf sind, wie die Statistik beweist, die weitaus meisten Unfälle zurückzuführen. Außerdem war der Gesichtspunkt maßgebend, im Interesse der Heeresverwaltung die Industrie nicht vom Bau und von der Verwendung von Lastautomobilen abzuschrecken.

II. Zu Ziffer 1.

1. Zeit des Unfalls. Unter Unfall ist der Akt der Tötung, Körperverletzung oder Sachbeschädigung zu verstehen, nicht das vorangehende Ereignis, welches den Unfall herbeigeführt hat. Das ursächliche Ereignis und die Verletzung oder Beschädigung können mitunter zeitlich nicht unerheblich auseinanderfallen. Z. B. ein durch unvorsichtiges Fahren eines Kraftfahrzeugs scheu gemachtes Pferd rast umher und verletzt den inzwischen ausgestiegenen Insassen des Kraftfahrzeugs auf der Straße; sein Haftpflichtanspruch ist begründet, da er zur Zeit des Unfalls nicht mehr von dem Kraftfahrzeug befördert wurde.

2. der Verletzte oder die beschädigte Sache. Unter dem Verletzten ist hier nicht wie in § 7 Abs. 1 der ersatzberechtigte Geschädigte zu verstehen, sondern lediglich der körperlich Verletzte. Der Fall der Tötung und Körperverletzung einerseits und der Sachbeschädigung anderseits ist im Gesetz an dieser Stelle getrennt behandelt. Würde man zu dem Verletzten im Sinne dieser Vorschrift auch den Eigentümer der beschädigten Sache und den unterhaltsberechtigten Angehörigen des Getöteten rechnen, so würde man zu den abwegigen Ergebnissen gelangen, daß

der Eigentümer eines Gartenzauns, den das Kraftfahrzeug umgefahren hat, keinen Ersatz hierfür verlangen könne, weil er zufällig zur Zeit des Unfalls Fahrgast des schädigenden Fahrzeugs gewesen sei, und daß dem unterhaltsberechtigten Angehörigen der Ersatz zu versagen sei, weil er in dem Kraftwagen saß, als dieser seinen auf der Straße gehenden Unterhaltspflichtigen zu Tode fuhr. Die vorliegende Bestimmung ist vielmehr dahin zu verstehen: wenn zur Zeit des Unfalls der Getötete oder körperlich Verletzte bei dem Betriebe des Fahrzeugs tätig war oder ihm das Fahrzeug zur Beförderung diente, so sind Ansprüche für den aus der Tötung oder Körperverletzung entstandenen Schaden ausgeschlossen; ebenso sind, wenn das Fahrzeug zur Zeit des Unfalls zur Beförderung einer Sache diente, Ansprüche wegen Beschädigung dieser Sache ausgeschlossen.

3. durch das Fahrzeug befördert wurde. Die Beförderung beginnt mit der Inbetriebsetzung des beladenen Fahrzeugs oder mit dem späteren Aufladen der Sache oder dem Einsteigen des Fahrgasts. Sie endigt, wenn das Fahrzeug außer Betrieb gesetzt wird, vorher mit der völligen Trennung vom Fahrzeug.

Ob die Beförderung eine freiwillige war, ist gleichgültig. Auch wer sich im Dienste des Haftpflichtigen auf dessen Geheiß, also in gewisser Weise gezwungen und unfreiwillig, der Gefahr des Kraftwagentransports aussetzen muß, desgleichen wer ohne, vielleicht gegen seinen Willen mit dem Kraftfahrzeug befördert wurde (der bewußtlose Kranke, der ins Krankenhaus geschafft wird, der Geisteskranke, der Unmündige, der Gefangene, der Soldat), sind von dem Vorteil des Haftpflichtschutzes ausgeschlossen.

Das Fahrzeug, mit dem die Beförderung geschah, muß identisch mit dem Fahrzeuge sein, bei dessen Betriebe der Unfall passiert ist. Stoßen zwei Kraftwagen zusammen, so sind die Insassen des einen nicht gehindert, einen Ersatzanspruch gegen den Halter des andern geltend zu machen, sofern die Voraussetzungen nach § 7 vorliegen. Sie gehören im Verhältnis zu jenem zum Straßenpublikum, also zum Kreise der durch das vorliegende Gesetz geschützten Personen. Sie sind nicht durch „das" Fahrzeug, sondern durch ein anderes Fahrzeug befördert worden; daß dies andere Fahrzeug auch ein Kraftfahrzeug war, ist belanglos.

Das Gleiche muß entsprechend auch für die betriebstätigen Personen gelten.

4. bei dem Betriebe des Fahrzeugs tätig. Das Fahrzeug muß im Betrieb sein, sonst kann ein haftpflichtbegründender Unfall nicht vorkommen, s. § 7 Abs. 1. Es braucht aber nicht in Bewegung zu sein, s. Anm. II, 1 zu § 7; es ist z. B. im Betriebe, wenn die Maschine zwecks Antritts einer Fahrt in Gang gesetzt ist. Wer in solchen Augenblicken sich bei dem Betriebe zu schaffen macht, z. B. auf Ersuchen des Chauffeurs, der seinen Führersitz schon eingenommen hat, etwa um noch schnell etwas an der Maschine in Ordnung zu bringen, der tut dies auf seine eigene Gefahr. Wird er durch das Kraftfahrzeug verletzt, so hat er keinen Ersatzanspruch auf Grund dieses Gesetzes.

Ob der beim Betrieb Tätige im Auftrage des Halters oder Chauffeurs oder eigenmächtig tätig wird, macht keinen Unterschied.

Chauffeure, Kraftomnibusschaffner u. dgl. Personen, deren Beruf im Mitfahren besteht, sind aus beiden Gründen vom Recht auf Schadensersatz ausgeschlossen, einmal, weil sie beim Betriebe tätig sind, und zweitens, weil das Fahrzeug zu ihrer Beförderung dient.

Sonstige Angestellte des Halters, auch wenn sie in dem von ihm etwa mit Kraftfahrzeugen betriebenen Fuhrunternehmen beschäftigt sind, sind von dem Kreise der geschützten Personen nicht ausgeschlossen, haben also unter den Voraussetzungen des § 7 Ersatzansprüche, wenn sie z. B. auf dem Geschäftshofe von einem ausfahrenden Kraftfahrzeug beschädigt werden; das gilt auch für den Chauffeur, der sonst gerade das Unglücksfahrzeug zu führen pflegt, wenn es zur Zeit des Unfalls von seinem Vertreter geführt wurde.

II. Zu Ziffer 2.

1. das nur zur Beförderung von Lasten dient. Es kommt nicht darauf an, zu welchem Zweck das Fahrzeug gerade im Augenblicke des Unfalls diente, sondern nur auf die allgemeine Zweckbestimmung, für die es gebaut und eingerichtet ist und für die es gehalten wird. Daß gelegentlich auch einmal ein Lastautomobil zur Beförderung von Personen benutzt wird, indem es z. B. den Fabrikarbeitern für einen Sommerausflug überlassen wird, ändert nichts an dem Charakter des Fahrzeugs als Lastautomobil. Ist das Fahrzeug aber mit Einrichtungen auch zu gelegentlicher, nicht ganz vereinzelter Personenbeförderung versehen und dazu bestimmt, so fällt damit das Privilegium der Haftpflichtbefreiung fort, das sich auf solche Fahrzeuge beschränkt, die nur zur Beförderung von Lasten dienen. Das Mitfahren der Begleiter, die ebenso wie der Chauffeur selbst nicht zwecks Beförderung ihrer Personen, sondern lediglich zwecks Beförderung der Ladung auf dem Fahrzeug sind, ist für die Beurteilung der wirtschaftlichen Bestimmung des Fahrzeugs ohne Belang.

2. auf ebener Bahn eine auf 20 km begrenzte Geschwindigkeit in der Stunde nicht übersteigen kann. Das Fahrzeug muß mit solchen Einrichtungen versehen sein, daß es, auch unbeladen, unter normalen Verhältnissen auf ebener Erde eine Höchstgeschwindigkeit von 20 km die Stunde nicht übersteigen kann. Daß Naturkräfte, Wind und auf abfallender Straße die Schwerkraft die tatsächliche Geschwindigkeit gelegentlich über das Höchstmaß hinaus steigern können, ist gleichgültig. Auch wenn das Fahrzeug aus solchen Gründen gerade zur Zeit des Unfalls schneller fuhr, verliert es sein Privilegium nicht. Es kommt lediglich auf die Eigengeschwindigkeit an, zu der es zur Zeit des Unfalls unter normalen Verhältnissen be-

fähigt war. Diese Tatsache allein entscheidet im einzelnen Falle, nicht die amtliche Abstempelung, die auf einer früheren Prüfung beruht. Denn es dürfte nicht unmöglich sein, durch spätere Abänderungen an der Maschine ihre Höchstgeschwindigkeit zu steigern. Die amtliche Prüfung selbst ist als ausdrückliches Erfordernis des Privilegiums nicht in das Gesetz aufgenommen worden, wie in der Regierungsvorlage vorgesehen war. Damit ist die Möglichkeit gegeben, daß ein Fahrzeughalter, der ein nicht geprüftes und nicht behördlich zugelassenes Lastfahrzeug auf öffentlichen Straßen in Betrieb gesetzt hat, zwar der Strafe des § 23 des Gesetzes verfällt, aber gleichwohl nicht gehindert ist, sich durch den Nachweis, daß sein Fahrzeug die Höchstgeschwindigkeit von 20 km nicht überschreiten könne, das Privilegium zunutze zu machen.

§ 9.

Hat bei der Entstehung des Schadens ein Verschulden des Verletzten mitgewirkt, so finden die Vorschriften des § 254 des Bürgerlichen Gesetzbuchs mit der Maßgabe Anwendung, daß im Falle der Beschädigung einer Sache das Verschulden desjenigen, welcher die tatsächliche Gewalt über die Sache ausübt, dem Verschulden des Verletzten gleichsteht.

I. bei der Entstehung des Schadens.

Ein Schaden entsteht, wie überhaupt jeder Erfolg, regelmäßig durch das Zusammenwirken mehrerer Umstände, die in ihrer Gesamtheit die Ursache bilden. Aus dem Gewebe der kausalen Beziehungen eines Ereignisses interessieren rechtlich nur diejenigen Umstände, an welche das Gesetz Rechtsfolgen knüpft. § 7 des Gesetzes knüpft an die kausale Beziehung zwischen der Betriebstätigkeit eines Kraftfahrzeugs und einem Schaden bestimmter Art die Pflicht des Halters zum Ersatz dieses Schadens.

§ 9 mißt einem bei der Entstehung des Schadens mitwirkenden Verschulden des Verletzten je nach den Umständen die Kraft bei, die Schadensersatzpflicht des Halters zu beschränken oder zu beseitigen.

Die Anwendung des § 9 setzt voraus, daß nach § 7 die Ersatzpflicht des Halters begründet ist. Ob der Hergang so weit aufgeklärt ist, um etwa ein bestimmtes Verschulden des Führers oder des Halters als ursächlich wirkendes Moment erkennen zu lassen, oder ob der Halter nur den ihm obliegenden Entlastungsbeweis nicht hat führen können, oder ob gar eine unverschuldete Betriebsstörung den Unfall verursacht hat, darauf kommt nichts an. Es handelt sich nicht um eine Aufrechnung des beiderseitigen Verschuldens, sondern um eine Vergleichung und Abwägung der beiden in Betracht kommenden ursächlichen Momente; die vom Halter zu vertretende Mitwirkung besteht grundsätzlich nicht in einem Verschulden, sondern in der durch den Betrieb seines Kraftfahrzeugs geschaffenen Gefahr. Zu vergleichen ist diese Betriebsgefahr mit dem Verschulden des Verletzten; das tertium comparationis bildet das Maß der Verursachung, die größere oder geringere, nähere oder entferntere Beziehung zum Schaden.

Während das die Ersatzpflicht des Halters begründende Kausalmoment, die Betriebstätigkeit des Kraftfahrzeugs, notwendig dem Unfall vorangehen muß, da § 7 gerade Kausalität zwischen Betriebstätigkeit und Unfall fordert, kann das Verschulden des Verletzten sowohl vor dem Unfall liegen und dessen Eintritt mitwirkend bestimmen, als auch nach dem Unfall den Eintritt und den Umfang der Schadensfolgen beeinflussen. Denn § 9 setzt das Verschulden des Verletzten in ursächliche Beziehung zu dem Schaden, der aus dem Unfalle entsteht. Unter Schaden ist nicht nur die primäre Unfallsfolge, z. B. die Gesundheitsbeschädigung des Verletzten, sondern es sind darunter auch die Vermögensnachteile zu verstehen, welche sich infolge der Gesundheitsbeschädigung für den Erwerb und die wirtschaftliche Lage des Verletzten ergeben.

II. Verschulden.

1. Begriff des Verschuldens. Das Verschulden kann in Vorsatz oder Fahrlässigkeit bestehen. Fahrlässig handelt, wer die im Verkehr erforderliche Sorgfalt außer acht läßt (§ 276 BGB.). Grade der Fahrlässigkeit werden nicht unterschieden; auch eine geringfügige Unvorsichtigkeit gilt als Verschulden und zieht die gesetzliche Pflicht zum Ersatz des dadurch verursachten Schadens nach sich. Die im Verkehr erforderliche Sorgfalt, das ist die Sorgfalt, welche der normale, ordentliche und gewissenhafte Mensch in dem betreffenden Verhältnisse des Verkehrs anwendet. RG. 25. 1. 06, JW. 160[2]. Damit stellt das Gesetz einen abstrakten Maßstab für die Beurteilung des Handelns auf. Von jedem wird verlangt, daß er die gleiche, normale Sorgfalt anwende; auf individuelle Verschiedenheiten des Temperaments, der Erziehung und Gewöhnung, des Alters und Geschlechts wird keine Rücksicht genommen, RG. 23. 5. 08, JW. 494[34] und dort angeführte. Dagegen hängt es ganz von den Umständen ab, welchen Grad von Sorgfalt und Aufmerksamkeit das betreffende Verkehrsverhältnis erfordert, denn der normale, ordentliche und gewissenhafte Mensch handelt nicht unter allen Umständen mit der gleichen Anspannung der Aufmerksamkeit und Überlegung; in Lagen, wo er eine Gefahr nicht voraussehen kann, handelt er verhältnismäßig sorglos; in gefährlichen Situationen spannt er pflichtgemäß seine Aufmerksamkeit aufs höchste an. In diesem Sinne sagt das Reichsgericht in der Entscheidung vom 30. Mai 1906 (JW. 459[14]): „Die Frage, welche Sorgfalt der Verkehr erfordert, kann nicht abstrakt, sondern nur nach Lage des Einzelfalls entschieden werden.“ Der Führer eines Wagens z. B. muß besondere Vorsicht anwenden, wenn neben der Chaussee eine Eisenbahn läuft, und die Chaussee die Bahnlinie mehrfach kreuzt, RG. 28. 6. 06, JW. 544[9], oder

wenn er in der Nähe der Eisenbahn mit einem bahnscheuen Pferde fährt.

2. Das Verschulden des Verletzten, welches zum Eintritt des Unfalls selbst mitwirkt, besteht meist in einer unvorsichtigen Annäherung an den Gefahrenbereich des Kraftfahrzeugs. Der Betrieb eines Kraftfahrzeugs setzt eine elementare Kraft in Tätigkeit, die nicht unter allen Umständen gezügelt und gebändigt werden kann. Die hierin liegende Gefahr rechtfertigt die außergewöhnliche Haftung des Halters. Die Entstehung eines Unfalls setzt voraus, daß Menschen oder Sachen in den Bereich geraten, wo jene Kraft wirksam ist. Die Annäherung an den Gefahrenbereich des Kraftfahrzeugs muß, um die vorliegende Gesetzesbestimmung in Anwendung zu setzen, auf eine Willenstätigkeit des Verletzten zurückzuführen sein, und diese Willensbetätigung muß schuldhaft sein. Da die Insassen des Kraftfahrzeugs, durch welches der Unfall herbeigeführt worden ist, von Ersatzansprüchen aus dem Gesetz ausgeschlossen sind, so ist hier im besonderen nur das Verschulden der Straßenpassanten zu erörtern, sei es, daß sie als Fußgänger die Straße benutzen oder sich anderer Transportmittel bedienen.

Wer sich auf einem öffentlichen Platz oder einer öffentlichen Straße bewegt, hat die Pflicht, die aus dem dort stattfindenden Verkehr für ihn entstehenden Gefahren, soweit er das vermag, durch eigene Aufmerksamkeit von sich abzuwenden (ObLGer. Dresden 9. 12. 86, EE. 5, 219). Das Maß der erforderlichen Aufmerksamkeit ist je nach den Umständen verschieden: auf der einsamen Landstraße kann man sorglos wandern, weil keine Gefahr besteht; im großstädtischen Straßengetriebe kann der Fahrdamm einer Hauptstraße nur unter vollster Anspannung der Sinne gekreuzt werden. An sich ist der Straßendamm auch für den Fußgängerverkehr da. Wer ihn aber zum Weiterschreiten benutzt, etwa um schneller vorwärts zu kommen, als es das Gedränge auf dem Bürgersteig gestattet, muß mit besonderer Sorgfalt Umschau halten, weil seine Lage infolge des lebhaften Wagenverkehrs jeden Augenblick gefährlich werden kann; ebenso derjenige, der auf dem Fahrdamm plaudernd stehen bleibt, RG. 30. 4. 03, EE. 20, 160. Unter Umständen wird schon darin, daß jemand in gefährlicher Lage sich der zu seiner Sicherheit bestimmten Vorrichtungen, z. B. des Bürgersteigs, der Inselperrons u. dgl. nicht bedient, ein Verschulden zu sehen sein. (Vgl. RG. 25. 6. 06, JW. 575[52].)

Beim Überschreiten des Fahrdamms muß der Fußgänger auf nahende Fuhrwerke Rücksicht nehmen und Umschau halten, RG. 30. 1. 05, JW. 170[8]; 3. 6. 07, EE. 24, 69; 6. 2. 02, Bd. 31, 190. Wer kurz vor einem Kraftfahrzeug noch vorbeizulaufen versucht, handelt in der Regel grob fahrlässig; auch dann, wenn das Fahrzeug noch so weit entfernt war, daß er ohne Zwischenfall voraussichtlich noch mit knapper Not vorbeigekommen sein würde; die Straße kann schlüpfrig sein, im eiligen Laufen kann man stolpern und fallen, man kann in den Straßenbahnschienen hängen bleiben; der pflichtmäßig umsichtige Mensch hält sich solche Möglichkeiten vor Augen und begibt sich nicht ohne Not in solche Gefahr, RG. 19. 3. 00, JW. 396; 2. 4. 00, EE. 17, 237; 10. 2. 08, EE. 24, 395; 10. 10. 07, EE. 24, 269. Dagegen ist nicht zu verlangen, daß ein Fußgänger, bevor er den Straßendamm betritt, um ihn zu überschreiten, weithin nach beiden Seiten die Straße überschaut und sich von vornherein vergewissert, daß er den Damm in seiner ganzen Breite in Sicherheit vor nahenden Fuhrwerken überschreiten könne; er darf vielmehr davon ausgehen, daß auf die Wagenführer, insbesondere die Führer von Kraftfahrzeugen auf ihn Rücksicht nehmen werden. RG. 14. 10. 07 (JW. 705[7]): „Wer den Fahrdamm überschreitet, darf erwarten, daß ein nicht an Schienen gebundenes Fahrzeug, das sich von ihm noch in solcher Entfernung befindet, daß es ihm ausweichen kann, dies auch tut, wenn nötig, unter

Verringerung seiner Geschwindigkeit; bei der großen Geschwindigkeit, die insbesondere Kraftwagen einzuschlagen pflegen, würde sonst eine überaus starke Hemmung des Fußgängerverkehrs eintreten."

Besondere Vorsicht ist geboten, wenn jemand hinter einem Hindernisse, etwa hinter einem Möbelwagen oder sonstigen großen Lastwagen, einem haltenden Straßenbahnwagen oder Omnibus den Teil der Fahrbahn betritt, nach welchem ihm bis dahin der freie Ausblick versperrt war; er muß vorsichtig Umschau halten, um so mehr als auch die Führer der sich nähernden Fuhrwerke auf sein plötzliches Hervortreten nicht gefaßt sein können. RG. 22. 6. 03, EE. 20, 179; 14. 4. 04, EE. 21, 66; 3. 7. 05, JW. 490[10]; LGer. Hamburg 18. 3. 98, EE. 15, 304. Dieselbe Vorsicht ist für einen Radfahrer geboten, der hinter einem die Aussicht versperrenden Wagen plötzlich links herausfährt, RG. 15. 3. 00, EE. 17, 228.

Der Gebrechliche ist den Gefahren des Straßenverkehrs in hervorragendem Maße ausgesetzt und muß sich deshalb besonders vorsichtig benehmen; der Schwerhörige z. B. muß fleißiger Umschau halten, als ein Mensch mit normalem Gehör, den schon das Geräusch herannahender Wagen vor möglichen Gefahren warnt, RG. 1. 2. 07, EE. 24, 36; 22. 6. 03, EE. 20, 179; 30. 1. 05, JW. 170.

„Jeder Fußgänger hat, namentlich in der Dunkelheit, die Pflicht, auf Fuhrwerke, deren Nahen er vernimmt, sein Augenmerk zu richten, damit er ihnen in geeigneter Weise ausweiche." RG. 11. 4. 06, EE. 23, 55.

3. In der Benutzung von automobilscheuen Pferden auf den öffentlichen Straßen ist an sich kein Verschulden zu erblicken, RG. 29. 4. 07, JW. 369[19]; 23. 12. 07, EE. 24, 289. Denn in der Hauptsache dienen die öffentlichen Straßen auch heute noch dem Personenverkehr und dem Verkehr mit Zugtieren. Das Erscheinen des Kraftfahrzeugs als modernen Verkehrsmittels

kann nicht zur Folge haben, daß nunmehr junge und temperamentvolle Pferde auf den öffentlichen Straßen nicht mehr benutzt werden dürfen. Man wird aber unterscheiden müssen zwischen dem Verkehr auf solchen Straßen, wo das Kraftfahrzeug erfahrungsmäßig eine vorherrschende Rolle spielt, und den Straßen, wo es verhältnismäßig selten erscheint. Wer etwa im großstädtischen Droschkenbetriebe ein bekanntermaßen leicht zum Scheuen neigendes Pferd beschäftigt, wird dem Vorwurf des Verschuldens nicht entgehen, RG. 1. 3. 94, EE. 10, 271. Auch sind mit dergleichen Pferden nach Möglichkeit solche Straßen zu meiden, wo Kraftfahrzeuge zu verkehren pflegen, selbst wenn der Umweg mit einem Zeitverlust verknüpft ist, RG. 28. 10. 07, EE. 24, 278. In allen Fällen werden aber bei der Benutzung automobilscheuer Pferde gegenüber der durch diese Eigenschaft hervorgerufenen Gefahr besondere Vorsichtsmaßregeln verlangt werden müssen. Der Geschirrführer wird bei der Annäherung eines Kraftfahrzeugs vorbeugend eingreifen müssen, um das Tier zu beruhigen und in seiner Gewalt zu behalten (vgl. RG. 20. 9. 06, JW. 681[2]; 29. 4. 07, 369[19]).

4. Ein Verstoß gegen die polizeilichen Straßenordnungen, insbesondere über den Verkehr mit Fuhrwerken und Fahrrädern auf öffentlichen Straßen, bedeutet regelmäßig ein Verschulden. Diese Vorschriften bezwecken die Sicherheit des öffentlichen Verkehrs. Wer sie übertritt und dabei im Straßenverkehr einen Schaden erleidet, den zu verhüten die Vorschrift bestimmt ist, hat die Vermutung gegen sich, daß bei Beachtung der Vorschrift der Schaden vermieden worden wäre. Ein weiterer Beweis für den Kausalzusammenhang zwischen Verschulden und Unfall ist nicht zu verlangen. Ein Radfahrer z. B., der links fährt und dabei an einer Straßenkreuzung mit einem Kraftwagen zusammenstößt, hat die Vermutung gegen sich, daß der Unfall durch sein unvorschriftsmäßiges Fahren mit verursacht worden sei. Vgl. über den Nachweis des Kausal-

zusammenhangs Anm. II 11 und IV zu diesem Paragraphen.

Es können aber besondere Umstände vorliegen, die ausnahmsweise die Nichtbeachtung der Polizeivorschriften entschuldigen oder sogar geboten erscheinen lassen. Dann fehlt es an einem subjektiven Verschulden, RG. 14. 4. 85, CE. 4, 141; 13. 11. 99, CE. 16, 340. In solchen Ausnahmefällen ist auf den allgemeinen Maßstab zurückzugreifen und zu prüfen, wie ein besonnener, auf die eigene Sicherheit und die Sicherheit des Verkehrs pflichtmäßig bedachter Mann in gleicher Lage gehandelt haben würde.

5. Kein Verschulden liegt vor, wenn jemand durch eine unmittelbar drohende erhebliche Gefahr in Furcht und Schrecken versetzt die ruhige Überlegung verliert und unbesonnen und unzweckmäßig handelt. RG. 25. 1. 06 (JW. 160[8]): „Es sind Lebenslagen denkbar, in welchen auch der verständige Mann, der ordentliche Hausvater, nach dem Maße der durchschnittlichen Erkenntnisfähigkeit, Geschicklichkeit und Kaltblütigkeit bemessen, durch die Umstände daran gehindert sein kann, allseitig seinen Pflichten sich bewußt zu bleiben und auf deren Erfüllung bedacht zu sein. So kann es vorkommen, daß eine drohende unmittelbare Gefahr bei notwendigem raschem Entschlusse die Besonnenheit des normal veranlagten Menschen beeinträchtigt und trotz sachwidrigen Handelns den Vorwurf der Fahrlässigkeit ausschließt." Vgl. auch RG. 14. 11. 01, JW. 02, 31[28], CE. 18, 336; 9. 1. 02, JW. 136[52], CE. 19, 18; 9. 3. und 10. 4. 03, CE. 20, 71 und 226. RG. 4. 1. 08 (JW. 106[5]) verneinte das Verschulden einer Person, die plötzlich dicht hinter sich das Hupensignal eines bis dahin nicht bemerkten Motorrades gehört hatte und in der Verwirrung nach der falschen Seite in das Rad hineingesprungen war. Desgleichen verneinte RG. 25. 1. 08 (JW. 210[32]) das Verschulden eines 10jährigen Mädchens, das auf der Flucht vor einem sie

bedrohenden Knaben blindlings über den Straßendamm und in einen Straßenbahnwagen hineingelaufen war, mit der Begründung, sie sei durch Furcht und Schrecken zur Erkenntnis oder Abwägung der ihr von der Straßenbahn drohenden Gefahr unfähig gemacht worden. Ferner verneinte RG. 25. 3. 07 (JW. 307[5]) das Verschulden eines Mannes, der, als die Pferde durchgingen, um sich zu retten, vom Wagen gesprungen war, obgleich er sich bei ruhiger Überlegung hätte sagen müssen, daß dieser Versuch angesichts der vorliegenden Umstände unverständig war. Diese Art der Beurteilung setzt voraus, daß der Verletzte ohne eigenes Verschulden in die gefährliche Lage geraten war, die ihn in Aufregung versetzte und ihm die ruhige Überlegung nahm, RG. 30. 1. 05, EE. 22, 38. Wer sich unvorsichtig der Gefahr ausgesetzt hat, deren Opfer er dann wurde, wird auch durch umsichtigstes Handeln in der Gefahr von dem Vorwurf des mitwirkenden Verschuldens nicht befreit. RG. 22. 1. 03, EE. 20, 134; 4. 4. 99, EE. 16, 139, auch JW. 310.

6. Wenn schon derjenige schuldhaft handelt, der die Gefahr, in die er sich begibt, nicht erkennt, sofern er sie bei gehöriger Aufmerksamkeit hätte erkennen müssen, um so viel mehr derjenige, der sich bewußt der Gefahr aussetzt. Gleichwohl sind Umstände denkbar, die es rechtfertigen, wenn jemand sich vorsätzlich in Gefahr begibt, die also trotz objektiv vorliegender Unvorsichtigkeit die Annahme eines subjektiven Verschuldens ausschließen. Handelt es sich darum, einen andern Menschen aus einer Gefahr für Leib oder Leben zu retten, so kann es erlaubt, ja sittlich geboten sein, unter Hintansetzung der eigenen Gesundheit und des eigenen Lebens den Versuch der Rettung zu unternehmen. Das Wagnis muß aber in einem vernünftigen Verhältnis zu der Gefahr stehen, in der sich der andere befindet, und es muß eine Wahrscheinlichkeit oder zum mindesten Möglichkeit des Gelingens vorhanden sein. Das Risiko für einen unbesonnenen, aussichtslosen Rettungs-

versuch kann nicht dem Dritten aufgebürdet werden, der die Gefahr hervorgerufen hat und für den daraus entstehenden Schaden haftpflichtig ist. Verlangt man vom Retter ein kaltblütiges Überschauen der Lage und ein besonnenes Abwägen der Möglichkeiten, ehe er sich in Gefahr begibt, und verlangt man ferner von ihm ein verständiges Handeln in der Gefahr, so ist seine Handlungsweise doch unter Berücksichtigung der aufregenden und zu raschem Entschlusse drängenden Lage zu beurteilen und zu bedenken, daß unter solchen Umständen auch der normal verständige und sorgsame Mensch nicht auf alles achten kann. Auch ein sachlicher Irrtum über das Vorhandensein der Voraussetzungen, die ihn zum Einschreiten trieben, kann entschuldbar sein, RG. 16. 1. 02, EE. 19, 24. RG. 16. 9. 07 (JW. 673[8]): „Wenn jemand sich selber in Gefahr begeben hat, um andere zu retten, und in dieser Gefahr umgekommen ist, so ist er dann, aber auch nur dann von eigenem Verschulden frei, wenn er nach den Umständen des Falles berechtigterweise annehmen durfte, sein Vorhaben werde von Erfolg begleitet sein; nur beim Vorliegen solcher Umstände kann von Erfüllung einer sittlichen Pflicht die Rede sein. Ob solche Umstände vorliegen ist aber nicht vom Standpunkte kühler Überlegung, sondern unter Berücksichtigung der zu einem raschen Entschlusse drängenden Aufregung zu beurteilen. Dagegen darf derjenige, der einem andern das Leben zu retten sucht, nicht auf Gefahr des haftpflichtigen Betriebsunternehmers ohne jede Vorsicht und Überlegung und ohne jede Aussicht auf Erfolg handeln.“ RG. 21. 3. 92 (Bd. 29, 120 auch Seuff. Arch. 48, 149): „Es kommt aber darauf an, daß der Retter, ohne sich eines eigenen Versehens schuldig zu machen, mit der gehörigen Vorsicht und Besonnenheit verfahren ist, und namentlich auch die für ihn selbst entstehende Gefahr, die Gefahr, in der sich der andere befand, und die Wahrscheinlichkeit des Gelingens des Rettungsversuchs vernünftig abgewogen hat.“ RG. 28. 12. 99

(EE. 17, 210): „Denn wenn auch vom höheren sittlichen Standpunkte aus zur Rettung fremden Menschenlebens die bewußte Aufopferung oder Gefährdung der eigenen Person gestattet sein und nicht fahrlässig erscheinen mag, so ist es doch unter keinen Umständen zulässig, zur Abwendung einer Gefahr von Sachen oder Tieren seinen Leib oder seine Gesundheit aufs Spiel zu setzen."

7. Fahrlässigkeit setzt neben einer objektiv unerlaubten Handlung ein subjektives Verschulden und damit Willensfreiheit voraus. Der Trunkene, dessen Willensfreiheit vorübergehend aufgehoben ist, kann also in diesem Zustande nicht schuldhaft handeln. Hat er sich aber freiwillig in den Zustand der Trunkenheit versetzt, so ist er für einen Schaden, den er in diesem Zustande objektiv widerrechtlich — einem andern oder sich selbst — verursacht, in gleicher Weise verantwortlich, wie wenn ihm Fahrlässigkeit zur Last fiele (§ 827 BGB.). Selbst verschuldete Trunkenheit kann also niemals zur Entschuldigung dienen. RG. 3. 3. 05 (JW. 229[5]): „Wer sich freiwillig — ohne Zwang — in Trunkenheit versetzt hat, kann sich nicht darauf berufen, daß er wegen dieser Trunkenheit nicht imstande gewesen sei, diejenige Sorgfalt zu beobachten, die man von einem nüchternen Menschen verlangen muß. In der Versetzung in Trunkenheit liegt eben die schuldhafte Handlung, wenn später infolge dieser Trunkenheit eine Unvorsichtigkeit begangen wird." Anderseits ist aber Trunkenheit an sich nicht ausreichend, um den Nachweis eines zum Unfall mitwirkenden Selbstverschuldens des Verletzten zu führen. Trunkenheit ersetzt nur das subjektive Moment, welches zum Begriff der Fahrlässigkeit gehört. Dagegen muß das objektive Moment, eine pflichtwidrige Handlung oder Unterlassung, besonders nachgewiesen werden. Es genügt nicht der Hinweis darauf, daß der Verletzte zur Zeit des Unfalls betrunken gewesen sei; es muß vielmehr dargelegt werden, daß er eine bei der Entstehung des Unfalls kausal wirkende Unvorsichtigkeit begangen habe;

und er wird bei selbstverschuldeter Trunkenheit nur mit dem Einwande nicht gehört, daß seine Willensfreiheit infolge der Trunkenheit ausgeschlossen gewesen sei. RG. 27. 2. 02 (EE. 19, 50): „Hat Kläger in der Trunkenheit nichts getan, was einem nüchternen Menschen als fahrlässige Handlung anzurechnen sein würde, so ist die Trunkenheit auch nicht die Ursache oder Mitursache des Unfalls. Beklagter muß deshalb nachweisen, daß das Verhalten des Klägers in seiner Trunkenheit zu dem Unfall beigetragen hat." In diesem Falle hat das Reichsgericht angenommen, daß auch ein nüchterner Mensch unter die Räder des Motorwagens habe geraten können, und hat deshalb den Nachweis, daß der Unfall durch ein Verschulden des Klägers verursacht worden sei, nicht für geführt erachtet.

8. Das Maß der im Verkehr erforderlichen Sorgfalt ist zwar ein abstraktes Maß und gestattet keine Rücksichtnahme auf die persönlichen individuellen Eigenschaften des Handelnden. Auf mangelnde Einsicht und Erfahrung wird bei erwachsenen Personen keine Rücksicht genommen, RG. 2. 1. 05, EE. 21, 292. Der Leichtherzige wird mit demselben Maße gemessen wie derjenige, der bedächtig zu wägen und zu handeln pflegt. Anderseits sind aber in weitgehender Weise die Umstände des einzelnen Falles zu berücksichtigen, um zu entscheiden, welches Maß von Sorgfalt erforderlich war, um die Gefahr zu erkennen, und um sie zu vermeiden. Dabei ist auch auf die Körperbeschaffenheit, das Alter, das Geschlecht, den Beruf u. dgl. Umstände persönlicher Art Rücksicht zu nehmen. Ein junger, rüstiger Mann kann ohne Leichtsinn eine Gefahr näher an sich herankommen lassen, während ein alter und gebrechlicher Mensch ihr weitab aus dem Wege gehen muß. Mancher Beruf erfordert, daß jemand zur ordnungsmäßigen Wahrnehmung seines Dienstes seine Person gewissen Gefahren aussetzen muß. Ein Schutzmann, der mitten im dichtesten Straßengewühl seinen Dienst tut, muß sich zahlreichen Gefahren aussetzen und hat seine Aufmerksamkeit in erster

Reihe auf die Regelung des Verkehrs zu richten, in zweiter Linie darf er erst auf seine eigene Sicherheit bedacht sein. Ähnlich ist es mit dem Beruf des Straßenkehrers. Passiert solcher Person im Dienst ein Unfall, so ist zu prüfen, ob der Betreffende die einem Menschen seiner Berufsklasse unter den vorliegenden Umständen zur Wahrung der eigenen Sicherheit obliegende Aufmerksamkeit aufgewendet hat. Solche Personen sind infolge ihrer Berufsvorbildung und Gewöhnung besser imstande als andere, gewissen Gefahren des Straßenverkehrs zu begegnen; weshalb es kein Verschulden ist, wenn sie solche Gefahren näher an sich herankommen lassen als andere. Setzen sie sich freilich ohne Not einer Gefahr aus, also z. B. außerhalb ihres Berufsdienstes, so liegt eine Unvorsichtigkeit vor, die als Fahrlässigkeit angesehen werden muß, wenn sie auch mit Rücksicht auf die geringere Wahrscheinlichkeit eines Schadens milder beurteilt werden kann. Abstumpfung des Gefühls für Gefahr kann immer nur als Milderungsgrund, nicht als Entschuldigung in Betracht kommen. RG. 13. 7. 80, EE. 1, 263; 14. 12. 00, JW. 01, 40[19]; 12. 2. 03, EE. 20, 51—53; 11. 5. 04, Gruchot 48, 788; Schweizer Bundesgericht 7. 6. 06, EE. 23, 180.

9. Personen, denen nach dem Gesetz die Zurechnungsfähigkeit überhaupt oder doch im Augenblick des Handelns fehlte, sind keiner schuldhaften Handlung, keiner Fahrlässigkeit fähig. § 827 BGB. schließt die Zurechnungsfähigkeit aus für Handlungen, die im Zustande der Bewußtlosigkeit oder in einem die freie Willensbestimmung ausschließenden Zustande krankhafter Störung der Geistestätigkeit begangen worden sind. § 828 BGB. verneint die Zurechnungsfähigkeit der Kinder unter sieben Jahren. Bei der Häufigkeit, mit der Kinder im Straßenverkehr verunglücken, ist dieser Fall von besonderer Bedeutung. Es kommt hinzu, daß die Schadensfolgen bei Unfällen von Kindern sehr weittragend und umfangreich sein können. Wird ein Kind unter sieben Jahren von einem Kraftfahr-

zeug verletzt, so findet § 9 überhaupt keine Anwendung, weil ein solches Kind nicht deliktsfähig im Sinne des Zivilrechts ist, kein Verschulden begehen kann. § 828 besagt zwar wörtlich nur, daß ein solches Kind für einen Schaden, den es einem andern zufügt, nicht verantwortlich sei; das Gleiche gilt aber allgemein auch für solche Fälle, wo es sich um einen Schaden handelt, den das Kind sich selbst zugefügt hat. Darüber ist in der Rechtsprechung kein Zweifel: RG. 7. 5. 03, Bd. 54, 407; 7. 12. 05, JW. 06, 55[6]; 29. 1. 06, 192[9]; 18. 6. 08, 522[6]. Gegenüber einem Kinde unter sieben Jahren verliert also der beklagte Fahrzeughalter sowohl das Recht, durch den Hinweis auf ein überwiegendes Verschulden des Klägers sich von der Haftpflicht zu befreien, als auch die Möglichkeit, durch den Hinweis auf ein mitwirkendes Verschulden geringeren Grades eine verhältnismäßige Teilung des Schadens zu verlangen.

Inwieweit ein mitwirkendes Verschulden des gesetzlichen Vertreters eines Kindes oder einer zur Aufsicht bestellten Hilfsperson dem Kinde zur Last fällt, darüber s. Anm. V, 3 zu diesem Paragraphen.

Bei Kindern zwischen 7 und 18 Jahren und ebenso bei Taubstummen, hängt die Frage der Verantwortlichkeit davon ab, ob sie zur Zeit ihrer objektiv rechtswidrigen Handlung oder Unterlassung die zur Erkenntnis der Verantwortlichkeit erforderliche Einsicht besessen haben (§ 828 Abs. 2 BGB.). Da hier nicht Beschädigungen anderer durch Kinder, sondern Selbstbeschädigungen der Kinder in Frage stehen, so wird sich die vom Gesetz geforderte Einsicht zur Erkenntnis der Verantwortlichkeit für die Handlung in der Regel mit der Einsicht zur Erkenntnis ihrer Gefährlichkeit decken, RG. 31. 5. 06, JW. 472[33]. Der Maßstab, an dem gemessen wird, ob eine jugendliche Person fahrlässig gehandelt hat, ist an sich kein anderer, wie bei erwachsenen Personen; auch von ihr wird verlangt, daß sie so handle, wie ein besonnener und gewissenhafter Mensch in gleicher Lage gehandelt haben würde, RG. 23. 5. 08, JW. 494[34];

z. B. kann das leichtsinnige Verhalten eines Jungen nicht damit entschuldigt werden, daß Jungen dieses Alters ihren jugendlichen Übermut gern dadurch betätigen, daß sie sich einer Gefahr aussetzen. Das Gesetz nimmt keine Rücksicht darauf, ob die Erziehung eines über sieben Jahre alten Kindes so weit vorgeschritten, sein Verantwortlichkeitsgefühl so weit ausgebildet ist, um die Lust, seine jungen Kräfte an einer Gefahr zu messen, niederkämpfen zu können. Es kommt lediglich auf die Verstandesreife, nicht auf die sittliche Reife an. Hatte der Jugendliche die Gefahr erkannt, oder war er nach Maßgabe seiner Verstandeskräfte dazu fähig, sie zu erkennen, und hat er sich ihr trotzdem ausgesetzt, so ist er verantwortlich. Nur bei der Frage, ob ein Verletzter bei Vornahme einer zum Eintritt der Verletzung mit ursächlich gewordenen Handlung die Gefahr erkennen, den schädlichen Erfolg habe voraussehen können, tritt eine unterschiedliche Behandlung der jugendlichen Personen ein, da es ihnen oft an der nötigen Lebenserfahrung und der Fähigkeit fehlt, die Wirkungen ihres Handelns im vorhinein zu beurteilen. RG. 30. 4. 03, EE. 20, 160; 28. 5. 03, 20, 173; 31. 5. 06, JW. 473[33]. In der Entsch. v. 18.10.06 (JW. 747[18]) hat das Reichsgericht z. B. das mitwirkende Verschulden eines achtjährigen Knaben, der 5 m vor einem Straßenbahnwagen über das Geleis gelaufen, dabei in den Schienen hängen geblieben und überfahren worden war, deshalb verneint, weil der Knabe unter gewöhnlichen Umständen darauf habe rechnen können, rechtzeitig über das Geleis zu kommen, und weil er außerstande gewesen sei, den Umstand, der ihn zu Fall gebracht habe, in den Kreis seiner Überlegung zu ziehen, weil er also die Gefahr nicht habe erkennen können. Vgl. auch RG. 10. 4. 03, EE. 20, 71.

10. Verschulden kann nicht nur in einer positiven Handlung, sondern auch in einer Unterlassung bestehen, dann nämlich, wenn eine Rechtspflicht zu handeln vorlag. Eine solche Rechtspflicht legt § 254 Abs. 2 BGB. dem Beschädigten dahin auf, den Schaden abzuwenden oder zu

mindern. Wer durch einen Kraftwagenunfall an seinem Eigentum oder an seiner Gesundheit Schaden genommen hat, ist dem Haftbaren gegenüber verpflichtet, mit der Sorgfalt eines normalen verständigen Menschen alles zu tun, um den Schaden nicht größer werden zu lassen, als er notwendig infolge des Unfalls werden muß. Daraus folgt, daß der körperlich Verletzte die ihm bekannten Heilmittel, deren Anwendung ihm möglich ist, und die nach den Erfahrungen der medizinischen Wissenschaft geeignet sind, Heilung oder wesentliche Besserung zu bewirken, anzuwenden hat. Er handelt schuldhaft, wenn er sich böswillig (um der Rente willen) oder aus Indolenz, Bequemlichkeit, unverständigem Eigensinn u. dgl. weigert, etwa eine Anstaltskur zu gebrauchen, oder es sonst unterläßt, auf Wiederherstellung oder Besserung seiner Gesundheit Bedacht zu nehmen, RG. 13. 2. 05, JW. 201[4]. Er muß sich auch einer Operation behufs Minderung der Schadensfolgen unterwerfen, sofern die Operation für Leben und Gesundheit gefahrlos ist und nach dem Stande der medizinischen Erfahrung bei regelmäßigem Verlauf der Dinge Aussicht auf Erfolg bietet. Die Ablehnung einer Operation aus übertriebener Ängstlichkeit oder Empfindlichkeit, aus Eigensinn oder gar aus Böswilligkeit stellt sich als mitwirkendes Verschulden dar. Anderseits lassen sich mancherlei Umstände denken, unter denen die Ablehnung einer Operation oder einer langwierigen, schmerzhaften Heilbehandlung gerechtfertigt erscheinen kann. Es ist nicht bloß die Beschaffenheit des Leidens, die Schwere und Gefährlichkeit der Operation, die größere oder geringere Sicherheit des Erfolges in Betracht zu ziehen, sondern die ganze Sachlage zu würdigen, insbesondere das Verhältnis zwischen der zu erwartenden Besserung und den möglichen Nachteilen, das Alter des Verletzten, der Einfluß der Behandlung auf seinen allgemeinen Körperzustand u. dgl. RG. 24. 10. 07, JW. 740[6]; 26. 3. 08, JW. 329[10]. Bei widersprechenden Meinungen der Ärzte über Gefährlichkeit und Aussicht auf Erfolg einer Operation wird man im allgemeinen dem Verletzten das Recht zubilligen müssen, die Operation abzulehnen; anders dagegen, wenn singulärerweise ein Arzt im Widerspruch mit den Erfahrungen der Wissenschaft oder gegen ganz überwiegende Autoritäten eine Operation für gefährlich erklärt, RG. 30. 1. 91, EE. 8, 222. Eine für alle Fälle gültige Regel läßt sich nicht aufstellen. Entscheidend bleibt die Erwägung, wie unter gleichen Voraussetzungen ein verständiger Mensch handeln würde, dessen natürliches Streben, in den Besitz einer möglichst vollen Gesundheit zu gelangen, nicht durch den Gedanken, daß ihm bei Fortdauer des kranken Zustandes die Rente bleibt, gelähmt ist.

11. Die Beweispflicht für die zur Begründung der Einrede des mitwirkenden Verschuldens des Verletzten dienenden Tatsachen (die rechtswidrige Handlung oder Unterlassung, die subjektive Schuld, der ursächliche Zusammenhang mit dem Schaden) liegt dem Haftpflichtigen ob. Es genügt dazu nicht, daß die Umstände mit einer gewissen größeren oder geringeren Wahrscheinlichkeit auf die Annahme eines Verschuldens hindeuten; bleibt der Vorfall unaufgeklärt, so geht die Ungewißheit zu Lasten des Haftpflichtigen, der den Einredebeweis nicht schlüssig geführt hat, RG. 20. 1. 85, Bd. 13, 9—11. Das Reichsgericht hat aber in einigen Entscheidungen einen dem Haftpflichtigen günstigeren Standpunkt eingenommen. So RG. 14. 5. 06 (JW. 437[26]): „Wenn zu dem Unfall unzweifelhaft ein eigenes Tun des Verunglückten mitgewirkt hat, und nach der ganzen Sachlage und bei Zugrundelegung des gewöhnlichen Laufs der Dinge dieses Tun nicht anders als unter Annahme einer Unvorsichtigkeit des Verunglückten erklärt werden kann, so ist es nunmehr Sache des Klägers, besondere Umstände darzutun, die das Tun des Verunglückten als ein unverschuldetes erscheinen lassen. Dem Eisenbahnunternehmer kann der Beweis dafür, daß solche Umstände nicht vorgelegen haben, nicht angesonnen werden.“ Ebenso

RG. 1. 6. 08 (JW. 495[35]): „Wenn die Sachlage mit höchster Wahrscheinlichkeit darauf hinweist, daß der Verletzte ohne eigenes Verschulden nicht verunglückt sein kann, so hat der Verletzte sich zu entlasten und darzutun, daß nach den besonderen Umständen sein Verhalten nicht schuldhaft war." Übereinstimmend RG. 21. 10. 07, EE. 24, 272 und 16. 1. 02, EE. 19, 24; das letztere Erkenntnis betrifft den Fall der Rettung eines anderen aus Gefahr, wobei der Retter zu Schaden kommt; liegen nicht tatsächliche, aus der Sachlage sich ergebende Anhaltspunkte vor, so muß der Verletzte (Retter) beweisen, daß er aus einem seine Schuld beseitigenden, sittlichen Beweggrunde sich der Gefahr ausgesetzt habe. Gegenüber den angeführten Entscheidungen des sechsten Senats hat der dritte Senat des Reichsgerichts in der Entscheidung vom 8. Juni 1906 (JW. 481[46]) einen abweichenden Standpunkt vertreten: „Es besteht keine gesetzliche Beweisregel des Inhalts, daß der nach § 1 HaftpflGes. dem Betriebsunternehmer obliegende Exkulpationsbeweis schon dann erbracht sei, wenn ein Verhalten des Verletzten bewiesen werde, das nach dem gewöhnlichen Lauf der Dinge die im Verkehr übliche Sorgfalt vermissen lasse, und daß, wenn dieses Verhalten ausnahmsweise durch eine das Verschulden des Verletzten ausschließende Ursache erklärt werden solle, es sich um ein vom Gegner zu beweisendes Replikvorbringen handle."

Bei übrigens vollständig geklärtem Tatbestande bedarf die Frage, ob eine bestimmte Handlung oder Unterlassung des Verletzten als schuldhaft anzusehen sei, nicht unbedingt der Entscheidung, wenn nämlich bei Beurteilung der Handlung als einer schuldhaften das Verschulden gleichwohl nur so geringfügig sein würde, daß eine Teilung des Schadens nicht in Betracht kommen kann, RG. 15. 11. 06, JW. 07, 10[10].

Ist der Nachweis des mitwirkenden Verschuldens einem jugendlichen Verletzten im Alter von 7 bis 18 Jahren gegenüber geführt, so liegt dem Gläubiger ob, zu behaupten und zu beweisen, daß dem Verletzten die zur Beurteilung der Folgen seiner Handlungsweise erforderliche Einsicht gefehlt habe, RG. 31. 5. 06, JW. 472[33]; 20. 9. 06, JW. 686[6]; 18. 6. 08, JW. 522[6].

Wenn die Einrede in der Behauptung besteht, daß der Verletzte durch Nichtanwendung von Heilmitteln den Eintritt oder die Größe des Schadens mitverschuldet habe, so muß der Haftpflichtige beweisen, daß die Anwendung des Heilmittels damals, als es anzuwenden gewesen wäre, Erfolg gehabt haben würde. Dieser Beweis darf aber nicht überspannt werden. RG. 13. 2. 05 (JW. 201[4]): „Es genügt, wenn der Haftpflichtige dartut, daß es ein nach den Erfahrungen der medizinischen Wissenschaft Erfolg versprechendes Heilmittel damals schon gegeben habe, daß es dem Verletzten bekannt gewesen sei, und daß seine Anwendung ihm möglich gewesen sei. Wird dies festgestellt, dann ist es Sache des Verletzten, die Gründe darzulegen, die ihn von der Anwendung des Mittels abgehalten haben. Erweisen sich die vorgebrachten Gründe als bloße Vorwände oder doch als solche, durch die sich ein verständiger Mensch, der auch den Interessen des Schadensersatzpflichtigen in billiger Weise Rechnung trägt, von dem Gebrauch der betreffenden Kur nicht abhalten lassen würde, so ist der Nachweis, daß diese im gegebenen Falle keinen günstigen Erfolg gehabt haben würde, dem Verletzten aufzuerlegen." Das wird in der Entscheidung noch näher ausführlich begründet.

III. des Verletzten.

In Betracht kommt nicht nur solches Verschulden des Verletzten, welches unmittelbar auf seiner persönlichen Tätigkeit oder schuldhaften Unterlassung beruht; unter Umständen hat er auch fremdes Verschulden wie eigenes zu vertreten.

§ 831 BGB. legt demjenigen, der einen anderen zu einer Verrichtung bestellt, die Verantwortlichkeit für den Schaden auf, den der andere in Ausführung der Verrichtung einem Dritten zufügt. Das Gesetz hat den Fall im Auge, wo der Angestellte einen Dritten schädigt. Es ist aber kein Grund einzusehen, dem allgemeinen Rechtsgrundsatz, der hier in der Anwendung auf den Normalfall (der Beschädigung eines Dritten) einen beschränkten Ausdruck gefunden hat, die Anwendung auf den Fall zu versagen, wo die schädlichen Folgen der unerlaubten Handlung des Angestellten sich gegen dessen Auftraggeber selbst richten. Das Reichsgericht hat z. B. in gleicher Weise dem Rechtssatz von der Verantwortlichkeit der Kinder zwischen 7 und 18 Jahren, der im BGB. (§ 828 Abs. 2) auch nur in der Beschränkung auf Schaden, den solche Kinder andern Personen zugefügt haben, zum Ausdruck gebracht ist, allgemeine Geltung zugesprochen und auch auf die Selbstbeschädigung der Kinder angewandt. Während das Reichsgericht zu der hier aufgeworfenen Frage meines Wissens noch keine Stellung genommen hat, hat das OLG. Köln in der Entscheidung vom 24. Juni 1905 (EE. 23, 6) den § 831 BGB. auf einen Fall angewandt, wo der Angestellte nicht einen Dritten, sondern seinen Auftraggeber geschädigt hatte. Vgl. auch den Aufsatz von Dronke EE. 21, 295 und 413.

§ 831 BGB. setzt lediglich ein objektiv widerrechtliches Verhalten des Angestellten, kein subjektives Verschulden desselben voraus. RG. 30. 12. 01, Bd. 50, 67. Die Haftung des Geschäftsherrn beruht nicht auf dem Gedanken, daß er für die Schuld des Angestellten einstehen solle, sondern darauf, daß er wegen seines eigenen Verschuldens bei der Auswahl oder der Beaufsichtigung der bestellten Person verpflichtet sein soll, OLG. Köln 2. 5. 05, EE. 23, 2. Der Geschäftsherr haftet also nach § 831 für widerrechtliche Schädigungen seiner Angestellten aus dem Gesichtspunkt des eigenen Verschuldens. Wenn § 254 BGB. und § 9 unseres Gesetzes dem mitwirkenden Verschulden des Verletzten einen Einfluß auf die Frage der Haftpflicht zuweisen, so muß deshalb dieselbe Wirkung auf einem solchen

Verschulden des Verletzten zukommen, welches mittelbar durch eine widerrechtliche Handlung seines Angestellten verwirklicht worden ist. Dieser Rechtssatz hat Bedeutung sowohl für Personenschaden wie auch namentlich für Sachschaden. Z. B. ein Kraftwagen ist mit einer Equipage zusammengestoßen und deren mitfahrender Eigentümer körperlich verletzt worden. Der in Anspruch genommene Halter des Kraftwagens kann den Einwand des mitwirkenden Verschuldens auf die Behauptung stützen, daß der Kutscher des Verletzten unvorsichtig gefahren sei und dadurch den Unfall mit verursacht habe. Demgegenüber ist es Sache des Verletzten, sich von der Verschuldensvermutung des § 831 durch den Nachweis zu befreien, daß er bei Auswahl seines Kutschers die im Verkehr erforderliche Sorgfalt beobachtet habe.

Bei Sachschaden legt Abs. 2 des § 9 dem Beschädigten eine über die Haftung des § 831 weit hinausgehende Verantwortlichkeit für fremdes Verschulden auf. Siehe Anm. VI zu § 9.

In beschränktem Umfange ist der Verletzte auch nach §§ 278, 254 BGB. für fremdes Verschulden wie für eigenes verantwortlich. Darüber s. Anm. V 3 zu § 9.

IV. mitgewirkt.

Die schuldhafte Handlung oder Unterlassung des Verletzten muß mit dem Schaden in ursächlichem Zusammenhange stehen. Das besagt einmal, daß der Schaden ohne jenes Verschulden nicht oder nicht in dem vorliegenden Umfange eingetreten sein würde. Zweitens muß aber das Verschulden des Verletzten auch abgesehen von ganz ungewöhnlichen Zufälligkeiten, die vielleicht im vorliegenden Falle eine rein logische Kausalbeziehung zum Schaden herstellen, allgemein geeignet sein, einen Schaden dieser Art herbeizuführen (adäquate Verursachung). Siehe oben Anm. II, 2 zu § 7.

Hat der Verletzte kurz vor dem Unfall oder bei Gelegenheit desselben eine Unvorsichtigkeit begangen, welche aber nicht als notwendige Vorbedingung des Unfalls erscheint, wäre also der Unfall auch dann eingetreten, wenn der Verletzte vorsichtig gehandelt hätte, so fehlt es am Kausalzusammenhange; das Verschulden hat zur Entstehung des Schadens nicht mitgewirkt. In solchen Fällen muß aber der Ausschluß des Kausalzusammenhangs klar zu ersehen sein. Die Möglichkeit, daß der Schaden vielleicht auch ohne die schuldhafte Handlung eingetreten wäre, schließt den Kausalzusammenhang nicht aus, sofern nur nach der Lebenserfahrung die Betriebsgefahr, der der Verletzte zum Opfer gefallen ist, ihm durch seine eigene schuldhafte Handlung näher gebracht, der Eintritt des Unfalls durch sie begünstigt worden ist, ROHG. 17. 1. 76, Bd. 19, 294; RG. 6. 11. 83, Bd. 10, 64, EE. 3, 125; 10. 10. 84, SeuffArch. 40, 147; 21. 3. 92, Bd. 29, 120.

Besteht lediglich ein logischer Kausalzusammenhang zwischen der Handlung des Verletzten und dem Unfall selbst, haben also ungewöhnliche Umstände mitgewirkt, so wird regelmäßig auch ein zurechenbares Verschulden nicht festzustellen sein, weil die ungewöhnlichen Umstände für den Verletzten nicht voraussehbar waren.

V. Die Vorschriften des § 254 BGB. finden Anwendung.

§ 254 BGB. lautet:

„Hat bei der Entstehung des Schadens ein Verschulden des Beschädigten mitgewirkt, so hängt die Verpflichtung zum Ersatze sowie der Umfang des zu leistenden Ersatzes von den Umständen, insbesondere davon ab, inwieweit der Schaden vorwiegend von dem einen oder dem andern Teile verursacht worden ist.

Dies gilt auch dann, wenn sich das Verschulden des Beschädigten darauf beschränkt, daß er unterlassen hat, den Schuldner auf die Gefahr eines ungewöhnlich hohen Schadens aufmerksam zu machen, die der Schuldner weder kannte noch kennen mußte, oder daß er unterlassen hat, den Schaden abzuwenden oder zu mindern. Die Vorschrift des § 278 findet entsprechende Anwendung."

1. Zu Absatz 1. Das mitwirkende Verschulden des Verletzten kann je nach den Umständen Einfluß haben auf den Bestand der Ersatzpflicht überhaupt und, sofern sie nicht aufgehoben wird, auf ihren Umfang. Überwiegendes Selbstverschulden kann zur Beseitigung des ganzen Ersatzanspruchs führen; geringfügiges Selbstverschulden kann unbeachtet bleiben; abgesehen von diesen beiden äußersten Fällen soll beiden Momenten Rechnung getragen und der Schaden angemessen geteilt werden.

Die Entscheidung hängt von den Umständen ab. Das richterliche Ermessen soll frei schalten. Nur eine Richtschnur ist dem Richter gegeben: er soll insbesondere darauf sehen, inwieweit der Schaden vorwiegend von dem einen oder dem andern Teile verursacht worden ist. Es kommt also wesentlich auf das Maß der Verursachung an. Demgemäß sind die beiden die Mitverantwortlichkeit der Parteien für den Schaden begründenden Umstände daraufhin zu prüfen, ob etwa dem einen Umstande vor dem andern eine überwiegende Bedeutung für die Entstehung des Schadens zukommt. Die Verantwortlichkeit des Halters gründet sich auf die durch Inbetriebsetzung seines Fahrzeugs geschaffene Gefahr. Eine weitere Voraussetzung hat die Haftpflicht des Halters nicht, als daß durch ein seiner Herrschaft untergebenes Kraftfahrzeug ein Unfall mit verursacht worden ist. Insbesondere beruht seine Haftpflicht nicht auf eigenem oder fremdem Verschulden, das er zu vertreten hätte, auch nicht auf vermutetem Verschulden; denn der Nachweis, daß er und sein Fahrer frei von Verschulden sind, befreit ihn nicht von der Haftpflicht; er muß außerdem noch beweisen, daß er und sein Fahrer jede überhaupt mögliche Sorgfalt beobachtet haben und daß seine Maschine fehlerlos und ohne Störungen gearbeitet hat. Seine Haftung ist also zum Teil eine Gefährdungshaftung.

Die eigene Verantwortlichkeit des Verletzten beruht auf einer schuldhaften Handlung oder Unterlassung.

Miteinander zu vergleichen und abzuwägen ist also einerseits die Betriebsgefahr, anderseits die Handlung des Verletzten. Von einer Aufrechnung gegenseitigen Verschuldens, sogenannten Kulpakompensation, kann demnach keine Rede sein, auch dann nicht, wenn dem Halter eigenes oder von ihm zu vertretendes Verschulden des Fahrers oder anderer Leute nachgewiesen sein sollte, RG. 7. 3. 05, JW. 283[5] (EE. 22, 60).

Für die Feststellung der kausalen Bedeutung der Betriebsgefahr im einzelnen Falle ist von hohem Werte die Prüfung, ob die allgemeine, den Kraftfahrzeugen eigene Betriebsgefährlichkeit zur Zeit des Unfalles in vollem Umfange zur Wirksamkeit gekommen oder gar noch durch besondere Umstände gesteigert worden ist. Die allgemeine dem Kraftfahrbetriebe zugehörige Betriebsgefahr beruht hauptsächlich in der großen Geschwindigkeit, in der leichten Beweglichkeit verhältnismäßig schwerer Lasten, wodurch häufig die Folgen eines Betriebsunfalls sich ungleich verhängnisvoller gestalten, als bei einem gewöhnlichen Wagen; ferner in der Schwierigkeit, den Wagen sofort oder doch schnell zum Stehen zu bringen, in der geräuschlosen Annäherung infolge der Gummibereifung, in der Möglichkeit des Schleuderns beim Ausbiegen in schneller Fahrt auf schlüpfrigem Boden, in der Verwendung feiner und komplizierter Maschinen, feuergefährlichen Betriebsstoffs u. dgl. mehr. Diese allgemeine Betriebsgefahr kann durch die verschiedensten Umstände im einzelnen Falle gesteigert sein: z. B. durch den jeweilig besonders starken Verkehr im großstädtischen Straßengetriebe, oder weil die Wege von anhaltendem Regen aufgeweicht und besonders schlüpfrig sind, oder wenn infolge anderer starker Verkehrsgeräusche oder infolge von Sturm und Regen die Annäherung des Fahrzeugs durch die vorgeschriebenen Hupensignale nicht oder schlecht hörbar gemacht werden kann (vgl. RG.

30. 5. 07, EE. 24, 158; 12. 3. 03, EE. 20, 150; 23. 2. 05, JW. 229[4]); oder bei Nacht, weil der Weg nur auf kürzere Entfernung übersehen werden kann (für den Eisenbahnbetrieb ist freilich die Nachtzeit als gefahrerhöhender Umstand nicht anerkannt worden, RG. 2. 7. 08, EE. 25, 188; aber die Kraftwagen verkehren nicht auf abgesperrten, bewachten und beleuchteten Strecken). Auch Unachtsamkeit des Fahrers erhöht die Betriebsgefahr, ebenso wie schlechter Zustand der Maschine oder des Fahrzeugs, RG. 11. 6. 03, EE. 20, 175; 7. 11. 04, EE. 21, 378; 11. 7. 07, EE. 24, 177. Ein für den Unfall kausales Verschulden des Fahrers oder des Halters selbst kann im Schadensersatzprozeß doppelte Bedeutung gewinnen: einmal als Klaggrund aus §§ 823, 831 BGB. kumulativ neben der Begründung aus § 7 dieses Gesetzes und zweitens replicando gegenüber dem Einwande des Selbstverschuldens als ein die Betriebsgefahr und damit das dem Halter zur Last fallende Maß der Verursachung erhöhender Umstand.

Weil es sich darum handelt, in welchem Maße der Unfall durch die Betriebsgefahr verursacht worden ist, so müssen solche Umstände außer Betracht bleiben, welche die Betriebsgefahr lediglich in abstracto erhöht haben, ohne daß diese Gefahrerhöhung sich in dem Unfall irgendwie verwirklicht hätte. Es muß eine Kausalbeziehung zu dem wirklich eingetretenen Unfalle vorhanden sein, wenn der gefahrsteigernde Umstand im Sinne des § 9 zuungunsten des Halters in die Wagschale geworfen werden soll.

Auch auf seiten des Verletzten ist zu prüfen, inwieweit sein Verschulden ursächlich zur Entstehung des Schadens mitgewirkt hat. Es wäre möglich, daß unter Umständen ein grobes Verschulden in concreto nur in geringem Maße ursächlich zum Schaden geworden ist, während unter andern Umständen schon ein ganz geringfügiges Versehen des Verletzten als wesentlich kausaler zum Schaden erscheinen kann wie die Betriebsgefahr.

Hier ist aber zu erwägen, daß nach § 254 die Frage der Verursachung nur als ein, allerdings ausdrücklich hervorgehobener Maßstab für die Verteilung des Schadens Bedeutung hat, und daß auch andere wichtige Umstände berücksichtigt werden können und sollen, RG. 7. 3. 05, JW. 283[8] (EE. 22, 60). Insbesondere kann auch das Schuldmoment — auch ohne Rücksicht auf Kausalität — herangezogen, und das Verhalten des Verletzten beim Unfall nach der ethischen Seite gewertet werden, RG. 1. 12. 04, EE. 21, 290; 28. 2. 08, JW. 299[5], Schweizer Bundesgericht 24. 1. 07, EE. 24[31]. Es kommt also auch auf den Grad des Verschuldens an, vgl. z. B. RG. 3. 6. 07, EE. 24, 69.

Nach der Praxis des Reichsgerichts schließt grobes Verschulden des Verletzten den Ersatzanspruch gänzlich aus, wenn keine besonderen Umstände vorliegen, welche die Betriebsgefahr erhöhen: RG. 11. 6. 03, EE. 20, 175; 5. 7. 05, JW. 498; 8. 7. 07, EE. 24, 174; 23. 9. 07, 24, 260; 26. 9. 07, 24, 265; 4. 11. 07, 24, 278; 21. 5. 08, 25, 165; 10. 2. 08, 24, 395. Ausdrücklich ausgesprochen ist dieser Satz in der Entscheidung vom 2. Juli 1908 (EE. 25, 188): „Wofern sich hier eine allgemeine Norm überhaupt aufstellen ließe, so wäre es eher die, daß, wenn neben der gewöhnlichen Eisenbahngefahr ein grobes Verschulden des Verletzten mitgewirkt hat, für die Regel eine Haftpflicht des Eisenbahnunternehmers überhaupt auszuschließen sein wird."

Trotz erhöhter Betriebsgefahr wurde wegen groben Verschuldens des Verletzten jeder Ersatz versagt in RG. 23. 9. 07, EE. 24, 259.

In der Regel wird aber bei Konkurrenz zwischen grobem Verschulden des Verletzten mit erhöhter Betriebsgefahr dem Verletzten wenigstens ein Teil des Schadens zu ersetzen sein, RG. 12. 3. 03, EE. 20, 150; 14. 4. 04, 21, 66; 7. 11. 04, 21, 378; 3. 7. 05, JW. 490[10]; 2. 7. 08, EE. 25, 188, 189.

Konkurriert geringes Versehen des Verletzten mit der gewöhnlichen — nicht erhöhten — Betriebsgefahr, so ist gleichfalls in der Regel eine Verteilung des Schadens vorzunehmen, RG. 2. 11. 03, EE. 21, 14; 9. 11. 03, Bd. 56, 154; 14. 11. 04, EE. 21, 288. War die Betriebsgefahr gesteigert, so wird dem Verletzten, dem nur sehr geringes Versehen zur Last fällt, eine größere Quote, unter Umständen der ganze Schadensersatz zuzusprechen sein.

Da es auf die Abwägung der Verantwortlichkeit nicht für den Unfall, sondern für den Schaden ankommt, so ist auch solches Verschulden des Verletzten zu berücksichtigen, welches erst nach dem Unfall auf den Umfang der Schadensfolgen ungünstig eingewirkt hat. Vgl. Anm. I und II 10 zu diesem Paragraphen.

2. Absatz 2, Satz 1. Der Absatz 2 des § 254 hat zwei besondere Fälle im Auge, in denen er ein bestimmtes Verhalten des Beschädigten als schuldhaft bezeichnet: a) wenn der Beschädigte es unterlassen hat, den Schuldner auf die Gefahr eines ungewöhnlich hohen Schadens aufmerksam zu machen, die der Schuldner weder kannte noch kennen mußte, und b) wenn der Beschädigte es unterlassen hat, den Schaden abzuwenden oder zu mindern. Der erstere Fall interessiert hier nicht, weil er ein Vertragsverhältnis zwischen den Parteien voraussetzt. Der zweite Satz dagegen bezieht sich auch auf die Fälle einer außervertraglichen Entschädigungspflicht. Er setzt voraus, daß eine Entschädigungspflicht entstanden oder doch im Entstehen begriffen ist; es muß ein Ereignis vorangegangen sein, welches als natürliche Folge einen Schaden herbeizuführen droht, vielleicht schon zum Teil herbeigeführt hat, und welches für einen andern eine gesetzliche Pflicht zum Ersatz dieses fraglichen Schadens zu begründen geeignet ist. Der Stein ist im Rollen; wenn er trifft und Schaden anrichtet, dann ist der für den Schaden verantwortlich, der ihn ins Rollen gebracht hat. In diesem Zustande drohenden

Schadens legt das Gesetz dem Bedrohten die Pflicht auf, positiv zu handeln und alles zu tun, was nach der Verkehrssitte ein verständiger Mensch tun würde, um den Schaden abzuwenden oder zu mindern. Wer die Hände in den Schoß legt und das Unheil auf sich zukommen oder sich vergrößern läßt, obwohl er bei normaler Einsicht imstande wäre, sich ihm ganz oder doch zum Teil zu entziehen, der handelt schuldhaft, und dieses Verschulden soll bei Abwägung der Schadensursachen ihm zu Lasten angerechnet werden. In der Hauptsache betrifft die Anwendung der Vorschrift das Verhalten des Verletzten nach dem Unfall. Wenn er es unverständigerweise versäumt, einen Arzt zu Rate zu ziehen, so daß nun das gebrochene Bein schief zusammenheilt oder infolge ungenügender Pflege der Brand zur Wunde hinzutritt und die Abnahme eines wichtigen Gliedes zur Folge hat, so entspricht es dem Rechtsempfinden, daß der Verletzte die Verantwortung für die vermeidbare Vergrößerung des Schadens selbst trägt. Dieser von § 254 Abs. 2 BGB. ausgesprochene Rechtssatz hatte übrigens schon vor 1900 allgemeine Geltung, vgl. z. B. RG. 30. 1. 91, EE. 8, 222. Über die Verpflichtung des Verletzten, sich ärztlicher Behandlung, unter Umständen auch einer Operation zu unterziehen, siehe im einzelnen oben Anm. II 10 zu diesem Paragraphen.

3. Absatz 2, Satz 2 des § 254. Die Vorschrift des § 278 findet entsprechende Anwendung.

§ 278 BGB. lautet, soweit er hier in Betracht kommt:

„Der Schuldner hat ein Verschulden seines gesetzlichen Vertreters und der Personen, deren er sich zur Erfüllung seiner Verbindlichkeit bedient, in gleichem Umfange zu vertreten wie eigenes Verschulden."

Die Bestimmung setzt, wie der Wortlaut ohne weiteres ergibt, das Vorhandensein einer Verbindlichkeit voraus. Daraus folgt, daß die Bestimmung ihre Anwendung hauptsächlich im Gebiet des Vertragsrechts finden wird. Aber

Verbindlichkeiten können auch außerhalb eines Vertrages, unmittelbar aus dem Gesetze entstehen. § 254 Abs. 2 bezieht sich auf Fälle sowohl des vertraglichen wie des außervertraglichen Schadensersatzes. Für die ersteren Fälle gilt § 278 ohnehin. Wenn besonders vorgeschrieben wird, daß § 278 entsprechende Anwendung finden soll, so kommt damit zum Ausdruck, daß diese Bestimmung auch auf die in § 254 Abs. 2 berührten Fälle einer außervertraglichen Schadensersatzpflicht entsprechend angewandt werden soll. Nach § 254 Abs. 2 hat derjenige, dem ein Schaden droht, die Rechtspflicht, Gegenmaßregeln zu ergreifen, um den Schaden von sich abzuwenden oder doch in seinen Folgen möglichst abzuschwächen. Siehe Anm. V 2. Mit dem Vorhandensein dieser Verpflichtung ist die Möglichkeit gegeben, § 278 entsprechend anzuwenden. Die Abwendungspflicht besteht demjenigen gegenüber, dem im Falle der Entstehung des Schadens die Ersatzpflicht zufallen würde. Sie setzt voraus, daß seitens des letzteren bereits etwas geschehen ist, was seine gesetzliche Verantwortlichkeit für den Fall begründet, daß ein Schaden entsteht. Das Reichsgericht drückt dies in der Entscheidung vom 29. 1. 06 (JW. 192 [9]) so aus, es müsse das Gläubigerverhältnis zwischen dem Bedrohten und dem Schädiger in der Entstehung begriffen, „ursächlich begründet" sein. Erst dadurch werden beide zueinander in Beziehung gesetzt, so daß man von einer Pflicht des Bedrohten gegenüber dem Schädiger sprechen kann. Hat der gesetzliche Vertreter eines Kindes vorher schuldhafte Handlungen begangen, die zur Herbeiführung des Betriebsunfalls mitgewirkt haben, hat er z. B. seine Aufsichtspflicht gegenüber dem Kinde vernachlässigt, so daß dies in den Gefahrenbereich des Kraftfahrzeugs geraten konnte, so braucht das Kind dieses Verschulden seines gesetzlichen Vertreters sich nicht wie eigenes anrechnen zu lassen. Eine Verbindlichkeit des Kindes gegenüber dem Fahrzeughalter, den Schaden von sich abzuwenden, ergab sich erst, als das

Kind unmittelbar von dessen Kraftfahrzeug bedroht war, und nur wenn der gesetzliche Vertreter des Kindes die ihm obliegende und ihm mögliche Erfüllung dieser Verbindlichkeit des Kindes schuldhaft unterlassen hätte, würde das Kind solches Verschulden zu vertreten haben. Das Reichsgericht lehnt in der oben angeführten Entscheidung die Haftung des verletzten Kindes für Verschulden seiner Mutter mit der Begründung ab, weil „es sich im gegebenen Falle nicht um ein Verschulden der Mutter in bezug auf die Abwendung des ursächlich bereits gesetzten Schadens, sondern um ein mitwirkendes Verschulden hinsichtlich der Verursachung des Unfalls und des daraus entstandenen Schadens selbst handle.“ Dagegen ist die Anwendbarkeit des § 278 zweifellos in den Fällen gegeben, wo der gesetzliche Vertreter eines unfallverletzten Kindes die Heilung der Verletzungen vernachlässigt. Wird dadurch der Schaden größer, so kann der Einwand des Selbstverschuldens damit begründet werden, daß der Vertreter die Verbindlichkeit des Kindes gegenüber dem Haftpflichtigen, den Schaden zu mindern, schuldhafterweise nicht oder nicht hinreichend erfüllt habe. Das Kind muß ein solches Verschulden seines gesetzlichen Vertreters wie eigenes vertreten.

VI. Haftung für fremdes Verschulden bei Sachbeschädigung.

Im Falle der Sachbeschädigung ist die Haftung für fremdes Verschulden in singulärer Weise ausgedehnt. Der Beschädigte muß das mitwirkende Verschulden eines jeden Inhabers der Sache vertreten; ein Auftrags- oder sonstiges Vertrauensverhältnis zwischen den beiden Personen wird nicht vorausgesetzt; es genügt der rein tatsächliche Gewahrsam, so daß der Beschädigte auch das Verschulden des Diebes vertreten muß, wenn die ihm entwendete Sache in dessen Händen durch ein Kraftfahrzeug beschädigt wird. War derjenige, der im Augenblick des Unfalls die tatsächliche Gewalt über die Sache ausübte, ein Beauftragter des Beschädigten, so kann sich der Beschädigte von der

Verantwortlichkeit für das Verschulden seines Beauftragten nicht durch den in § 831 BGB. zugelassenen Beweis der sorgfältigen Auswahl befreien.

§ 10.

Im Falle der Tötung ist der Schadensersatz durch Ersatz der Kosten einer versuchten Heilung sowie des Vermögensnachteils zu leisten, den der Getötete dadurch erlitten hat, daß während der Krankheit seine Erwerbsfähigkeit aufgehoben oder gemindert oder eine Vermehrung seiner Bedürfnisse eingetreten war. Der Ersatzpflichtige hat außerdem die Kosten der Beerdigung demjenigen zu ersetzen, dem die Verpflichtung obliegt, diese Kosten zu tragen.

Stand der Getötete zur Zeit der Verletzung zu einem Dritten in einem Verhältnisse, vermöge dessen er diesem gegenüber kraft Gesetzes unterhaltspflichtig war oder unterhaltspflichtig werden konnte, und ist dem Dritten infolge der Tötung das Recht auf Unterhalt entzogen, so hat der Ersatzpflichtige dem Dritten insoweit Schadensersatz zu leisten, als der Getötete während der mutmaßlichen Dauer seines Lebens zur Gewährung des Unterhalts verpflichtet gewesen sein würde. Die Ersatzpflicht tritt auch dann ein, wenn der Dritte zur Zeit der Verletzung erzeugt, aber noch nicht geboren war.

I. Allgemeines.

Die §§ 10 und 11 bestimmen den Umfang des nach § 7 Abs. 1 zu leistenden Schadensersatzes, und zwar § 10 ,für den Fall der Tötung, § 11 für den Fall der

Körper- und Gesundheitsverletzung, während das Gesetz für den dritten in § 7 Abs. 1 vorgesehenen Schadensfall, der Beschädigung einer Sache durch ein Kraftfahrzeug, keine besonderen Bestimmungen gibt, so daß es für diesen Fall bei den allgemeinen Bestimmungen das BGB. über den Umfang des Schadensersatzes bewendet.

§ 10 ist — bis auf den letzten Satz des Abs. 2 — wörtlich dem § 844 BGB. und dem § 3 des Haftpfl.-Ges. — in seiner durch Art. 42 EinfGes. z. BGB. geänderten Fassung — nachgebildet. Die Kategorien der Schadensfolgen, für welche nach dem Gesetz Ersatz zu leisten ist, sind erschöpfend aufgezählt; für weitere Schadensfolgen ist Ersatz nicht zu leisten (ebensowenig nach BGB.).

II. Abs. 1 Satz 1.

Die in Abs. 1 Satz 1 aufgezählten Schadenskategorien: Heilungskosten, Erwerbsausfall und vermehrter Bedarf, sind dieselben, wie in § 11 für den Fall der Körperverletzung vorgesehen sind. Der Verletzte selbst fordert Ersatz für diese Schäden lediglich auf Grund des § 11; solange er lebt, ist § 10 nicht anwendbar, weil diese Bestimmung den Schadensersatz ausschließlich für den Fall der Tötung regelt. Hat § 10 den Tod des Verunglückten zur Voraussetzung, so handelt es sich doch im ersten Satz des Abs. 1 um Ersatzansprüche, die schon in der Person des Getöteten entstanden sind. Daß diese Ansprüche wie andere Forderungen des Verunglückten mit seinem Tode auf die Erben übergehen, ist selbstverständlich. Die pleonastische Wiederholung in § 10 kann nur den Zweck haben, gegenüber etwaigen Zweifeln zu betonen, daß, wenn die Verletzung im weiteren Verlaufe zum Tode führt, damit der Anspruch auf Ersatz für die genannten Schadenskategorien nicht erlischt, sondern neben den besonderen für den Fall der Tötung gegebenen Ersatzansprüchen bestehen bleibt. Der durch den Tod des Verletzten veränderten Sachlage entsprechen die geringfügigen Abweichungen des Textes gegenüber der Fassung des

§ 11: es wird von den Kosten einer versuchten Heilung gesprochen und von Vermögensnachteilen, die der Getötete erlitten hat, weil während der Krankheit seine Erwerbsfähigkeit beschränkt und seine Bedürfnisse vermehrt waren.

Im einzelnen vgl. hierzu die Erläuterungen zu § 11.

III. Beerdigungskosten.

Daß die Beerdigungskosten ohne weiteres in voller Höhe zu erstatten sind, geht über den Grundsatz, nach welchem nur Schaden ersetzt werden soll, hinaus. Die Schadensfolge des Unfalls ist nicht, daß die Beerdigungskosten überhaupt aufgewendet werden mußten, sondern nur, daß diese Notwendigkeit früher eingetreten ist, als sie ohne den Unfall voraussichtlich eingetreten sein würde. Die Vorschrift kann in solchen Fällen, wo ein zur Deckung der Beerdigungskosten hinreichender Nachlaß vorhanden ist, namentlich dann, wenn der Getötete schon alt war, zu einer Bereicherung des Erben führen, da er etwas ersetzt bekommt, was er eine voraussichtlich kurze Frist später ohne Ersatz hätte aufwenden müssen. In andern Fällen, wo kein Nachlaß vorhanden ist, und die Beerdigungskosten vielleicht dem Unterhaltspflichtigen zur Last fallen, werden die vollen Kosten als Unfallsschaden empfunden, weil möglicherweise zur Zeit des späteren natürlichen Todes ein anderer zu ihrer Aufwendung verpflichtet gewesen sein würde. Mit Rücksicht auf die Ungleichartigkeit der möglichen Fälle ist die einheitliche Regelung des Gesetzes zweckmäßig, zumal es sich um verhältnismäßig geringfügige Schadensfolgen handelt.

Die wirklich entstandenen Kosten sind zu ersetzen, aber nur in demjenigen Umfange, in dem für den ersatzfordernden Gläubiger eine Verpflichtung bestand, Beerdigungskosten aufzuwenden. Nach § 1968 BGB. hat der Erbe den Erblasser standesgemäß beerdigen zu lassen; dabei ist der Stand des Getöteten entscheidend. Sind tatsächlich mehr Kosten aufgewendet worden, als dem Stande des Getöteten entsprach, so kann der Ersatzpflichtige den Ersatz für den Mehrbetrag ablehnen. Unter Umständen werden auch die Kosten für den Transport der Leiche nach der Heimat zu den Beerdigungskosten zu rechnen sein. Daß im Falle der Einäscherung der Leiche die hierauf verwendeten Kosten, soweit sie die Kosten einer andern Bestattung nicht übersteigen, zu ersetzen sind, ist meines Erachtens unbedenklich zu bejahen; der dem BGB. entstammende Ausdruck „Beerdigungskosten" ist der zur Zeit der Abfassung dieses Gesetzbuchs allgemein üblichen Bestattungsform entlehnt, jedenfalls nicht im Gegensatz zu einer andern Bestattungsart gedacht und besagt nichts anderes, als „Bestattungskosten".

Die Beerdigungskosten müssen dem Verpflichteten entstanden sein; ob er sie schon bezahlt hat oder noch schuldig geblieben ist, bleibt sich gleich; letzterenfalls ist die Klage auf Befreiung von der Schuld begründet.

Die Forderung auf Ersatz der Beerdigungskosten ist ein selbständiges Recht, entsteht direkt in der Person des Dritten. Infolgedessen ist der Verunglückte nicht in der Lage, dies Recht ohne Zustimmung des Dritten, etwa durch einen Vergleich mit dem Haftpflichtigen, zu beseitigen. Forderungsberechtigt ist nicht derjenige, der die Kosten der Beerdigung tatsächlich verauslagt hat, sondern derjenige, dem die Verpflichtung dazu oblag. Die Verpflichtung kann durch Gesetz oder durch Vertrag begründet, z. B. im Gutsüberlassungsvertrage vom Erwerber des Guts mit übernommen worden sein. Gesetzlich liegt sie dem Erben (§ 1968 BGB.) und, wenn Bezahlung von ihm nicht zu erlangen ist, den alimentationspflichtigen Angehörigen (§ 1615 Abs. 2 BGB.) und, wo auch diese fehlen, dem Armenverbande ob. Hat ein anderer die Beerdigungskosten verauslagt, so kann er sich aus eigenem Recht nur an den Verpflichteten halten, an den Haftpflichtigen nur dann, wenn der Verpflichtete ihm seine Forderung gegen den Haftpflichtigen abgetreten hat.

IV. Absatz 2. Schadensersatz wegen Entziehung des Rechts auf Unterhalt.

1. Während nach allgemeinen Rechtsgrundsätzen nur dem unmittelbar Geschädigten — das würde nur der körperlich Verletzte selbst sein — Schadensersatz zu leisten ist, werden im Falle der Tötung auch dritten Personen, die durch den Unfall nur mittelbar geschädigt sind, Ersatzansprüche zugebilligt. Der Getötete selbst kann für die Verkürzung seines Lebens nicht entschädigt werden, denn dieser Schaden ist nicht vermögensrechtlicher Natur; dem Erben als solchem stehen deshalb aus der Person des Erblassers keine Ersatzansprüche zu. Dafür erkennt das Gesetz unter gewissen Voraussetzungen die Ansprüche dritter Personen auf Ersatz des Vermögensschadens an, der ihnen durch den Wegfall ihres Versorgers entstanden ist.

2. Der Getötete. Solange der Unfallverletzte noch lebt, ist er allein nach § 11 ersatzforderungsberechtigt. Es ist möglich, daß von ihm abhängige Personen schon bei seinen Lebzeiten mittelbar durch den Unfall geschädigt sind, weil mit dem Wegfall seiner Erwerbsfähigkeit die Quelle versiegt ist, aus der auch sie ihren Unterhalt schöpften. Für diesen Schaden, den sie bei Lebzeiten des Verletzten vielleicht schon erleiden, haben sie kein Ersatzforderungsrecht. Ansprüche des Verletzten, die zur Zeit seines Todes noch nicht erfüllt sind, können vom Erben auf Grund des Erbrechts geltend gemacht werden. Eigene Ansprüche der Dritten können erst nach dem Tode des Verunglückten zur Entstehung gelangen.

3. Das Recht des Dritten auf Schadensersatz hat zur Voraussetzung:

a) ein Verhältnis zwischen dem Dritten und dem Getöteten, vermöge dessen dieser dem Dritten kraft Gesetzes unterhaltspflichtig war oder es werden konnte. Das Verhältnis muß zur Zeit der Verletzung bestanden haben;

b) das Recht des Dritten auf Unterhalt muß ihm durch die Tötung entzogen sein.

4. zur Zeit der Verletzung. Das Verhältnis, auf welchem die Unterhaltspflicht beruht, muß schon zur Zeit der Verletzung, also des Unfalls, bestanden haben. Wird es erst später begründet, schließt der Verunglückte z. B. in der Zeit zwischen Unfall und Tod, die unter Umständen von längerer Dauer sein kann, eine Ehe oder adoptiert oder legitimiert er in dieser Zeit ein Kind, so kann das aus diesem Verhältnis entspringende Unterhaltsrecht keinem Schadensersatzanspruch zur Grundlage dienen, wenn es durch den Tod des Unthaltspflichtigen erlischt; denn das Verhältnis bestand nicht zu dem maßgebenden Zeitpunkt des Unfalls. Aber auch hier gilt der Satz: nasciturus pro iam nato habetur. Ein Kind, welches erst nach dem Unfall, ja vielleicht erst nach dem Tode seines Vaters geboren wird, kann Schadensersatz wegen des durch den Tod seines Vaters ihm entzogenen Unterhalts fordern, sofern es nur zur Zeit des Unfalls bereits gezeugt war. Diese in Satz 2 ausdrücklich bestimmte Ausnahme gilt in gleicher Weise für eheliche wie für uneheliche Kinder. Die Frage, ob ein später geborenes Kind zur Zeit des Unfalls erzeugt sein konnte, wird in analoger Anwendung der Bestimmungen über die gesetzliche Empfängniszeit (§§ 1592, 1717 BGB.) zu entscheiden sein.

5. Als Verhältnisse, welche gesetzlich ein Recht auf Unterhalt begründen können, kommen in Betracht: das eheliche Verhältnis sowohl bei bestehender Ehe (§ 1360 BGB.) als auch nach ihrer Scheidung (§§ 1578, 1579, 1351 BGB.); die Verwandtschaft, aber nur in gerader Linie, einschließlich des durch Adoption und Legitimation vermittelten Verhältnisses (§§ 1601, 1703, 1719, 1736, 1757); das Verhältnis des unehelichen Kindes zu seinem Erzeuger (§ 1708), der außerehelich Geschwängerten zum Schwängerer (§ 1715). Die sonstigen gesetzlichen Alimentationspflichten (des Erben §§ 1963, 1969, 2141, des

Beschenkten §§ 528, 529) dürften einem Entschädigungsanspruch kaum zur Grundlage dienen können.

Beruht das Recht auf Unterhalt nicht auf Gesetz, sondern auf Vertrag, z. B. auf einem Altenteilsvertrage, einem Pflegschaftsvertrage, so ist bei Tötung des Verpflichteten kein Ersatz für den hierdurch entzogenen Unterhalt zu leisten. Verträge zwischen den Beteiligten, die nicht ein Unterhaltsrecht neu begründen, sondern nur den Umfang und die Leistungen für ein bestehendes gesetzliches Unterhaltsrecht im einzelnen näher regeln, sind dagegen auch für den Umfang des Schadensersatzes maßgebend, soweit sie nicht dem Schuldner höhere Leistungen auferlegen, als die gesetzlichen. Ein uneheliches Kind, das sich durch rechtsgültigen Vergleich mit einem niedrigeren Alimentensatze als dem üblichen begnügt hatte, ist auch nach dem Unfalltode des Vaters, im Haftpflichtprozeß an den vereinbarten Satz gebunden.

Noch weniger wie auf Grund eines Vertragsrechts kann Schadensersatz für entzogenen Unterhalt gefordert werden, wenn der Unterhalt bisher ohne jede Rechtspflicht, rein aus Liberalität, vielleicht in Anerkennung einer sittlichen Pflicht, gewährt worden ist.

6. unterhaltspflichtig war oder werden konnte. Mit dem Bestehen des ehelichen, verwandtschaftlichen oder sonstigen Verhältnisses ist die Unterhaltspflicht nicht immer ohne weiteres gegeben. In manchen Fällen bedarf es noch weiterer Voraussetzungen, um sie zur Entstehung zu bringen; das persönliche Verhältnis ist nur der Urgrund, aus dem bei Hinzutritt gewisser Umstände das Recht auf Unterhalt erwachsen kann. Ob diese Umstände zur Zeit des Unfalls schon vorliegen, und ob dadurch also das Recht auf Unterhalt bereits zu dieser Zeit besteht, darauf kommt es nicht an; es genügt, wenn das Verhältnis besteht, aus dem sich — beim Fortleben des Getöteten — in Zukunft durch Hinzutritt der erforderlichen Umstände das dem Verhältnis entsprechende Recht auf Unterhalt hätte entwickeln können. Die Voraussetzungen für die Entstehung der gesetzlichen

Unterhaltsrechte sind verschieden. Der Ehemann hat der Frau bei bestehender Ehe nach Maßgabe seiner Lebensstellung, seines Vermögens und seiner Erwerbsfähigkeit Unterhalt zu gewähren (§ 1360 Abs. 1 BGB.). Hier ist also das Unterhaltsrecht mit dem Bestehen des ehelichen Verhältnisses ohne weiteres gegeben; ob die Frau ein großes eigenes Vermögen, der Mann dagegen nur den Ertrag seiner Arbeit hat, spielt keine Rolle. Anderseits hat die Frau dem Manne nur dann Unterhalt zu gewähren, wenn er außerstande ist, sich selbst zu unterhalten (§ 1360 Abs. 2). Hier hängt also die Entstehung des Unterhaltsrechts von der Bedürftigkeit des Berechtigten ab. Das Gleiche gilt für die Unterhaltsrechte der Verwandten (§ 1602 Abs. 1 BGB.). Außer der Bedürftigkeit des Berechtigten spielt auch die Leistungsfähigkeit des Verpflichteten (§ 1603 Abs. 1 BGB.) und das Vorhandensein oder Fehlen eines näher Verpflichteten (§ 1606 BGB.) mit. Diese Umstände, welche das Unterhaltsrecht erst zur Entstehung bringen, können zur Zeit des Unfalls fehlen. Der Vater z. B., dessen Sohn durch ein Kraftfahrzeug getötet worden ist, würde, solange er sich selbst in vollerwerbsfähigem Zustande oder im Besitz eines ausreichenden Vermögens oder sonstiger Einnahmequellen befindet, keinen Anspruch auf Unterhalt gegen seinen Sohn haben erwerben können; es besteht aber die Möglichkeit, daß er vielleicht erst nach Jahren — durch Verlust seiner Erwerbsfähigkeit, seines Vermögens oder seiner sonstigen Einnahmequellen unterhaltsbedürftig werden kann; dann würde sein Anspruch auf Unterhalt gegen den Sohn, wenn dieser noch lebte, zur Entstehung kommen, und er würde dadurch, daß er infolge des früheren Todes seines Sohnes gehindert wäre, diesen Unterhaltsanspruch zu verwirklichen, geschädigt sein.

7. **infolge der Tötung das Recht auf Unterhalt entzogen.** Die Entziehung des Unterhaltsrechts muß in ursächlichem Zusammenhange mit der Tötung stehen. Ist das zur Zeit des Unfalls begründete Unterhaltsrecht nach-

träglich aus anderen Gründen erloschen, z. B. dadurch, daß zwischen Unfall und Tod die Ehe geschieden, die Annahme an Kindesstatt aufgehoben wurde, so entfällt der Ersatzanspruch.

Die Schädigung, für die der Berechtigte Ersatz fordern kann, besteht nicht in der Entziehung des Unterhalts, sondern in der Entziehung des **Rechts** auf Unterhalt. Ob der Berechtigte tatsächlich vom Getöten Unterhalt bezogen hat, oder ob er sein Recht auf Unterhalt nicht ausgeübt hat, darauf kommt nichts an, wie es ja auch gleichgültig ist, ob das Recht zu Lebzeiten des Getöteten überhaupt schon bestanden hat oder erst lange nach seinem Tode zur Entstehung gelangt. Selbstverständlich spielt die Leistungsfähigkeit des Unterhaltspflichtigen auch da, wo sie nicht gesetzliche Voraussetzung für das Unterhaltsrecht selbst ist, insofern eine Rolle, als bei völliger Vermögenslosigkeit des Unterhaltungspflichtigen das Unterhaltsrecht schon aus diesem Grunde nicht hätte verwirklicht werden können, mithin durch seinen Tod nach dieser Richtung hin kein Schaden entstanden sein kann.

Der Ersatzanspruch setzt voraus, daß das Recht auf Unterhalt entweder schon beim Tode des Unterhaltspflichtigen begründet gewesen sei oder doch — unter der Annahme seines Fortlebens — später zur Entstehung gelangt sein würde. Es müssen also — abgesehen von dem Leben des Pflichtigen — alle Umstände vorhanden sein, durch welche die Entstehung des Rechts auf Unterhalt gesetzlich bedingt ist. Das Vorhandensein dieser Umstände muß der ersatzfordernde Gläubiger ebenso behaupten und beweisen, wie er dies im Unterhaltsprozeß selbst dem Verpflichteten gegenüber im Bestreitungsfalle hätte tun müssen. Anderseits stehen dem Ersatzpflichtigen alle Einwendungen zu, die der Getötete dem Unterhaltsanspruch gegenüber hätte vorbringen können. Hiernach ergeben sich je nach der Art des Verhältnisses, auf dem das Unterhaltsrecht beruht, Verschiedenheiten. Der Unterhaltsanspruch der Eltern z. B.

ist davon abhängig, daß sie außerstande sind, sich selbst zu unterhalten. Sie haben daher auch dem Ersatzpflichtigen gegenüber den Nachweis ihrer Vermögenslosigkeit und Erwerbsunfähigkeit zu erbringen. Dem Alimentationsanspruch der Eltern gegenüber kann der in Anspruch genommene Sohn oder die Tochter einwenden, daß sie bei Berücksichtigung ihrer sonstigen Verpflichtungen außerstande seien, ohne Gefährdung des eigenen Unterhalts den verlangten Unterhalt zu gewähren (§ 1603 BGB.). In gleicher Weise hat der Ersatzpflichtige das Recht, einzuwenden, daß der Getötete, wenn er leben würde, diese Leistungsfähigkeit nicht besitzen oder daß er sie später verloren haben würde, RG. 14. 5. 06, JW. 438[27]. Der Beweis der Bedürftigkeit auf der einen und der Leistungsfähigkeit auf der anderen Seite kann im Bestreitungsfalle nicht durch den Hinweis darauf ersetzt werden, daß das getötete Kind bei Lebzeiten tatsächlich die Eltern unterstützt habe; es kommt allein darauf an, ob diese Unterstützung von den Eltern als ihr Recht gefordert werden konnte, und ob sie in demselben Maße weiter würde gefordert werden können, wenn das Kind am Leben geblieben wäre, RG. 10. 6. 07, JW. 480[13].

Der Unterhaltsanspruch der großjährigen und der verheirateten minderjährigen Kinder gegenüber ihren Eltern ist an dieselben Voraussetzungen der Bedürftigkeit und der Leistungsfähigkeit geknüpft. Der Unterhaltsanspruch der minderjährigen unverheirateten Kinder hat gegenüber leistungsfähigen Eltern nur eine relative Bedürftigkeit zur Voraussetzung, insofern das Stammvermögen der Kinder für die Frage ihrer Bedürftigkeit außer Betracht bleibt; es genügt also schon zur Begründung ihres Unterhaltsanspruchs, daß die Einkünfte ihres Vermögens und der Ertrag ihrer Arbeit zu ihrem Unterhalte nicht ausreichen. Neben dieser relativen Bedürftigkeit ist aber die volle Leistungsfähigkeit der Eltern Voraussetzung des Anspruchs auf Unterhalt. Fehlt diese, so steht das Vorhandensein von Stammvermögen dem Anspruch auf Unterhalt entgegen; es wird also absolute Bedürftigkeit verlangt. Anderseits wird bei absoluter Bedürftigkeit der Kinder der Unterhaltsanspruch auch durch die Leistungsunfähigkeit der Eltern nicht ausgeschlossen, sondern nur verhältnismäßig herabgemindert, §§ 1602, 1603 BGB.

Der Unterhaltsanspruch der Ehefrau gegen ihren Mann ist an keine weiteren Voraussetzungen gebunden, der Anspruch des Mannes gegen die Frau ist von der Bedürftigkeit des Mannes abhängig, § 1360 BGB. Für geschiedene Ehen gilt § 1578 BGB.

Abgesehen von den Fragen der Bedürftigkeit und Leistungsfähigkeit kommt es für die Entstehung des Unterhaltsrechts darauf an, ob nicht zurzeit ein anderer leistungsfähiger Unterhaltspflichtiger vorhanden ist, der nach der vom Gesetz geordneten Reihenfolge vor dem Getöteten in Anspruch genommen werden müßte, §§ 1606—1608 BGB.

Liegen die Voraussetzungen für die Entstehung des Unterhaltsrechts bereits zur Zeit des Todes des Unterhaltspflichtigen sämtlich vor, so ist dennoch zu prüfen, ob nicht vielleicht gerade infolge des Todes, indem z. B. der Dritte den Unterhaltspflichtigen beerbt, die Verhältnisse sich derart verändert haben, daß mit der Bedürftigkeit des Dritten eines der wesentlichen Fundamente des Unterhaltsanspruchs weggefallen ist. Von Einfluß auf die Bedürftigkeit kann außer einem Kapitalvermögen, das dem Dritten aus dem Nachlaß des Getöteten zufällt, auch sein, daß ihm eine Lebensversicherungssumme oder Waisengelder zufallen, oder daß seine Erwerbsfähigkeit, die er als Hauskind bisher unentgeltlich in den Dienst des Elternhauses zu stellen verpflichtet war (§ 1617 BGB.), frei wird und nun im eigenen Interesse betätigt werden kann. Wird aber die Bedürftigkeit des Dritten lediglich dadurch beseitigt, daß ihm nunmehr nach dem Tode des Verunglückten ein Anderer zum Unterhalt verpflichtet ist, so wird hierdurch ausnahmsweise nach der positiven Vorschrift des § 843 Abs. 4 BGB.

(vgl. § 13 Abs. 2 dieses Gesetzes) der Ersatzanspruch nicht beseitigt; der Unterhaltsanspruch gegen den Anderen bleibt bei der Prüfung, ob ein Schaden entstanden ist, völlig außer Betracht.

Es ist möglich, daß der Alimentationsanspruch bei Lebzeiten des Verunglückten überhaupt noch gar nicht begründet war, daß zwar das verwandtschaftliche oder sonstige Verhältnis bestand, aus dem beim Hinzutritt der übrigen Voraussetzungen ein Unterhaltsanspruch erwachsen kann, daß aber eine dieser sonstigen Voraussetzungen damals fehlte, z. B. weil ein anderer, näher Verpflichteter den Unterhalt gewährte, oder weil der Dritte damals noch erwerbsfähig oder vermögend war, oder auch weil der Getötete damals nicht leistungsfähig war. Solange auch nach dem Tode des Verunglückten diese Umstände fortdauern, welche bei seinen Lebzeiten zur Abweisung der Unterhaltsklage geführt haben müßten, solange kann der Dritte auch keinen Ersatzanspruch geltend machen, wenigstens nicht mit der Leistungsklage, weil ihm ein Schaden durch den Tod bislang nicht entstanden ist. Die Leistungsklage erwächst ihm aber sofort in dem Augenblick, wo sich die Verhältnisse ändern, wo die Unterhaltspflicht des näher Verpflichteten erlischt, etwa weil dieser stirbt oder leistungsunfähig wird, oder wo der Dritte sein Vermögen verliert oder etwa infolge Alters erwerbsunfähig wird, oder wo dem Getöteten, wenn er noch lebte, eine Erbschaft oder ein sonstiges Vermögen zugefallen sein würde, so daß er leistungsfähig geworden wäre.

Das Recht auf Unterhalt muß entzogen, d. h. erloschen, untergegangen sein. Im allgemeinen erlöschen die Rechte auf Unterhalt mit dem Tode des Verpflichteten. Von dieser Regel gibt es aber ausdrückliche gesetzliche Ausnahmen, so für den Unterhaltsanspruch des geschiedenen Ehegatten und für denjenigen des unehelichen Kindes, §§ 1582, 1712 BGB. In diesen Ausnahmefällen geht die Unterhaltspflicht auf die Erben des Verpflichteten über.

Dabei bleibt die Identität des Anspruchs gewahrt, die Erben setzen die Persönlichkeit des Erblassers fort, sie sind nicht „Andere" im Sinne des § 843 Abs. 4 BGB. In diesen Fällen ist demgemäß das Unterhaltsrecht durch den Tod des Verpflichteten dem Dritten nicht ohne weiteres entzogen. Kann es aus dem Nachlaß oder — wenn der Erbe unbeschränkt haftet — aus dessen Vermögen befriedigt werden, so ist durch den Tod des Verpflichteten keine Veränderung herbeigeführt worden. Ein Schaden tritt für den Unterhaltsberechtigten nur insoweit ein, als der Nachlaß nicht vermögend und der Erbe nicht persönlich verpflichtet ist, den Unterhaltsanspruch zu befriedigen. Dieser Schaden ist auf den Tod des Unterhaltspflichtigen als Ursache zurückzuführen, wenn er — sein Fortleben vorausgesetzt — durch den Ertrag seiner Arbeit oder aus anderen Einnahmequellen, die mit seinem Tode erloschen sind, den Unterhalt zu gewähren imstande gewesen sein würde. RG. 12. 12. 07, EE. 24, 287.

8. so hat der Ersatzpflichtige dem Dritten Schadensersatz zu leisten. Daß Schadensersatz zu leisten ist, hat nach zwei Richtungen besondere Bedeutung. Der Unterhaltsanspruch ist zwar die Grundlage des Ersatzanspruchs; dieser ist in seiner Entstehung und Beendigung und in seinem Umfange durchaus von jenem abhängig. Gleichwohl übernimmt der Haftpflichtige nicht die Unterhaltspflicht an Stelle des Getöteten, sondern er leistet Ersatz für den vorzeitigen Wegfall des Rechts auf Unterhalt. Das Schuldverhältnis folgt deshalb in allen Beziehungen den für Schadensersatzforderungen und nicht den für Unterhaltsforderungen geltenden besonderen Bestimmungen. Wenn z. B. der Haftpflichtige selbst wieder durch einen Kraftwagenunfall getötet wird, so kann der Berechtigte seine Ansprüche lediglich gegen den Nachlaß geltend machen, keineswegs aber auf Grund des § 10 vorliegenden Gesetzes als geschädigter Dritter Ersatzansprüche gegen denjenigen erheben, der den neuen Unfall zu vertreten hat.

Zweck des Gesetzes ist es, Nachteile und Verluste auszugleichen, Schaden zu ersetzen. Eine Anwendung des Gesetzes, die dazu führt, daß der Geschädigte durch die Entschädigung besser gestellt ist, wie vorher, ist nach Möglichkeit zu vermeiden.

9. insoweit, als der Getötete während der mutmaßlichen Dauer seines Lebens zur Gewährung des Unterhalts verpflichtet gewesen sein würde. Wie das Unterhaltsrecht die Voraussetzung für die Entstehung des Schadensersatzanspruchs ist (vgl. oben Anm. 7), so bestimmt es auch die Dauer und den Umfang der Ersatzpflicht.

A. Die Ersatzpflicht endet in dem Zeitpunkt, wo die Unterhaltspflicht des Getöteten aufgehört haben würde. Auch hier können Veränderungen der mannigfachsten Art wirksam werden. Der praktisch wichtigste Fall des Erlöschens des Unterhaltsrechts ist der Tod des Verpflichteten (§ 1615 BGB., anders aber nach §§ 1582, 1712 BGB.). Deshalb kommt es darauf an, den Zeitpunkt zu ermitteln, bis zu welchem der Unterhaltspflichtige mutmaßlich gelebt haben würde, wenn er nicht infolge des Unfalls vorzeitig gestorben wäre. Zu dem Zweck wird unter Berücksichtigung seines Alters und Gesundheitszustandes vor dem Unfall, seines Berufs und der Verhältnisse, in denen er lebte und voraussichtlich weiter gelebt haben würde, nach den Regeln der Lebenserfahrung die mutmaßliche Dauer seines Lebens geschätzt. Der so ermittelte Zeitpunkt setzt unter allen Umständen der Ersatzpflicht ein Ziel, über das hinaus nichts gefordert und zugesprochen werden darf. Da der Schadensersatz für die Zukunft in der Regel in Form der Rente zu leisten ist (§ 13 Abs. 1 des Gesetzes), so darf die Rente dem Berechtigten regelmäßig nicht unbeschränkt zugesprochen werden, weil sich ihre Dauer dann auf die Lebenszeit des Berechtigten anstatt auf die mutmaßliche Lebenszeit des Unterhaltspflichtigen erstecken würde; sondern es muß regelmäßig im Urteil der Zeitpunkt, bis zu welchem die Rente zu leisten ist, ausdrücklich festgesetzt werden. Nur in dem

Falle, wenn die Prüfung der Verhältnisse zu dem zuverlässigen Schluß führt, daß der Getötete den Unterhaltsberechtigten überlebt haben würde, darf die Rente unbeschränkt, also auf Lebenszeit des Berechtigten zugesprochen werden. Eine Prüfung und Abschätzung der mutmaßlichen Lebensdauer muß aber in diesem Falle in den Urteilsgründen vorgenommen sein. Ist im Klagantrag die Beschränkung des Rentenanspruchs auf die mutmaßliche Lebensdauer des Getöteten nicht enthalten, so darf der Klaganspruch nicht ohne weiteres durch Zwischenurteil gemäß § 304 ZPO. für dem Grunde nach berechtigt erklärt werden, solange nicht die Frage nach der mutmaßlichen Lebensdauer des Getöteten erörtert und geprüft ist, ob auch nicht der Klagantrag, der die Rente auf Lebenszeit des Berechtigten fordert, zeitlich über die gesetzliche Grenze der Schadensersatzpflicht hinausgeht. Die Abschätzung der mutmaßlichen Lebensdauer des Getöteten und die Begrenzung der Zeitdauer der Rente gehört in das Verfahren über den Grund des Anspruchs und darf nicht dem Nachverfahren über den Betrag vorbehalten bleiben. RG. 5. 7. 06, JW. 553[23]; 22. 10. 06, JW. 747[19]; 15. 11. 07, JW. 08, 9[9]; 3. 6. 07, EE. 24, 68, 69. Nach mehreren neueren Entscheidungen kann aber die zahlenmäßige Begrenzung der Zeit, für welche eine Rente zu gewähren ist, dem Verfahren über die Höhe des Anspruchs vorbehalten werden; es ist aber ein ausdrücklicher Vorbehalt erforderlich, damit nicht die Rechtskraft des Zwischenurteils der künftigen Beschränkung der Rente im Nachverfahren entgegenstehe, RG. 23. 12. 07, JW. 08, 109[7]; 11. 5. 08, 465[37]; 4. 7. 07, EE. 24, 173.

Über den Zeitpunkt des mutmaßlichen natürlichen Todes des Unterhaltspflichtigen hinaus kann der Dritte weiteren Ersatz nicht fordern, auch wenn er noch für die spätere Zeit durch die Tötung seines Ernährers geschädigt sein sollte. Die Witwe eines Beamten z. B. kann auch für diese spätere Zeit insofern geschädigt sein, als ihr die

Witwenpension ganz oder zum Teil fehlt, die sie nach dem Dienstalter ihres Mannes mutmaßlich erhalten haben würde, wenn der Mann länger hätte im Dienst bleiben können. RG. 25. 6. 06 (JW. 570[42]): „Die Witwenpension kann nicht unter den rechtlichen Gesichtspunkt des vom Manne zu leistenden Unterhalts gebracht werden."

Abgesehen von dem mutmaßlichen Zeitpunkt des natürlichen Todes des Unterhaltspflichtigen können noch andere Umstände vorzeitig den Ersatzanspruch hinfällig machen. Hierher gehören alle Umstände, die unter der Voraussetzung des Fortlebens des Getöteten seine Unterhaltspflicht vorzeitig beseitigt haben würden, wie z. B. das Aufhören der Bedürftigkeit auf seiten des Berechtigten oder der Eintritt der Leistungsfähigkeit eines an vorderer Stelle Unterhaltspflichtigen. Die praktisch größte Bedeutung hat in dieser Hinsicht der Eintritt der Erwerbsfähigkeit der Kinder des Getöteten, denn damit hört ihre Bedürftigkeit auf, welche die Voraussetzung ihres Unterhaltsanspruchs ist. Bei Töchtern hört die Unterhaltspflicht der Eltern — wenn nicht schon früher mit dem Eintritt der Erwerbsfähigkeit, wie in niederen Ständen — regelmäßig mit der Verheiratung auf, weil dann die Unterhaltspflicht des Ehemannes eintritt (RG. 25. 11. 07, EE. 24, 368). § 843[4] BGB. steht nicht im Wege, weil die Unterhaltspflicht des Ehemannes nach § 1608 BGB. derjenigen der Eltern regelmäßig vorgeht und auch bei Lebzeiten des getöteten Vaters dessen Unterhaltspflicht beendigt haben würde.

Geht man davon aus, daß die Dauer des Ersatzanspruchs von der Voraussetzung abhängig ist, daß beim Fortleben des Getöteten dessen Unterhaltspflicht fortbestehen würde, so müßte folgerichtig eine solche Veränderung der Verhältnisse, mit der eine Fortdauer der Unterhaltspflicht des Getöteten schlechterdings unvereinbar wäre, auch dem Ersatzanspruch ein Ziel setzen. Allgemein wird aber davon abgesehen, diese Folgerung für den Fall der Wiederverheiratung der ersatzberechtigten Witwe zu ziehen, obgleich mit Eingehung der zweiten Ehe ein Fortbestehen ihres Unterhaltsrechts gegenüber dem ersten Ehemann — den Getöteten — unter keinen Umständen denkbar ist (§§ 1348 Abs. 2, 1581 BGB.). Das Reichsgericht und vor ihm das Reichsoberhandelsgericht haben es in ständiger Rechtsprechung für unzulässig erklärt, den Ersatzanspruch der Witwe zeitlich so zu beschränken, daß er mit ihrer Verheiratung ohne weiteres endige, ROHG. 12. 11. 78, Bd. 24, 366; RG. 6. 6. 85, Bolze 1 Nr. 614; 27. 6. 87, Bolze 4 Nr. 411; 5. 12. 92, SeuffArch. 48, 419; 31. 1. 99, EE. 15, 351. Dagegen soll es nach diesen Entscheidungen auf den Ersatzanspruch der Witwe von Einfluß sein können, wenn sie durch die zweite Ehe tatsächlich einen Vorteil erlangt. Da die Frage der Bedürftigkeit sowohl für den Unterhaltsanspruch der Ehefrau als auch folgeweise für den Ersatzanspruch der Witwe gänzlich belanglos ist, also auch der Erwerb eines neuen Unterhaltsrechts gegen ihren zweiten Ehemann an sich den Ersatzanspruch nicht berühren kann, so kann nur die Anwendung der Grundsätze von der Vorteilsausgleichung dahin führen, der Witwe dasjenige, was sie durch ihre zweite Ehe gewinnt, auf ihren Ersatzanspruch anzurechnen. Die Möglichkeit, eine zweite Ehe einzugehen und dadurch einen neuen Ernährer zu finden, ist ihr allerdings erst durch den Tod ihres ersten Mannes eröffnet worden, so daß ein ursächlicher Zusammenhang zwischen diesem Tode und den durch die zweite Ehe erlangten Vorteilen angenommen werden kann. (Vgl. Oertmann „Die Vorteilsausgleichung" S. 109–111.) Nach Oertmann a. a. O. steht § 843⁴ BGB. der Anrechnung dieser Vorteile nicht entgegen, weil diese Bestimmung nur solche Unterhaltsrechte im Auge habe, die wenigstens potentiell auch ohne die beschädigende Handlung bestehen könnten, während die Entstehung des Unterhaltsanspruchs gegen den zweiten Mann für die beschädigte Frau erst infolge dieser Handlung möglich geworden sei.

B. Auch für den Inhalt und Umfang des Ersatzanspruchs ist das Maß der Leistungen entscheidend, die vom Unterhaltspflichtigen selbst hätten gefordert werden dürfen. Diese Leistungen sind verschieden je nach dem Verhältnis, welches dem Unterhaltsrechte zugrunde liegt. Danach entscheidet sich, ob und welchen Einfluß das Vorhandensein eigenen Vermögens und eigener Einkünfte des Berechtigten auf das Maß des zu gewährenden Unterhalts hat, ob der notdürftige oder der angemessene Unterhalt zu gewähren ist, ob und inwiefern es auf die Lebensstellung, das Vermögen und die Erwerbsfähigkeit des Unterhaltspflichtigen ankommt.

Am umfangreichsten ist die Unterhaltspflicht des Ehemannes gegenüber der Frau. Sie richtet sich nach dem Stande des Mannes, seinem Vermögen und seiner Erwerbsfähigkeit. Ob die Frau bedürftig ist, oder aber ihren Unterhalt reichlich aus eigenen Mitteln bestreiten könnte, darauf kommt es gar nicht an. RG. 13. 7. 08, EE. 25, 192. Allerdings hat sie dem Manne bei vorhandenem eigenen Vermögen einen Beitrag zu den Kosten des ehelichen Aufwandes zu leisten, der je nach dem ehelichen Güterrecht, in welchem die Eheleute leben, in einem angemessenen Teil ihrer Einkünfte besteht (§§ 1427, 1371 BGB.) oder dadurch geleistet wird, daß das Vermögen der Frau als eingebrachtes Gut der Verwaltung und dem Nießbrauch des Mannes unterstellt wird oder Gesamtgut wird und als solches gleichfalls der Verfügung des Mannes unterliegt. Wo es den Verhältnissen der Eheleute entspricht, hat die Frau den Mann auch durch ihre Mitarbeit im Hauswesen und Geschäft zu unterstützen (§ 1356 Abs. 2 BGB.). Die Frau vermehrt also durch die Einkünfte ihres Vermögens und gegebenen Falles auch durch den Ertrag ihrer Arbeit das Gesamteinkommen des Mannes, aus dem er den ehelichen Aufwand und darunter auch den Unterhalt der Frau zu bestreiten verpflichtet ist. Insoweit dies der Fall ist, unterhält der Mann die Frau also nicht aus seinen eigenen Mitteln, sondern aus Mitteln der Frau selbst. Und da er gesetzlich berechtigt ist, die Mittel der Frau hierzu zu verwenden, so ergibt sich eine entsprechende Ermäßigung seiner Verpflichtung, die Frau aus eigenen Mitteln zu unterhalten. Stirbt der Mann unter Umständen, welche die Frau berechtigen, Schadensersatz für das ihr entzogene Recht auf Unterhaltung von einem Dritten zu fordern, so ist als Schaden nicht der ganze Betrag in Rechnung zu stellen, den der Mann bisher aus der Gesamtmasse der seiner Verfügung unterstehenden Mittel für den Unterhalt der Frau pflichtmäßig verwendet hat und in Zukunft weiter zu verwenden verpflichtet gewesen sein würde, sondern nur derjenige Teil dieses Betrages, den er aus eigenen Mitteln, dem Ertrage seines eigenen Vermögens und seiner Arbeit, zum Unterhalt der Frau zu verwenden hätte. Das formalrechtliche Bedenken, welches gegen diese Konstruktion eines geschmälerten Unterhaltsrechts der Ehefrau daraus zu entnehmen ist, daß der Mann die Nutzungen aus dem Frauenvermögen eigentümlich erwirbt, kann nicht ausschlaggebend sein. Die Pflicht der Frau, zum ehelichen Aufwande beizusteuern, und ihr Recht, vom Ehemann Unterhalt zu verlangen, stehen in engster Beziehung. Namentlich da, wo es sich um Schadensersatz für Entziehung des Unterhalts handelt, muß auf das Gesamtergebnis gesehen und auch die Beitragspflicht der Frau berücksichtigt werden. RG. 5. 11. 06 (JW. 07. 23[26]): „Die Ehefrau hat dem Manne zur Tragung des ehelichen Aufwandes ihren Beitrag in der Form geleistet, daß ihr Vermögen Gesamtgut wurde, welches dem Manne zur freien Verfügung überlassen war. Die insofern auch aus dem eigenen Vermögen der Ehefrau entnommenen Mittel zu ihrem Unterhalt können, wenn es sich um Schadensersatz für das ihr entzogene Unterhaltungsrecht handelt, nicht schlechthin als Leistung gelten, die der Ehemann für den Unterhalt der Frau zu machen hatte und welche jetzt zu ersetzen wären.“ Durch den Tod des Mannes wird das Vermögen der Frau von den bisherigen güterrechtlichen Beschränkungen frei. Die Frau erlangt dadurch einen Vorteil. Eine Aufrechnung dieses Vorteils gegen den Schaden, der ihr durch Entziehung ihres Unterhalts erwächst, kann gleichwohl nicht stattfinden, denn der Rechtsgrund, aus dem sie von nun an die Nutzungen ihres Vermögens selbst erwirbt, ist nicht der Tod des Ehemannes, sondern ihr Eigentumsrecht, welches schon vorher bestand. Durch den Tod des Mannes ist nur eine Bedingung weggefallen, durch die sie bei bestehender Ehe verhindert war, die Nutzungen ihres Vermögens selbst zu ziehen. Es fehlt für die Aufrechnung an dem erforderlichen adäquaten ursächlichen Zusammenhang zwischen dem tödlichen Unfall des Mannes und dem Erwerb der Nutzungen durch die Frau. Anders anscheinend Oertmann, „Die Vorteilsausgleichung" S. 215. Es sind also nicht die ganzen Einkünfte des von den bisherigen güterrechtlichen Beschränkungen freigewordenen Frauenvermögens auf den Schadensersatzanspruch der Witwe anzurechnen, sondern nur derjenige Teil dieser Einkünfte, den der Mann wie bisher so künftig gerade zur Befriedigung des Unterhaltsrechts seiner Frau aufzuwenden verpflichtet gewesen sein würde. Um diesen Anteil zu ermitteln, ist davon auszugehen, daß der Mann alle seine Einkünfte gleichmäßig zur Bestreitung des ehelichen Aufwandes verwendet haben würde (vgl. die angeführte Entscheidung des RG. vom 5. 11. 06, JW. 07, S. 24, Spalte 2 Nr. 2.). Die Anrechnung dieses Anteils beruht nicht auf compensatio lucri, die vielmehr abzulehnen ist, sondern darauf, daß die Frau unter den angenommenen Umständen nicht berechtigt ist, ihren ganzen Unterhalt aus Mitteln des Mannes zu fordern.

In der mehrfach angeführten Entscheidung des RG. vom 5. 11. 06 heißt es JW. 07 S. 25 Spalte 1: „Wenngleich es also für den Unterhaltsanspruch der Witwe auf die tatsächlich bestehende Bedürftigkeit an sich nicht ankommt, so wird doch bei Bemessung des Umfanges der Schädigung zu beachten sein, daß hier diejenige Quote der Einkünfte des gütergemeinschaftlichen Vermögens, welche zu Lebzeiten des Ehemannes etwa (neben dem entsprechenden Teile des Amtseinkommens) zum Unterhalte der Ehefrau mitzuverwenden war, keinesfalls im ganzen Betrage in Rechnung zu stellen wäre." Es soll also offenbar diejenige Hälfte des gütergemeinschaftlichen Vermögens, welche dem getöteten Ehemann, jetzt dem Nachlaß gehört, außer Betracht bleiben; die Einkünfte aus der andern, der Witwe als Eigentum zugefallenen Hälfte sollen nicht in voller Höhe — womit der Gedanke der compensatio lucri abgelehnt ist, der notwendig diese Einkünfte in voller Höhe umfassen müßte —, sondern nur mit derjenigen Quote auf die Schadensersatzforderung der Witwe angerechnet werden, welche bei Lebzeiten des Mannes zu ihrem Unterhalte mitzuverwenden war. Ebenso RG. 17. 12. 06, JW. 07, 130[10].

Auch diejenige Ehefrau, die bei Lebzeiten des Mannes ihn durch ihre in Geld veranschlagbare Mitarbeit im Hauswesen und im Geschäft unterstützt und dadurch sein Einkommen vermehrt hat, hatte insoweit, als ihr Unterhaltsbedürfnis aus diesen dem Manne zufließenden Erträgen ihrer Arbeit anteilsweise zu decken war, keinen Anspruch darauf, den vollen Unterhalt aus den eigenen Mitteln des Mannes zu erhalten. Mit dem Tode des Mannes wird nun zwar ihre Arbeitskraft zur weiteren Betätigung im eigenen Interesse frei, so daß sie mit Rücksicht hierauf voll entschädigt ist, wenn sie vom Ersatzpflichtigen auch nur so viel erhält, als ihr Mann ihr aus seinen sonstigen eigenen Mitteln zum Unterhalt zu geben hätte. Hierbei ist aber zu berücksichtigen, daß die Erwerbsfähigkeit der Frau nicht unter allen Umständen einen in Geld zu veranschlagenden Vermögenswert hat. Einer Witwe, die zu Lebzeiten ihres Mannes in dessen Geschäft tätig gewesen ist, kann nicht ohne weiteres zugemutet werden, nach dem Tode ihres Mannes ihre Arbeitskraft in anderer Weise als früher zu verwerten und Lohnarbeit zu übernehmen, RG. 17. 12. 06, JW. 07, 130[10], EE. 5, 108.

Gibt sie das Geschäft des Mannes, z. B. dessen landwirtschaftlichen Betrieb auf, so liegt ihre Arbeitskraft brach und liefert keine Erträgnisse, so daß sie auch um denjenigen Anteil dieser Erträgnisse ihrer bisherigen eigenen Arbeit, den ihr Mann beim Fortbestehen der bisherigen Verhältnisse mit zu ihrem Unterhalt verwendet haben würde, künftig geschädigt ist. Wäre der Fall bei Lebzeiten des Mannes eingetreten, daß sie zur Mitarbeit unfähig wurde oder nicht mehr verpflichtet erschien, so würde sie einen Anspruch darauf gehabt haben, vollständig aus eigenen Mitteln des Mannes erhalten zu werden. Für diesen Anspruch muß sie entschädigt werden. Bleiben die Verhältnisse dagegen nach dem Tode des Mannes dieselben, führt die Witwe sein Geschäft weiter, so ist bei Festsetzung ihrer Entschädigung diejenige Quote des Wertes ihrer Arbeit anzurechnen, die auch bei Lebzeiten des Mannes zu ihrem Unterhalt zu verwenden war.

Ist das Unterhaltsrecht der Frau grundsätzlich unabhängig von ihrer Bedürftigkeit, so daß der Besitz von Vermögen und Einkommen ihren Unterhaltungsanspruch gar nicht berührt, so fragt es sich doch, ob nicht dann, wenn sie das Vermögen erst infolge des Todes ihres Mannes als dessen Erbin gewinnt, eine Aufrechnung dieses Vorteils gegen ihren Schaden eintreten muß. Die Vorteilsausgleichung setzt voraus, daß sowohl der Vorteil wie der Schaden ursächlich auf dasselbe Ereignis zurückzuführen sei. Der Unfallstod des Mannes ist wohl die Ursache dafür, daß das Unterhaltsrecht der Frau entzogen wird, aber für den Erbanfall ist es nur eine äußere Bedingung, nicht Ursache im Rechtssinn. Oertmann, „Die Vorteilsausgleichung" S. 89: „Ebensowenig kann dem durch Tötung seines Ernährers mittelbar Verletzten und daher Ersatzberechtigten das angerechnet werden, was er aus der Erbschaft des Getöteten auf Grund gesetzlichen oder testamentarischen Erbrechts oder auf Grund Vermächtnisses letztwillig erhalten hat. Freilich bedeutet der Tod des Erblassers vor dem zur Erbschaft Berufenen eine condicio juris für dessen Berufung. Aber konstitutives Moment ist die Verwandtschaft, Ehe, oder, bei Berufung auf Grund letztwilliger Verfügung, das Testament bzw. der Erbvertrag. Diese bestanden schon vor dem schädigenden Ereignisse, und es war möglich, vielleicht wahrscheinlich, daß die zur wirklichen Berufung des Betreffenden erforderliche condicio juris auch ohne das schädigende Ereignis eingetreten wäre. Also fehlt der Kausalzusammenhang zwischen Vorteil und Nachteil. So auch mit Recht die Motive zum BGB. II S. 784 (zu § 723 a. E.)." Daß die Erbschaft als solche, der Stamm des ererbten Vermögens nicht angerechnet wird, entspricht durchaus den Forderungen der Billigkeit, die Verschiedenheit des Rechtsgrundes für diesen Erwerb leuchtet ohne weiteres ein. Von der Möglichkeit, daß beim Fortleben des Mannes das Erbrecht der Witwe durch Scheidung, Enterbung, Hinzutritt konkurrierender Erben, durch Verbrauch des Vermögens u. dgl. rechtlich oder tatsächlich hätte beseitigt oder beeinträchtigt werden können, kann abgesehen werden, obgleich ein Vorteil der Witwe auch darin zu erkennen ist, daß der frühere Tod ihres Mannes sie gegen solchen möglichen Schädigungen ihrer Erbanwartschaft sichergestellt hat. Zweifellos hat sie aber dadurch einen Vorteil erlangt, daß sie früher in den Genuß des Manneserbes gekommen ist, und zwar erstreckt sich dieser Vorteil gerade auf denjenigen Zeitraum, für welchen sie Schadensersatz wegen Entziehung des Unterhalts fordert, nämlich bis zum mutmaßlichen natürlichen Tode des Mannes. Gleichwohl ist die Anrechnungsfähigkeit dieses Vorteils vom Reichsgericht bisher nicht anerkannt worden. Das Reichsgericht sagt zwar in der Entsch. v. 17. 12. 06 (JW. 07, 130[10]): „Was zunächst die Vermögensnutzungen, die der Getötete bezog, anlangt, so sind sie den Klägerinnen — d. h. der klagenden Witwe und Tochter — zur Bestreitung ihres Unterhalts durch den Tod insoweit nicht entzogen worden, als ihnen Vermögen, welches der Getötete besaß, als Erben zugefallen ist.“ Aber hiermit ist nicht die grundsätzliche Anrechnung von Erbschaftsnutzungen ausgesprochen, denn, wie sich aus dem Zusammenhange der übrigen Ausführungen des Urteils ergibt, soll sich die Anrechnung nicht auf den ganzen Betrag der Erbschaftsnutzungen beziehen, sondern nur auf denjenigen Teil, der hiervon schon bei Lebzeiten des getöteten Ernährers zu ihrem Unterhalt verwendet worden ist. Es handelt sich bei der Argumentation des Reichsgerichts nicht um compensatio lucri cum damno, sondern um eine Begrenzung des Schadens an sich. Das Reichsgericht geht davon aus, daß der Gegenstand des Schadensersatzanspruchs auf dasjenige gerichtet sei, was der Getötete während der mutmaßlichen Dauer seines Lebens nach seinen Vermögens- und Erwerbsverhältnissen aus seinen Mitteln den Klägerinnen nach den gesetzlichen Vorschriften zu ihrem Unterhalt zu gewähren verpflichtet gewesen wäre, soweit diese Bezüge den Klägerinnen infolge seines Todes entgangen seien. Danach geht es die einzelnen Erwerbsquellen des Getöteten durch, den Ertrag seiner Arbeit, seine Kapital- und Grundrente, die Nutzungen des Frauenvermögens usw., und prüft bei jeder einzelnen Position, ob diese Quelle durch seinen Tod für die Unterhaltsberechtigten versiegt sei, oder, wenn auch auf Umwegen, z. B. durch Erbgang vermittelt, weiter für sie fließe. Soweit letzteres der Fall, scheidet der betreffende Einnahmeposten für die Berechnung des Schadensersatzes aus, weil insoweit ein Schaden nicht entstanden sei. Diese praktische Argumentation hilft über die größten Bedenken, welche dem Grundsatz der Nichtanrechnung der Einkünfte aus der Erbschaft des Getöteten entgegenstehen, hinweg und verwirklicht einen Gedanken, der schon bei den Beratungen des BGB. in der Form eines Zusatzantrages zu § 724 (jetzt 844 BGB.) Ausdruck gefunden hatte. Nach diesem Antrage sollte dann, wenn infolge der Tötung einem Unterhaltsberechtigten Vermögen zugekommen sei, dieses Vermögen auf den zu leistenden Ersatz insoweit angerechnet werden, als der Getötete es, wenn er am Leben geblieben wäre, zur Erfüllung seiner Unterhaltspflicht verwendet haben würde. Der Antrag wurde nur deshalb nicht zum Gesetz erhoben, weil es wegen der Ungleichartigkeit der möglichen Fälle angemessen erschien, der Rechtsprechung freie Hand zu lassen. Das Reichsgericht hat den dem Antrage zugrunde liegenden Gedanken in der obigen Entscheidung zum Rechtssatz erhoben. Immerhin findet dabei kein Ausgleich zwischen den einzelnen Positionen der Schadensermittlung statt: wenn die Witwe aus den Einkünften ihres Erbteils nach dem Manne mehr Nutzungen erwirbt, als die Quote beträgt, die der Mann aus den Einkünften seines Vermögens auf ihren Unterhalt zu verwenden hatte, so wird dieser Vorteil z. B. nicht gegen den Schaden aufgerechnet, den sie dadurch erleidet, daß ihr die aus dem Arbeitseinkommen des Mannes zu deckende Unterhaltsquote entgeht.

Soweit der Unterhalt der Ehefrau aus dem Ertrage der Arbeit des Mannes zu bestreiten ist, versiegt diese Einnahmequelle regelmäßig mit seinem Tode. Aber nicht immer fallen mit seinem Tode die Erträgnisse seiner Arbeit vollständig fort. Die Witwenpension und ebenso — wie hier gleich bemerkt sein mag — die Waisengelder, welche der Witwe und den Kindern eines Staats-, Gemeinde- oder auch Privatbeamten auf Grund des Anstellungsverhältnisses zustehen, dienen an Stelle des bisherigen Gehalts oder der bisherigen Amtspension des Getöteten zum Unterhalt seiner Witwe und Kinder; in ihnen wirkt die frühere Erwerbstätigkeit des Ernährers fort. Soweit den Hinterbliebenen derartige Pensionsansprüche zustehen, ist ihnen der bisher in dem Amtseinkommen des Ernährers gewährleistete Unterhalt nicht im ganzen Umfange entzogen, sondern nur geschmälert, ihr Schaden also ein entsprechend geringerer. RG. 14. 12. 86, Bd. 17 S. 45; 5. 11. 06, JW. 07, 23[26]. § 843[4] BGB. steht dieser Auffassung nicht entgegen, denn der Staat, die Gemeinde, oder wer sonst die Witwen- und Waisenpension zahlt, ist nicht ein

„Anderer" im Sinne dieser Bestimmung, er gewährt die Hinterbliebenenfürsorge als Entgelt für die ihm von dem Beamten geleistete Arbeit an dessen Stelle und erfüllt damit gerade die dem Beamten obliegende Unterhaltspflicht gegenüber dessen Angehörigen. Witwen- und Waisenpension sind also regelmäßig auf den Ersatzanspruch anzurechnen. Dabei macht es keinen Unterschied, ob der Beamte Pensionsbeiträge gezahlt hat oder nicht. Vorausgesetzt ist aber, daß die Hinterbliebenenfürsorge gleichermaßen wie der Gehaltsanspruch des Beamten in den gesetzlichen oder organisatorischen Anstellungsbedingungen wurzelt und nicht einen besonderen, außerhalb der Amtsstellung gelegenen Rechtsgrund hat. Hatte der Getötete seine Frau durch einen besonderen privatrechtlichen Versicherungsvertrag gegen den Schaden, den sie durch Wegfall der Erträgnisse seiner Arbeit nach seinem Tode treffen würde, versichert, so sind dgl. Bezüge, gleichviel ob in Kapital- oder Rentenform zahlbar, für den Ersatzanspruch wegen entzogenen Unterhalts belanglos, d. h. nicht anzurechnen. Einer compensatio lucri cum damno steht hier entgegen, daß der Tod des Verunglückten, welcher den Haftpflichtanspruch begründete, bei der Entstehung des Rechts auf die versicherten Bezüge nicht als Ursache im Rechtssinne, sondern nur als Vertragsbedingung in Betracht kommt, während das Recht auf die Versicherungsleistungen in dem Versicherungsvertrage und den Leistungen des Getöteten ihren Entstehungsgrund haben. Es fehlt also bei beiden Ansprüchen an der Identität der rechtserzeugenden Tatsachen. RG. Bd. 10 S. 50; 5. 11. 06, JW. 07, 23[26]; 13. 7. 08, EE. 25, 192.

Da das Maß des Unterhalts, den die Ehefrau von ihrem Manne zu verlangen berechtigt ist, sich nach seinem Vermögen und nach seiner Erwerbsfähigkeit richtet, mithin durch Veränderungen hierin beeinflußt wird, so sind dgl. Veränderungen, welche nach dem Unfallstode des Mannes eintreten und — sein Fortleben vorausgesetzt — seine

Vermögens- und Einkommensverhältnisse beeinflußt haben würden, auch bei Bemessung des Ersatzanspruchs der Witwe zu berücksichtigen. Mit zunehmendem Alter pflegt die Erwerbsfähigkeit besonders der körperlich arbeitenden Personen abzunehmen, damit verringern sich die Einnahmen aus der persönlichen Arbeit und in Verfolg davon die Ansprüche der Ehefrau auf Unterhalt. Anderseits können auch Verbesserungen der Vermögens- und Einkommensverhältnisse des Mannes, die bei seinem Fortleben sicher eingetreten sein würden, z. B. Anfall einer Erbschaft, auf das Maß des der Ehefrau zu gewährenden Unterhalts und folgerichtig des ihr für dessen Entziehung zu leistenden Schadensersatzes einwirken.

Der Unterhaltsanspruch der Kinder ist mehr oder weniger von ihrer Bedürftigkeit abhängig. Bei minderjährigen unverheirateten Kindern schließt das Vorhandensein von Kindesvermögen an sich den Unterhaltsanspruch nicht aus; nur insofern dem Kinde eigene Einkünfte zu Gebote stehen, sei es aus Vermögen, sei es aus seiner Arbeit, wird hierdurch der Unterhaltsanspruch geschmälert oder ganz ausgeschlossen, je nachdem die eigenen Einnahmen des Kindes zu seinem Unterhalt zureichen oder nicht. Hieraus ergeben sich folgende Grundsätze: Ein voll erwerbsfähiges Kind, das sich durch seine Arbeit selbst erhalten kann, hat keine Ansprüche auf Unterhalt gegen die Eltern. Ebensowenig ein Kind, welches aus den Einkünften eigenen Vermögens unterhalten werden kann. Völlig gleichgültig ist es, woher das Vermögen oder die Einkünfte stammen, ob sie ihm insbesondere erst mit dem Tode des Vaters zugefallen sind, z. B. aus dessen Nachlaß als Erbteil oder Vermächtnis oder aus Versicherungsverträgen u. dgl.; auch die Waisenpension gehört hierher. Hier ist weiter kein Unterschied zu machen zwischen den einzelnen Arten von Einkünften, ob sie, wie die Waisengelder, als eine nach dem Tode des Vaters fortwirkende Erfüllung der väterlichen Unterhaltspflicht anzusehen sind oder ob sie eigene besondere Entstehungsursachen haben. Alle Einkünfte des Kindes einschließlich der Erträgnisse seiner Arbeit sind zusammenzurechnen, und wenn das Ergebnis zum standesgemäßen Unterhalt (§ 1610 BGB.) zureicht, ist kein Ersatzanspruch gegeben. Andernfalls ist das Fehlende zu gewähren. Dabei ist aber zu berücksichtigen, daß nach § 1610 Abs. 2 BGB. zum Unterhalt einer erziehungsbedürftigen Person auch die Kosten der Erziehung und der Vorbildung zu einem Berufe gehören.

Nur eine Einnahmequelle des Kindes hat bei Feststellung des Ersatzanspruchs unberücksichtigt zu bleiben, das ist der Unterhaltsanspruch, der ihm gegen einen Andern zusteht, und zwar gleichviel ob auf Grund Gesetzes oder auf Grund Vertrages, § 843 Abs. 4 BGB. in Verbindung mit § 13 Abs. 2 des Gesetzes. Der Zweck dieser Bestimmung ist, zu verhüten, daß die Schadensfolgen, welche durch die Tötung des primär Unterhaltspflichtigen entstehen, nicht zum ungerechtfertigten Vorteil des Haftpflichtigen auf den subsidiär Unterhaltspflichtigen abgewälzt werden. Daraus ergibt sich eine notwendige Einschränkung für den Fall, wo der subsidiär Unterhaltspflichtige aus dem Nachlaß des primär Unterhaltspflichtigen ein Vermögen überkommt, aus dessen Einkünften der letztere bei Lebzeiten ganz oder teilweise den Unterhaltsberechtigten unterhalten hat und weiter unterhalten haben würde, wenn er am Leben geblieben wäre. Der Fall wird immer dann praktisch, wenn der verunglückte Vater mit Hinterlassung eines sogenannten Berliner Testaments stirbt, so daß die Kinder nur Nacherben sind und bei Lebzeiten der Mutter keine eigenen Einkünfte aus ihrem Erbteil ziehen, sondern auf den Unterhalt angewiesen sind, den ihnen die Mutter zu geben hat; ferner dann, wenn der verunglückte Vater mit seiner Frau in Gütergemeinschaft gelebt hat, und nach seinem Tode die Gütergemeinschaft zwischen der Witwe und den Kindern fortgesetzt wird; denn auch hier haben die Kinder keine eigenen Einnahmen aus dem gemeinschaftlichen Vermögen. In solchen Fällen gewährt die Mutter den Kindern zwar den Unterhalt, aber aus denselben Mitteln, die bisher schon ganz oder anteilsweise dazu gedient haben, und die unter der Annahme des Fortlebens des Getöteten auch weiter in demselben Verhältnis dazu gedient haben würden. Insoweit das zutrifft, ist die Mutter nicht als eine „Andere" im Sinne des § 843[4] BGB. anzusehen. RG. 5. 11. 06, JW. 07, 23[26]. Insoweit der Unterhalt der Kinder aber nur zum Teil aus den Einkünften des auf die Witwe vererbten Kapitals oder sonstigen Vermögens, zum Teil dagegen aus andern Einnahmen, etwa aus dem nunmehr wegfallenden Arbeitseinkommen des Vaters bestritten worden ist, fällt der Witwe das, was sie zur Ergänzung der Unterhaltsansprüche der Kinder aus eigenen Mitteln — und seien es auch die durch Erbschaft vom Mann erlangten Mittel — zulegen muß, als eine neue selbständige Last zu. Die Witwe ist nun nicht berechtigt, den Schaden, der ihr auf diese Weise durch die Unterhaltspflicht der Kinder erwächst, aus eigenem Recht als ihren Schaden beim Haftpflichtigen zu liquidieren; ihr Anspruch gegen ihn ist auf den Ersatz für den ihr selbst entzogenen Unterhalt beschränkt, RG. 22. 10. 06, JW. 747[19]; 5. 11. 06, JW. 07, 23[26]; 16. 5. 07, JW. 388[5]. Aber den Eintritt dieses Schadens zu verhindern ist gerade der Zweck des § 843[4] BGB. Nur muß der Schadensersatz im Namen der Kinder gefordert werden. Ihre zum Klaggrund gehörige Bedürftigkeit kann durch den Hinweis auf ihr Unterhaltsrecht, das sie gegen ihre Mutter haben, nur insoweit nicht bestritten werden, als die Mutter gezwungen ist, zu dem Unterhalt der Kinder eigene Mittel zu verwenden oder das ererbte Mannesvermögen in weiterem Umfange in Anspruch zu nehmen, als dies beim Fortleben des Mannes hätte geschehen müssen. In Ansehung dieses aus Eigenem zuzuschießenden Mehrbetrages ist sie eine „Andere" als ihr Mann und Erblasser.

Zu § 843 Abs. 4 BGB. ist noch eine weitere Einschränkung zu machen. Ein erwerbsfähiges Hauskind, welches seine Bedürftigkeit damit begründet, daß es im Hauswesen oder Geschäft der Mutter pflichtmäßig unentgeltliche Dienste leiste (§ 1617 BGB.) und hierdurch an einer lukrativen Verwertung seiner Arbeitskraft verhindert sei, kann sich nicht darauf berufen, daß der Unterhalt, den es von seiner Mutter erhält, und der tatsächlich seine Bedürftigkeit beseitigt, wegen § 843[4] BGB. außer Betracht bleiben müsse. Die Dienstleistungspflicht des Kindes und sein Anspruch auf Unterhalt stehen in engstem innerlichen Zusammenhange. Sieht man für die Schadensberechnung von dem Unterhaltsrecht gegenüber der Mutter ab, so muß billigerweise auch die Gebundenheit der Arbeitskraft im Dienste der Mutter außer Ansatz gelassen werden. RG. 17. 12. 06, JW. 07, 131. Ein erwerbsfähiges Hauskind hat mithin keinen Ersatzanspruch, gleichviel ob es sich gegen Genuß des Unterhalts im Hause oder Geschäft der Mutter oder gegen Entgelt außer dem Hause betätigt.

10. Die Ersatzpflicht tritt auch dann ein, wenn der Dritte zur Zeit der Verletzung erzeugt, aber noch nicht geboren war. Hierüber siehe oben Anm. IV 4.

§ 11.

Im Falle der Verletzung des Körpers oder der Gesundheit ist der Schadensersatz durch Ersatz der Kosten der Heilung sowie des Vermögensnachteils zu leisten, den der Verletzte dadurch erleidet, daß infolge der Verletzung zeitweise oder dauernd seine Erwerbsfähigkeit aufgehoben oder gemindert oder eine Vermehrung seiner Bedürfnisse eingetreten ist.

I. Im Falle der Verletzung des Körpers oder der Gesundheit.

Was darunter zu verstehen sei, darüber siehe oben Anm. III u. IV zu § 7.

Der Schadensersatz des Verletzten ist im Falle der Körperverletzung beschränkt

a) auf den Ersatz der Heilungskosten,
b) auf den Vermögensschaden infolge Beeinträchtigung der Erwerbsfähigkeit,
c) auf den Vermögensschaden infolge Vermehrung der Bedürfnisse.

Der Verletzte kann diese drei Kategorien von Ersatzansprüchen nebeneinander, kumulativ geltend machen.

Für weiteren Schaden ist auf Grund dieses Gesetzes nicht Ersatz zu leisten. Vgl. aber § 16.

II. Ersatz der Kosten der Heilung.

Kosten der Heilung sind diejenigen besonderen Aufwendungen, welche nach einem Eingriff in die Integrität des Körpers zum Zwecke der Erhaltung des Lebens und der Wiederherstellung der Gesundheit oder auch nur zur Besserung des Krankheitszustandes, auch wenn keine völlige Heilung zu erwarten ist, gemacht werden (Eger S. 329). Auch solche Aufwendungen, welche zur Linderung des Leidens gemacht werden, gehören zu den Heilungskosten, RG. 7. 1. 07, EE. 23, 300. Die zum Reichshaftpflichtgesetz vor 1900 ergangene Rechtsprechung hatte den Begriff der Heilungskosten noch erheblich erweitert und insbesondere auch auf die Kosten für vermehrte Aufwartung und Pflege ausgedehnt, RG. 12. 11. 80 und 11. 2. 90, Bolze 9 Nr. 195. Damit wurde einem Bedürfnis gedient, da das Reichshaftpflichtgesetz in seiner ursprünglichen Fassung im Falle der Körperverletzung neben dem Ersatz für den durch Beeinträchtigung der Erwerbsfähigkeit entstehenden Schaden nur Ersatz der Heilungskosten gewährte. Nachdem durch Art. 42 EinfGes. z. BGB. auch der Schadensersatz infolge vermehrter Bedürfnisse als besondere Leistung des Haftpflichtigen in das Reichshaftpflichtgesetz aufgenommen worden ist, liegt ein Bedürfnis zur Festhaltung dieser Begriffserweiterung nicht mehr vor. Für das vorliegende Gesetz ist jedenfalls jener älteren Rechtsprechung nicht zu folgen und die Kosten, die sich aus einer über die Zeit der Krankheit hinaus sich erstreckenden gesteigerten Pflegebedürftigkeit ergeben, sind nicht zu den Heilungskosten zu rechnen, da sie unter dem besonderen Titel als „vermehrte Bedürfnisse" zu ersetzen sind. Der Begriff der Heilungskosten wird nunmehr auf die außergewöhnlichen Aufwendungen zu beschränken sein, welche nach einer Verletzung vorübergehend notwendig werden, um die körperliche Gesundheit nach Möglichkeit wiederherzustellen. Was dagegen nach Beendigung des seiner Natur nach vorübergehenden Krankheitsprozesses für eine voraussichtlich längere Zeit des Siechtums oder der Pflegebedürftigkeit an dauernden Ausgaben, auch für Arzt und Apotheker, notwendig wird, um das Leiden zu lindern, gehört zu den vermehrten Bedürfnissen. Übrigens kommt es praktisch nicht darauf an, ob eine Ausgabe zu den Heilungskosten oder zu den vermehrten Bedürfnissen gehört, da nicht nur die letzteren, sondern auch die Heilungskosten vorschußweise in Rentenform gefordert werden können (siehe unten).

Nicht alle Heilungskosten, die tatsächlich aufgewendet worden sind, müssen ersetzt werden, sondern nur, was notwendig und angemessen war und vernünftigerweise dem Heilungszweck dienen konnte. Was zweck- und sinnwidrig für törichte Heilungsversuche an Kurpfuscher bezahlt worden ist, braucht der Haftpflichtige nicht zu ersetzen; es fehlt der ursächliche Zusammenhang zwischen diesen Kosten und der Verletzung, OLG. Dresden 31. 5. 01, SE. 18, 239.

In der Regel werden nur die Kosten für einen Arzt zu erstatten sein; gleichzeitige Behandlung durch mehrere Ärzte muß besonders begründet werden, wie überhaupt der Verletzte die Notwendigkeit und Zweckmäßigkeit der aufgewendeten Kosten darzulegen hat. Auch außerordentliche Kurmittel, wie Badereisen, besonders kostspielige Heilbehandlung, Beschaffung künstlicher Glieder u. dgl. sind zu ersetzen, RG. 18. 9. 06, JW. 696[19], vorausgesetzt, daß die Anwendung dieser Mittel in einem vernünftigen Verhältnis zu dem zu erwartenden Erfolge steht (Eger S. 331, RG. 23. 9. 86, EE. 5, 79).

Als Kosten einer Krankenhausbehandlung, einer Badereise u. dgl. können nur die Mehrkosten gegenüber dem sonstigen, jetzt ersparten Bedarf während dieser Zeit in Betracht kommen, da andernfalls nicht Schadensersatz, sondern Bereicherung der Erfolg wäre (Eger S. 332).

Ob der Erfolg eines Heilungsversuchs erreicht worden ist, hat keinen Einfluß, sofern der Versuch überhaupt nur Erfolg versprach.

Wenn für die Vergangenheit Ersatz der Heilungskosten verlangt wird, so sind die tatsächlich aufgewendeten Beträge zu liquidieren. Es ist aber nicht erforderlich, daß die aufgewendeten Kosten schon bezahlt seien. Der Verletzte kann auch die vorschußweise Zahlung der künftig erst entstehenden Heilungskosten verlangen. Das ergibt sich aus dem Prinzip des § 249 BGB., wonach der Verletzte den zu seiner Herstellung erforderlichen Geldbetrag verlangen kann. Das Reichsgericht erklärt es in der Entsch. v. 7. 1. 07 (EE. 23, 300) auch hinsichtlich der Heilungskosten bei einem dauernden Krankheitszustande für zulässig, im voraus in Rentenform auch hierfür Ersatz zu fordern.

Der Anspruch auf Ersatz der Heilungskosten entsteht nur in der Person des Verletzten selbst. Sorgt ein Unterhaltspflichtiger, z. B. der Vater, für den erforderlichen Heilungsaufwand, so wird dadurch der Anspruch gegen den Ersatzpflichtigen nicht getilgt, weil der Unterhaltspflichtige seine eigene Unterhaltspflicht, nicht die fremde Ersatzpflicht erfüllt hat. Überdies findet § 843 Abs. 4 BGB. auch auf die Heilungskosten Anwendung. Nach der Entstehungsgeschichte dieser Bestimmung kann darüber kein Zweifel aufkommen, daß sie sich nicht bloß auf den Schadensersatzanspruch wegen Beschränkung der Erwerbsfähigkeit und Vermehrung der

Bedürfnisse beziehen soll, sondern daß damit ein allgemeiner, den ganzen Inhalt der Schadensersatzpflicht wegen Verletzung des Körpers und der Gesundheit umfassender Grundsatz aufgestellt werden sollte. RG. 7. 2. 07, JW. 168[5]. Der Verletzte behält also den Anspruch auf Ersatz der Heilungskosten gegen den Haftpflichtigen. Der Unterhaltspflichtige kann dagegen Ersatz seiner Aufwendungen vom Haftpflichtigen nur nach Abtretung der Forderung des Verletzten verlangen.

III. des Vermögensnachteils.

1. Erwerbsfähigkeit ist die Eigenschaft einer Person, durch Betätigung ihrer geistigen oder körperlichen Kräfte, also durch Arbeit, sich Einkommen zu verschaffen. Die Aufhebung oder Minderung dieser Fähigkeit ist unter allen Umständen eine Schädigung der Persönlichkeit, weil sie mit einem Verlust der Kräfte und der Freiheit, diese zu betätigen, verbunden ist. Einen Vermögensnachteil bedeutet der Verlust oder die Minderung der Erwerbsfähigkeit aber nur unter der Voraussetzung, daß der Verletzte die verlorene Arbeitskraft wirklich zum Erwerbe ausgenutzt haben würde. Das Gesetz gewährt Ersatz nicht schon für den Verlust der Erwerbsfähigkeit im abstrakten Sinne, sondern nur für den Vermögensnachteil, den der Verlust der Erwerbsfähigkeit nachweisbar im Gefolge hat, RG. Bd. 47 S. 88, 5. 3. 08, JW. 273[8]. Hatte der Verletzte seine Fähigkeit zum Erwerbe vor dem Unfall zum Zwecke des Erwerbs nicht ausgenutzt, hatte er als Rentner von seinen Zinsen gelebt, und ist auch nicht anzunehmen, daß er künftig seine Lebenshaltung geändert haben würde, so erleidet er mit dem Verlust seiner Erwerbsfähigkeit keinen Vermögensschaden und hat insoweit keinen Ersatzanspruch. Dasselbe gilt für den vom Reichsgericht entschiedenen Fall, daß der Verletzte trotz herabgeminderter Erwerbsfähigkeit von seinem bisherigen Dienstherrn unter denselben Lohnbedingungen wie bisher im Dienst behalten wurde; solange dies Verhältnis dauerte, blieb die Minderung seiner Erwerbsfähigkeit faktisch ohne Einfluß auf seinen Erwerb, RG. 21. 5. 08, JW. 451[17].

2. In manchen Lebensverhältnissen genießt der Arbeitende den Ertrag seiner Arbeit nicht selbst, dieser fließt vielmehr direkt einem Anderen zu. Hierher gehört das Verhältnis der Ehefrau zum Manne und dasjenige des Hauskindes zu seinen Eltern. Erstere ist nach § 1356 Abs. 2 BGB. da, wo es den Verhältnissen, in denen die Ehegatten leben, angemessen ist, zu Arbeiten im Hauswesen und im Geschäft des Manne verpflichtet, und in gleicher Weise legt § 1617 BGB. dem Kinde, solange es dem elterlichen Haushalt angehört und von den Eltern erzogen oder unterhalten wird, die Verpflichtung auf, in einer seinen Kräften und seiner Lebensstellung entsprechenden Weise den Eltern in ihrem Hauswesen und Geschäft Dienste zu leisten. Befand sich der Verletzte in dieser Lage, daß er seine Arbeitskraft lediglich im Hause oder Geschäft des Ehemannes oder der Eltern betätigte, so hat er für die Zeit, wo das bisherige Verhältnis fortgedauert haben würde, einen eigenen Vermögensnachteil durch die Beeinträchtigung seiner Erwerbsfähigkeit nicht erlitten, kann also auch keinen Ersatz beanspruchen, RG. 23. 4. 06, JW. 385[12]; 14. 6. 06, JW. 469[26]; 11. 2. 07, EE. 24, 37; 5. 3. 08, JW. 273[8]. Geschädigt sind hier vielmehr der Ehemann oder die Eltern, denen der Ertrag der Arbeit des Verletzten weiter zugeflossen wäre. Diese haben zwar nach bürgerlichem Recht, also unter der Voraussetzung, daß dem Haftpflichtigen selbst ein Verschulden an dem Unfall nachgewiesen würde, einen eigenen Ersatzanspruch (§ 845 BGB.); das vorliegende Gesetz gewährt ihnen als den nur mittelbar Geschädigten einen solchen Anspruch nicht, RG. 9. 4. 97, EE. 14, 157.

Zu beachten bleibt aber folgendes:

Sucht eine Ehefrau während der Ehe Erwerb außer dem Hause und Geschäft des Mannes, sei es durch Lohnarbeit, sei es durch den Betrieb eines eigenen Erwerbsgeschäfts, so gehört der Ertrag dieser Arbeit der Frau als Vorbehaltsgut (§ 1367 BGB.). Soweit solcher Erwerb in Frage steht, ist die Ehefrau selbst auch während des Bestehens der Ehe die Geschädigte, wenn sie durch eine erlittene Verletzung gehindert ist, solchem Erwerb weiter nachzugehen, RG. Bd. 42, 32; 11. 2. 07, EE. 24, 37. Dasselbe trifft zu, wenn sie zwar lediglich im Geschäft des Mannes mit tätig war, aber vom Manne eine regelmäßige Entschädigung für ihre Mitarbeit erhielt. Ein solches Entgelt würde dann einen Erwerb durch Arbeit darstellen (§ 1367 BGB.) und zum Vorbehaltsgut der Frau gehören. Ob die Mitarbeit der Frau sich in den Grenzen hielt, innerhalb deren der Mann sie unentgeltlich verlangen konnte, oder ob sie über das gesetzliche Pflichtmaß hinausging, ist nicht nach einem objektiven Maßstab zu beurteilen, sondern der Wille des Mannes entscheidet; wenn er die Dienste honoriert hat, so folgt daraus, daß er sie für solche ansah, auf die er in diesem Umfange einen gesetzlichen Anspruch nicht hatte oder nicht erheben wollte, RG. 8. 10. 06, JW. 751[23].

Aber auch da, wo die Ehefrau für ihre Dienste nicht besonders honoriert wird, erhält sie doch den Unterhalt vom Manne. Fällt nun infolge der Verletzung der Frau ihre Mitarbeit mehr oder weniger fort, und äußert das Schwinden dieser Hilfsquelle seinen Einfluß durch Abnahme der Einnahmen des Mannes, so kann der Mann, wie er überhaupt seine Ausgaben verhältnismäßig beschränken muß, künftig auch nur einen geringeren Betrag seiner geschmälerten Einnahmen auf den Unterhalt der Frau verwenden. Insoweit sich solche schädigende Rückwirkung des Unfalls auf den Unterhaltsanspruch der Ehefrau feststellen läßt, ist sie selbst geschädigt und daher berechtigt, Ersatz zu verlangen. RG. 26. 11. 00, Bd. 47, 84; 23. 3. 05, JW. 341[12]; 14. 6. 06, JW. 469[26]; 11. 2. 07, EE. 24, 37; 5. 3. 08, JW. 273[8]; 13. 7. 08, EE. 25, 192. Aus der Entscheidung vom 14. Juni 1906: „Zur Glaubhaftmachung des indirekten Schadens der Ehefrau bedarf es der Darlegung der Erwerbsverhältnisse des Ehemannes einerseits, der Familienverhältnisse — Zahl und Alter der Kinder, für die der Ehemann außer dem

Unterhalt der Frau Unterhalt zu gewähren hat — anderseits; aus beiden Faktoren kann dann erst der Betrag des auf die Ehefrau entfallenden Unterhalts und, auf Grund der Angaben über die Einbuße des Ehemanns infolge der der Frau zugefügten Beschädigung die etwaige Schmälerung der Unterhaltsbezüge der letzteren geschätzt werden." Soweit aber der Ehemann wegen nachgewiesenen Verschuldens des Haftpflichtigen aus § 845 BGB. den ihm durch Entziehung der Frauenarbeit erwachsenen Schaden liquidiert hat, ist damit der bezügliche Schadensersatzanspruch der Frau aufgezehrt, RG. 11. 2. 07, EE. 24, 37.

Schließlich ist immer die Möglichkeit gegeben, daß eine Ehefrau, auch wenn sie, wie bisher, so auch in absehbarer Zukunft ihre Arbeitskraft überhaupt nicht betätigen, sondern sich begnügen wird, das Hauswesen des Mannes zu leiten (§ 1356 Abs. 1 BGB.), durch eine Veränderung der Umstände, Rückgang der Vermögenslage, Invalidität des Mannes, Auflösung der Ehe, gezwungen werden kann, ihre Erwerbsfähigkeit für sich und ihre Familie zu gebrauchen. Damit ist in allen Fällen der Verletzung einer Ehefrau die Möglichkeit gegeben, daß sie künftig infolge der Verletzung einen Vermögensschaden wegen Erwerbsausfalls in eigener Person erleiden kann, RG. Bd. 39 S. 35; 5. 3. 08, JW. 273[8]; 13. 7. 08, EE. 25, 192. Diese Möglichkeit gewährt ihr zwar zurzeit keinen Leistungsanspruch auf Schadensersatz, wohl aber einen Feststellungsanspruch.

Während das Verhältnis der Frau zum Manne auf die Dauer gerichtet ist, pflegen die Hauskinder, wenn sie erwachsen und völlig erwerbsfähig und erwerbstätig sind, nur vorübergehend ihre Dienste unentgeltlich dem elterlichen Hauswesen und Geschäft zu widmen. Jedenfalls ist ihnen jederzeit die Möglichkeit gegeben, ihre Arbeitskraft selbständig und im eigenen Interesse zu verwerten. Deshalb ist bei ihnen schon die infolge einer Verletzung verringerte Möglichkeit, in andere Dienste zu treten und dort den üblichen Lohn zu verdienen, als ein Vermögensnachteil anzusehen, für den ein Ausgleich zu gewähren ist, RG. 20. 9. 95, Bolze 21 Nr. 261; 14. 5. 97, JW. 330[25]. Ebenso hat das Reichsgericht einer verletzten Haustochter, die trotz vorgerückter Jahre immer noch ohne bestimmtes Entgelt im Geschäft ihres Vaters als Leiterin seines Schankwirtschaftsbetriebes tätig war, zugebilligt, daß ihrer Schadensersatzforderung der gewöhnliche Ertrag einer solchen Erwerbstätigkeit zugrunde gelegt werde, wie sie ihn bezogen haben würde, wenn sie nicht im Gewerbebetriebe ihres Vaters, sondern bei einem Dritten eine solche Stellung eingenommen hätte, RG. 11. 4. 07, JW. 340[25].

3. Hat der Verletzte gleichzeitig mit dem Unfall und im Zusammenhang damit zwar einerseits eine Einbuße an seiner bisherigen Erwerbsfähigkeit erlitten, anderseits aber auch Vorteile gewonnen, so fragt sich, ob und inwieweit etwa diese Vorteile auf den Ersatzanspruch anzurechnen seien (compensatio lucri cum damno). Eine Anrechnung kann nur bei völliger Identität der rechtserzeugenden Tatsachen verlangt werden. Es wäre z. B. denkbar, daß durch Schreckwirkung bei dem Unfall eine auf nervöser Grundlage beruhende Lähmung oder sonstige Funktionsstörung in der Körperbeschaffenheit des Verletzten beseitigt worden wäre. Der Vorteil, den diese Besserung seines Körperzustandes für seine Erwerbsfähigkeit nach sich ziehen würde, wäre mit dem Nachteil aus der anderseits erlittenen Verletzung zu vergleichen und nur die etwaige Differenz zu vergüten.

War der Verletzte gegen Unfall versichert, so hängt allerdings der Vorteil, den er durch Zahlung des Versicherungskapitals oder der Rente erhält, aufs engste mit dem Unfall zusammen; ohne den Unfall würde er diese Vorteile nicht erlangt haben. Gleichwohl ist die Voraussetzung für die Anrechnung nicht gegeben. Das die Haftpflicht begründende Ereignis, das ist die Verletzung, löst zwar die Bedingung für den Anspruch des Verletzten auf die Versicherungssumme aus, ist aber hierfür nicht im Rechtssinne der Entstehungsgrund; der Rechtsgrund dieses Anspruchs beruht vielmehr auf dem Versicherungsvertrage und den gezahlten Prämien. Dasselbe gilt für alle Arten der Versicherung, insonderheit für die Pensionsversicherung, insofern sie auf einem besonderen privaten Versicherungsvertrage beruht.

Anders verhält es sich dagegen mit der Amtspension, die nicht auf einem besonderen, außerhalb der Amtsstellung des Verletzten gelegenen Rechtsgrunde, sondern ebenso wie der Gehaltsanspruch selbst unmittelbar in den gesetzlichen oder organisatorischen Anstellungsbedingungen wurzelt. RG. 5. 11. 06 (JW. 07, 23[26]): „Die Amtspension ist nicht das Erwerbsergebnis einer Ersparungstätigkeit des Beamten, sondern nur eine Form des Dienstgehalts, welches kraft Gesetzes oder auch Anstellungsvertrages im geminderten Betrage dem dienstunfähig gewordenen Beamten fortgewährt wird. Die Einbuße für den beschädigten, gesetzlich pensionsberechtigten Beamten, besteht also nicht in völliger Entziehung, sondern nur in einer Verringerung des Amtseinkommens. Es handelt sich hierbei nicht eigentlich um eine Vorteilsausgleichung, compensatio lucri. Vielmehr ist eben die Schadensfolge von vorneherein eine (um den Betrag der Pension) geringere.“ Ob der Beamte nach den Besoldungsgesetzen einen Beitrag zur Pensionskasse hat zahlen müssen, ändert nicht die rechtliche Beurteilung. Ein verletzter Beamter kann also als Schadensersatz für Erwerbsausfall nur die Differenz zwischen der Pension, die er nach dem Unfalle bezieht, und dem Gehalte, das er ohne den Unfall beziehen würde, verlangen. Die Beamtenpension kommt somit dem Haftpflichtigen zugute, der den verletzten Beamten mit Rücksicht auf die Pension nicht vollständig aus eigener Tasche zu entschädigen braucht. Diese Rechtslage kann aber durch Gesetz geändert werden, wie durch § 10 des Beamten-Unfall-Fürsorgegesetzes für die Reichsbeamten geschehen. Vgl. RG. 28. 6. 06, EE. 23, 270.

4. Der Vermögensnachteil kann die Zeit, in welcher die Erwerbsfähigkeit beeinträchtigt war, überdauern. Hat der Verletzte infolge der vorübergehenden Arbeitsunfähigkeit, welche durch die Verletzung verursacht war, seine Brotstelle verloren, so ist er auch nach wiederhergestellter Erwerbsfähigkeit so lange zu entschädigen, bis er eine neue Erwerbsmöglichkeit findet. Denn sein Erwerbsausfall ist auch in dieser Zeit dadurch verursacht, daß er infolge der Verletzung seine Erwerbsfähigkeit vorübergehend eingebüßt hatte.

IV. der Verletzte.

Der Anspruch auf Schadenserſatz auf Grund dieses Paragraphen entsteht nur in der Person des an seinem Körper oder an seiner Gesundheit Verletzten. Andere Personen, die mittelbar mit betroffen werden, sei es daß ihnen die Arbeitskraft des Verletzten gesetzlich (Ehemann, Eltern) oder vertraglich (Geschäftsherr, Dienstherrschaft usw.) verpflichtet war, sei es daß sie Unterhalt oder Unterstützungen vom Verletzten erhielten, oder daß sie dem Verletzten in seiner Invalidität Unterhalt gewähren müssen, oder daß sie ihm Krankengeld, Unfallrente, Pension zahlen müssen, können auf Grund dieses Gesetzes keine eigenen Ansprüche geltend machen. Die Unterhaltsberechtigten insbesondere haben nach § 10 nur für den Fall der Tötung ihres Unterhaltspflichtigen eigene Rechte. Solange der Letztere lebt, können sie sich nur an ihn halten und selbstverständlich auch die ihm zugesprochene Schadensersatzrente zur Befriedigung ihres Unterhaltsrechts in Anspruch nehmen (vgl. aber § 13 Abs. 2 des Gesetzes und § 850 ZPO.). Bei Bemessung der Ersatzrente des Verletzten ist aber nicht auf die Ansprüche der Unterhaltsberechtigten Rücksicht zu nehmen; die Rente ist nur nach dem eigenen Schaden des Verletzten, nach seinem Erwerbsausfall und nach Vermehrung seiner eigenen Bedürfnisse zu bemessen (Eger S. 431).

V. infolge der Verletzung.

Die Aufhebung oder Minderung der Erwerbsfähigkeit mit der dadurch bedingten Schadensfolge eines Erwerbsausfalls muß eine Folge der Verletzung sein. Dieser ursächliche Zusammenhang muß nicht nur in der Zeit zwischen Unfall und Klage, sondern in jedem Zeitabschnitt vorhanden sein, für den Schadensersatz gefordert wird. War schon zur Zeit des Unfalls die Erwerbsfähigkeit infolge Krankheit oder infolge eines früher erlittenen Unfalls aufgehoben oder gemindert, so kann insoweit der fortdauernde Erwerbsausfall keinen neuen Schadensersatzanspruch begründen, RG. 27. 9. 82, EE. 2, 352. War nur eine krankhafte Anlage vorhanden, durch deren Mitwirkung sich die Folgen der Unfallsverletzung schwerer gestaltet und infolgedessen die sonst vorhandene Erwerbsfähigkeit beeinträchtigt haben, so hat der Haftpflichtige zwar für den Erwerbsausfall einzustehen, in vollem Umfange aber nur bis zu dem Zeitpunkte, wo auch ohne den Unfall infolge der naturgemäßen Weiterentwicklung der Krankheitsanlage seine Arbeitsfähigkeit abgenommen haben würde, RG. 15. 2. 06, JW. 204[25]; 11. 10. 06, JW. 739[7]. Auch wenn nach dem Unfall Umstände hinzutreten, die ohne Zusammenhang mit der Verletzung als neue selbständige Ursache die Unfähigkeit zum Erwerb, wenn sie nicht schon als Folge des Unfalls früher eingetreten wäre, herbeigeführt haben würden, so ist insoweit, als die schädliche Wirkung der neuen Ursache erkennbar wird, der ursächliche Zusammenhang zwischen dem bestehenden Verlust der Erwerbsfähigkeit und der Verletzung aufgehoben. RG. 11. 5. 08 (JW. 434[11]): „Auszugehen ist hierbei davon, daß in Fällen, wo ein Schadensersatz in Form von Rentenzahlungen zu leisten ist, es auf das Kausalitätsverhältnis für jeden einzelnen Zeitabschnitt ankommt, so daß, wenn nach dem vom Ersatzpflichtigen zu vertretenden ursächlichen Vorgange unabhängig von diesem ein neuer Umstand eintritt, der denselben Schaden ganz oder teilweise ohnehin ebenfalls verursacht haben würde, insoweit jene Ersatzpflicht wegfällt." Als solche Umstände kommen namentlich in Betracht die Abnahme der Kräfte im höheren Lebensalter,

Krankheit, ein neuer Unfall. OLG. Braunschweig 22. 10. 07 (EE. 24, 273): „Der Haftpflichtige darf nicht zur Erstattung eines entzogenen Erwerbes für eine Zeit verurteilt werden, in welcher der Verletzte diesen Erwerb nachweislich nicht gehabt haben würde. Die Klägerin, welche in der Zeit vom 1. Juli bis 30. November 1905 infolge des mit dem Unfall in keinem Zusammenhange stehenden Rheumatismus auch ohne den Unfall ganz erwerbsunfähig gewesen sein würde, kann daher für diese Zeit keine Entschädigung verlangen." Würde aber die spätere Schadensursache, z. B. ein neuer Unfall, an sich von einem Dritten zu vertreten sein, und tritt dessen Schadensersatzpflicht lediglich um deswillen nicht ein, weil der Schaden schon früher verursacht worden war, so wirkt die frühere Ursache insoweit eben noch fort, als dem Beschädigten um ihretwillen der Schadensersatz von seiten des Dritten entgeht, den er sonst zu fordern gehabt haben würde, RG. 11. 5. 08, JW. 434[11]. In solchen Fällen bleibt also der bisherige Haftpflichtige auch weiterhin verpflichtet.

Der ursächliche Zusammenhang zwischen dem Erwerbsausfall und der Verletzung wird auch dadurch gestört, daß zwar die Beeinträchtigung der Arbeitskraft als Folge der Verletzung andauert, aber durch äußere Umstände, die außerhalb eines Zusammenhangs mit der Verletzung stehen, die Erwerbsmöglichkeit ohnehin, also auch bei vorhandener Fähigkeit, beseitigt ist, z. B. während einer Aussperrung von Arbeitern, einer allgemeinen Arbeitslosigkeit, während der Verbüßung einer Freiheitsstrafe, RG. 9. 10. 90, Bolze 10 Nr. 279c. Der Arbeitsunfähige erleidet aber auch im Gefängnis dadurch einen Ausfall an Erwerb, daß ihm der Anteil am Arbeitsverdienst entgeht, der den arbeitenden Gefangenen regelmäßig gutgeschrieben und bei guter Führung ausbezahlt wird, wenn sie entlassen werden. Auch die Verheiratung einer verletzten Frau kann von Belang sein, da die Möglichkeit der Ehefrau, eigenen Erwerb zu haben, beschränkt ist.

VI. zeitweise oder dauernd.

Der Zeitraum, für welchen Schadensersatz zu leisten ist, kann ganz in der Vergangenheit liegen, dann steht fest, daß die Erwerbsbeschränkung nur eine zeitweise war, und aus den vorliegenden Tatsachen läßt sich ermitteln, ob die Erwerbsfähigkeit während dieser Zeit gänzlich aufgehoben oder nur herabgemindert war. Meist wird der Zeitraum sich über die Gegenwart hinaus in die Zukunft erstrecken. Sein Ende findet der Ersatzanspruch entweder durch vollständige Wiederherstellung der Gesundheit oder darin, daß durch Hinzutritt neuer Tatsachen, welche selbständig die fortbestehende Erwerbsbeschränkung ursächlich tragen, der Kausalzusammenhang zwischen ihr und dem Unfall gelöst wird. Als solche Umstände kommen das zunehmende Lebensalter, künftige Krankheiten, ein neuer Unfall und dgl. in Betracht. Für die Frage, ob die vorhandene Beschränkung der Erwerbsfähigkeit als eine zeitweilige oder als eine dauernde anzusehen sei, kommt es lediglich darauf an, ob eine Wiederherstellung der Gesundheit in absehbarer und begrenzbarer Zeit zu erwarten ist. Ist dies der Fall, dann muß sofort im Urteil der Zeitpunkt bestimmt werden, mit dem die Zahlung der Schadensersatzrente aufhört. Wenn z. B. ein Sachverständiger sagt, daß seiner Annahme nach der Verletzte in 3 bis 6 Monaten von den Folgen des Unfalls vollständig hergestellt und also nicht mehr in seiner Erwerbsfähigkeit beeinträchtigt sein werde, dann ist es unrichtig, die der gegenwärtigen Erwerbsbeschränkung entsprechende Rente bis zum 70. Lebensjahre zuzusprechen, RG. 12. 12. 07, EE. 24, 286. Kann der Zeitpunkt der voraussichtlichen Wiederherstellung dagegen nicht mit hinreichender Zuverlässigkeit im voraus bestimmt werden, so muß die Rente dauernd zugesprochen und dem Haftpflichtigen überlassen werden, die Aufhebung des Urteils herbeizuführen, sobald seine Voraussetzung, die fortdauernde Erwerbsbehinderung weggefallen ist, RG. 25. 2. 07, EE. 24, 45.

Ist abzusehen, daß von einem schon im voraus mit hinreichender Zuverlässigkeit bestimmbaren Zeitpunkte ab eine Besserung eintreten und der Verletzte einen bestimmbaren Teil seiner zurzeit aufgehobenen oder herabgeminderten Erwerbsfähigkeit wieder erlangen wird, so ist demgemäß die Höhe der Rente verschieden zu bestimmen. Andernfalls muß es dem Verfahren aus § 323 ZPO. überlassen werden, das Urteil mit der später veränderten Sachlage in Einklang bringen zu lassen.

VII. Erwerbsfähigkeit.

Über den Begriff siehe oben Anm. III.

Das Rechtsgut, für dessen Beschädigung Ersatz zu leisten ist, ist die Erwerbsfähigkeit, freilich nicht im abstrakten Sinne, sondern nur insoweit die Beschädigung einen Vermögensnachteil für den Verletzten bedeutet. Die Erwerbsfähigkeit ist ein Rechtsgut von sehr verschiedenem Werte, je nach der sozialen Stellung des Verletzten, der Art seiner Erwerbstätigkeit, seiner persönlichen Tüchtigkeit usw. Aber auch bei der einzelnen Person behält die Erwerbsfähigkeit nicht immer denselben Wert; beim Kinde fehlt sie gänzlich, allmählich entwickelt sie sich und steigt mit Zunahme der körperlichen und geistigen Kräfte, um, wenn ein gewisser Höhepunkt überschritten ist, im Alter allmählich wieder abzunehmen und schließlich ganz aufzuhören. Abgesehen von diesem regelmäßigen Entwicklungsgang können zufällige Ereignisse mannigfacher Art gelegentlich zeitweilige oder dauernde Steigerungen oder Minderungen des Wertes der Erwerbsfähigkeit herbeiführen. Trifft ein schädigendes Ereignis die Erwerbsfähigkeit eines Menschen, so kann nicht ihr zufälliger Wert gerade im Augenblick der Schädigung für die Ermittlung des Schadens für alle Zeiten maßgebend sein. Solche Art der Schadensermittlung würde dem veränderlichen Werte der Erwerbsfähigkeit nicht gerecht werden. Deshalb kommt es grundsätzlich nicht darauf an, was der Verletzte gerade in der letzten Zeit vor dem Unfall tatsächlich verdient hat; es ist vielmehr zu ermitteln, was er in derjenigen Zeit, für die Schadensersatz wegen Erwerbsbeschränkung gefordert wird, verdient haben würde, wenn er den Unfall nicht erlitten hätte, RG. 5. 12. 07, EE. 24, 371; 5. 3. 08, JW. 273[8]; 21. 5. 08, EE. 25, 164. Um dies zu ermitteln, hat der Richter die gesamten Lebensverhältnisse des Verletzten, seinen Gesundheitszustand, seine bisherige Erwerbstätigkeit, sowie alle Umstände, welche nach den Regeln der Lebenserfahrung künftig seine Erwerbsfähigkeit und ihr wirtschaftliches Ergebnis wahrscheinlich beeinflußt haben würden, zu würdigen. Bei aufgehobener Erwerbsfähigkeit stellt der ermittelte Betrag den Schaden dar, bei verminderter Erwerbsfähigkeit die Differenz zwischen diesem Betrage und dem, was der Verletzte auch so noch verdienen kann.

War der Verletzte vor dem Unfall erwerbstätig gewesen und schließt sich die Beeinträchtigung seiner Erwerbsfähigkeit unmittelbar an den Unfall an, so bildet jene Tätigkeit die praktische Grundlage für die Abschätzung des Schadens, RG. 19. 1. 91, SeuffArch. 46, 305 und die zuletzt oben angeführten drei Urteile. Dabei ist jede Art von Erwerb zu berücksichtigen, mit Ausnahme des unerlaubten, dem der Rechtsschutz versagt werden muß. Unerlaubter Erwerb aus gewerbsmäßigem Glücksspiel, aus Bettel, aus Gewerbsunzucht, gewerbsmäßiger Kuppelei und sonstigen strafbaren Handlungen wie Schmuggel und dgl. — vorausgesetzt, daß deutsche Zollgesetze übertreten werden — kann nicht einer Schadensersatzforderung wegen Beeinträchtigung der Erwerbsfähigkeit zur Begründung dienen; hierher gehören auch unerlaubte Trinkgelder und unerlaubter Nebenerwerb der Beamten, KG. 20. 6. 78, DJZ. 195, Eger S. 337. Im übrigen kommt es aber auf die Art des Erwerbes nicht an: auch Erwerb aus Nebenbeschäftigungen, aus erlaubten Trinkgeldern ist zu entschädigen; bei Beamten nicht nur das Gehalt, sondern auch der Wohnungsgeldzuschuß, die durchschnittlichen Ersparnisse an Tagegeldern, Reisekosten, sonstigen Dienstaufwandsentschädigungen und dgl. (Anders bezüglich der Ortszulagen RG. 12. 11. 80, EE. 1, 306/308 und auch bezüglich noch anderer Bezüge Eger S. 351, 352). Abzüge, die einem Beamten gemacht werden, bleiben bei Feststellung seiner dienstlichen Einnahmen außer Betracht, sofern sie gegenwärtigen wirtschaftlichen Bedürfnissen des Beamten dienen, wie Abzüge zur Kleiderkasse. Dagegen sind Abzüge zu Pensions-, Witwen- und Waisenkassen und dgl. zu berücksichtigen, d. h. bei Berechnung der wirklichen Einnahmen nicht mitzurechnen, weil hierdurch das Gesamteinkommen des Beamten in der Tat geschmälert wird. RG. 14. 12. 86, Bd. 17, 45: „Müßte sich der Beamte von seinem Gehalte gewisse Abzüge z. B. zur Pensionskasse, gefallen lassen, so bildet der um diese Abzüge verminderte Gehaltsbetrag die Höchstgrenze seiner Schadensforderung.“ (Ebenso RG. 12. 1. 80, EE. 1, 306, a. M. Eger S. 352.)

In der Regel ist davon auszugehen, daß der Verletzte den Verdienst, den er zur Zeit des Unfalls hatte, auch in Zukunft gehabt haben würde, RG. 14. 12. 86, Bd. 17, 45. Dabei kommt es aber nicht auf augenblickliche Zufälligkeiten an, es ist vielmehr die Lebens- und Erwerbsstellung des Verletzten im allgemeinen in Betracht zu ziehen und nötigenfalls auf einen längeren vergangenen Zeitraum zurückzugreifen, um zu ermitteln, was er bisher im Durchschnitt verdient hat, RG. 20. 9. 95, EE. 12, 234, Bolze 21, 261. Bei einem Gelegenheitsarbeiter, der nachweisbar gewohnheitsmäßig an einem Teil der Arbeitstage aus freien Stücken bisher gefeiert hat, ist anzunehmen, daß er diese Gewohnheit auch künftig fortgesetzt haben würde; ihm ist daher nur ein Teil seiner verlorenen Erwerbsfähigkeit zu entschädigen.

Da die Vermutung für die Fortdauer des bisherigen Erwerbs spricht, so braucht der Verletzte für die Regel nur nachzuweisen, welchen Erwerb er bisher durchschnittlich gehabt hat. Ergeben sich aus dem vorliegenden Sachverhalt

Umstände, die eine künftige Veränderung der Erwerbsverhältnisse wahrscheinlich machen, so hat der Richter von Amts wegen eine Prüfung dieser Umstände vorzunehmen. Denn da es sich um Schadensermittlung handelt, so entscheidet das Gericht hierüber unter Würdigung aller Umstände nach freier Überzeugung (§ 287 ZPO.). Im übrigen ist es aber Sache des Haftpflichtigen, solche besonderen Umstände vorzubringen und nachzuweisen, aus denen sich die Annahme einer künftigen Schadensminderung ergibt. Anderseits muß der Verletzte es begründen, wenn er behaupten will, daß sein Erwerb sich künftig vermehrt haben würde, RG. 5. 12. 07, EE. 24, 371.

Zu den von vornherein in Rechnung zu ziehenden Umständen gehört für die Regel auch der Einfluß, welchen naturgemäß das zunehmende Lebensalter auf die Arbeits- und Erwerbsfähigkeit des Menschen ausübt und bei normalem Verlauf der Dinge auch ohne Dazwischentreten des Unfalls im gegebenen Falle ausgeübt haben würde, RG. 28. 6. 06, JW. 548[15]. Deshalb ist in der Regel die Rente wegen Aufhebung oder Minderung der Erwerbsfähigkeit dem Verletzten von vornherein nicht unvermindert bis ans Lebensende zuzusprechen, sondern unter Berücksichtigung der gegebenen Umstände, insonderheit der Berufsart und der körperlichen Verfassung vor der Verletzung die Grenze festzusetzen, von der ab infolge der abnehmenden Lebenskraft der Erwerb ohnedies zurückgehen oder aufhören würde, RG. 16. 1. 08, JW. 140[10]. Die Entscheidung des Reichsgerichts vom 27. 11. 05 (EE. 23, 245) hebt hervor, daß die Bemessung der Dauer der Rente später — im Wege der Abänderungsklage — nicht leichter sei, wie gegenwärtig; „es sei unter Zugrundelegung der jetzt zu ermittelnden persönlichen Verhältnisse des Verletzten von der Annahme auszugehen, daß er sich ohne den Unfall so in seiner Gesundheit und Arbeitsfähigkeit erhalten hätte, wie es der Regel entspreche.“ Nur unter besonderen Umständen, und nicht leicht bei körperlich Arbeitenden, wird angenommen werden dürfen, daß dem Verletzten die unverminderte Erwerbsfähigkeit bis ins hohe Greisenalter hinein erhalten geblieben sein würde, RG. 23. 3. 05, JW. 283[4]; 15. 6. 05, JW. 493[19]; 19. 3. 06, JW. 308[18]. Ausnahmsweise hat das Reichsgericht dem Verletzten die Rente auf Lebenszeit zugesprochen: in der Entsch. v. 14. 12. 86 (Bd. 17, 45) mit der Begründung, weil der Kläger den Nachweis erbracht habe, daß er ein besonders gesunder und lebenskräftiger Mann sei, so daß die Annahme gerechtfertigt erscheine, er werde auch über das 65. Lebensjahr hinaus dienstfähig bleiben; in der Entsch. v. 6. 2. 05 (JW. 213[21]) mit Rücksicht auf die Stellung der Klägerin als Hausdame, weil bei dieser Stellung das Erfordernis körperlicher Kraft gegenüber andern Eigenschaften zurücktrete. Vgl. auch die Entsch. v. 1. 3. 06 (JW. 237[23]), wo die Erwägung gebilligt wird, daß bei einer weiblichen Person dienenden Standes, die gezwungen sei, bis an ihr Lebensende dem Erwerbe nachzugehen, ein erheblicher Nachlaß der Erwerbsfähigkeit und der Erwerbsmöglichkeiten auch in höherem Alter nicht einzutreten pflege. In der Entsch. v. 3. 4. 06 (EE. 23, 51) wurde die zeitliche Unbegrenztheit der Rente für bedenkenfrei erklärt, weil jeder sichere Anhalt dafür fehle, daß der Erwerb des Klägers — der freilich auch in diesem Falle nicht auf Betätigung körperlicher Kraft und Gewandtheit beruhte — mit zunehmendem Alter sich mindern müsse. Vgl. auch RG. 14. 5. 06, EE. 23, 65. In der Entsch. v. 14. 11. 07 (EE. 24, 306) wurde die Rente zeitlich unbeschränkt zugesprochen, weil der Verletzte trotz des bereits zurzeit erreichten hohen Alters, in welchem normalerweise die Erwerbsfähigkeit schon aufgehört zu haben pflegt, noch erwerbsfähig war; in solchem Falle, wo die gewöhnlichen Lebenserfahrungen versagten, könne dem Richter nicht zugemutet werden, irgendeine zeitliche Grenze zu setzen. Ist die Einwirkung des zunehmenden Alters zurzeit nicht mit der erforderlichen Bestimmtheit zu beurteilen, so erachtet das Reichsgericht in der Entsch. v. 20. 1. 08 (JW. 140[11]) es für zulässig, die Rente auf Lebenszeit zuzusprechen, dabei aber den Betrag der Rente etwas niedriger zu bemessen und hierdurch dem Haftpflichtigen einen Ausgleich für die ihm durch die zeitliche Unbeschränktheit der Rente auferlegte größere Last zu gewähren. „Ein solcher Ausgleich könnte dadurch geschaffen werden, daß die einzelnen Renten etwas niedriger als der Betrag des in der betreffenden Periode dem Verletzten entgehenden Verdienstes angesetzt würden. Er mag aber nach Umständen auch da vorliegen, wenn die durch den Unfall aufgehobene oder geminderte Erwerbsfähigkeit des Verletzten im ganzen als Gegenstand der Ersatzleistung in der Art bewertet ist, daß der gesamte Rentenbezug das nach freier Überzeugung des Gerichts entsprechende Äquivalent für den erlittenen Erwerbsverlust bildet, und danach die einzelnen Rentenbezüge innerhalb der Rentendauer nur die auf die einzelnen Jahre verteilten Teile jener Gesamtvergütung darstellen."

War der Verletzte schon vor dem Unfall kränklich, so muß geprüft werden, inwiefern diese Kränklichkeit und ihre aus andern Gründen, z. B. dem zunehmenden Alter, abzuleitende Steigerung in späterer Zeit im Zusammenhalt mit der Art der Erwerbstätigkeit des Verletzten vor und nach diesem Zeitpunkte voraussehen lassen, daß auch ohne den Unfall der Verletzte sein früheres Einkommen nicht bis an sein Lebensende behalten haben würde, die Minderung also teilweise auch ohne den Unfall eingetreten sein würde, RG. 15. 2. 06, JW. 204[25].

Bei einem Beamten ist anzunehmen, daß zur normalen Zeit seine Pensionierung erfolgt sein, und daß er danach an Stelle des bisherigen Gehalts nur die geringere Pension bezogen haben würde. Bis zu diesem Zeitpunkt besteht der aus der Verletzung herrührende Schaden in der Differenz zwischen der Pension, die ihm tatsächlich nach dem Unfall gezahlt wird, und dem Gehalt usw., das er ohne den Unfall bezogen haben würde; nach diesem Zeitpunkt dagegen in der Differenz zwischen der Pension, die ihm wirklich gezahlt wird, und der Pension, die er beziehen würde, wenn er bis zum normalen Alter im Dienst geblieben sein würde. Dieser letztere Betrag ist ihm bis an sein Lebensende zu zahlen. RG. 21. 5. 08, EE. 25, 166.

Eine künftige Veränderung der Verhältnisse kann auch zu einer künftigen Erhöhung des mutmaßlichen Erwerbsausfalls und damit zu einer Erhöhung der Schadensrente führen, z. B. wenn die niedrigen Löhne zur Zeit des Unfalls später infolge eines allgemeinen wirtschaftlichen Aufschwungs erheblich steigen, oder wenn wegen jugendlichen Alters des Verletzten seine Arbeitskraft vor der Verletzung noch nicht als volle Mannesarbeitskraft bewertet wurde. Namentlich in den Beschäftigungen mit berufsmäßiger Vorbildung pflegt die Arbeitskraft mit zunehmender Reife und Erfahrung des Arbeiters allmählich steigend bewertet zu werden. Auch der Übergang zu einer besser bezahlten Erwerbsstellung, die Gründung eines selbständigen Geschäfts u. a. m. kommen für die Verbesserung des künftigen Erwerbes in Frage, RG. 21. 5. 08, EE. 25, 164. Macht der Verletzte mit Rücksicht auf die ihm entgangene Verbesserung seiner Erwerbsaussichten und Möglichkeiten höhere Ansprüche geltend, so gibt der allgemeine Grundsatz des § 252 BGB. über den entgangenen Gewinn die Richtschnur für die Beurteilung. Danach gilt als entgangen der Gewinn, welcher nach dem gewöhnlichen Lauf der Dinge oder nach den besonderen Umständen, insbesondere nach den getroffenen Anstalten und Vorkehrungen mit Wahrscheinlichkeit erwartet werden kann. Entfernte Möglichkeiten braucht der Richter nicht zu berücksichtigen, RG. 30. 6. 91, Bolze 12, Nr. 233. In erster Linie kommt es auf den normalen Verlauf der Dinge an; es ist anzunehmen, daß der Verletzte dasselbe, aber auch nicht mehr erreicht haben würde, was im Durchschnitt jeder Berufsgenosse erreicht. RG. 19. 1. 91, SeuffArch. 46, 305. Bei einem Beamten ist stets auf die in den Gehaltsgesetzen für Beamte seiner Klasse vorgesehenen Zulagen

Rücksicht zu nehmen, RG. 23. 5. 89, Bolze 8, 226. Erfahren die Gehaltsgesetze später eine Änderung dahin, daß der Beamtenklasse, der der Verletzte früher angehörte, höhere Bezüge gewährt werden als früher, so nimmt auch der Verletzte an dieser Aufbesserung insofern teil, als ihm der Haftpflichtige die Ersatzrente erhöhen muß, derart, daß er einschließlich seiner etwaigen Pension ebensoviel erhält, wie seine im Dienst befindlichen gleichaltrigen Berufsgenossen. Die Erhöhung der Rente wegen nachträglicher Änderung der Gehaltsgesetze muß notwendig im Wege der Abänderungsklage aus § 323 ZPO. durchgesetzt werden, während die auf Grund der bestehenden Gehaltsgesetze in Aussicht stehenden Zulagen im ersten Prozeß geltend gemacht werden können und bei Gefahr, diesen Anspruch zu verlieren, geltend gemacht werden müssen, RG. 26. 10. 06, JW. 767[39]; 1. 11. 06, JW. 768[40]. Ob der Beamte ein Recht auf die Zulagen hat, ist gleichgültig, wenn sie nur tatsächlich in der Regel bewilligt werden, RG. 23. 5. 89, Bolze 8, 226.

Es ist nicht ausgeschlossen, daß unter besonderen Umständen auch als wahrscheinlich unterstellt werden kann, der Verletzte werde besseren Erwerb erzielt haben, als der Durchschnitt seiner Genossen. Als solche besonderen Umstände kommen hervorragende Begabung und bereits im Beruf erzielte Erfolge in Betracht.

Auf die bloße Absicht, sich durch Berufswechsel einen lohnenderen Erwerb zu schaffen, kommt es nicht an, solange nicht mindestens der Wille in erkennbarer Weise nach außen hervorgetreten und die beabsichtigte Änderung bereits angebahnt ist, ROHG. 12. 10. 74, Bd. 14, 341. Namentlich dann, wenn der Verletzte bisher seine Arbeitskraft hat brachliegen lassen, wird seine Behauptung, daß er beabsichtigt habe, seine Arbeitskraft künftig zu verwerten, nur dann Beachtung verdienen, wenn entweder die äußeren Umstände eine Sinnesänderung gerade zur fraglichen Zeit verständlich erscheinen lassen, oder aber aus den bereits getroffenen Anstalten und Vorkehrungen die Absicht deutlich erkennbar hervortritt. In einem vom Reichsgericht entschiedenen Falle war die Ersatzforderung darauf gestützt, daß die 19jährige Klägerin seit längerer Zeit im Einverständnisse mit ihren Eltern und ihrem Bräutigam die Absicht gehabt hatte, ein Damenschneidereigeschäft zu begründen; es wurde unterstellt, daß sie ohne den Unfall diese Absicht ausgeführt und dadurch einen jährlichen Reinverdienst von 1000 Mark gehabt haben würde, RG. 20. 1. 08, IW. 140[11].

Insoweit die künftigen Verhältnisse in der Gegenwart eine zuverlässige Beurteilung bereits zulassen, sind die für die Zukunft anzunehmenden Veränderungen aber auch schon gleich bei der ersten Festsetzung der Rente zu berücksichtigen. Es ist zwar durch § 323 ZPO. Vorsorge getroffen, daß auch nach rechtskräftiger Festsetzung der Rente künftige Veränderungen im Wege der Abänderungsklage berücksichtigt werden können. Das erste Urteil ist also insoweit nicht notwendig endgültig. Aber die Abänderungsklage kann nur mit solchen nachträglichen Veränderungen begründet werden, die nicht schon zur Zeit des ersten Prozesses voraussehbar waren und berücksichtigt werden konnten. Wenn z. B. im ersten Rechtsstreit die Rente eines verletzten Beamten lediglich nach seiner Gehaltsstufe zur Zeit des Unfalls ohne Rücksicht auf die nach der damaligen Lage der Gehaltsgesetze in gewisser Aussicht stehenden Zulagen festgesetzt worden ist, so kann später mit der Klage aus § 323 ZPO. eine Erhöhung der Rente mit dem Hinweis auf diese Zulagen, in deren Genuß die Altersgenossen des Verletzten inzwischen gelangt seien, nicht begründet werden, RG. 1. 11. 06, IW. 768[40]. Auch abgesehen von dieser Rechtslage ist es mit Rücksicht auf möglichste Verminderung der Prozesse praktisch empfehlenswert, den Schadensersatz von vornherein so zu begrenzen, daß er der voraussichtlichen künftigen Gestaltung der Dinge gerecht wird. Dabei sind die allgemeinen Lebenserfahrungen zugrunde zu legen und in der Regel ein normaler Verlauf der Dinge zu unterstellen, RG. 19. 3. 06, JW. 308[13]; 15. 2. 06, JW. 204[25]; 28. 6. 06, JW 548[15]. Gewißheit ist, da es sich um künftige Dinge handelt, nicht zu verlangen, Wahrscheinlichkeit genügt. Gestaltet sich die Zukunft doch wider Erwarten, so daß sich die Annahmen des ersten Urteils als irrig herausstellen, so bleibt nunmehr der Ausweg der Abänderungsklage.

Der Schaden an der Erwerbsfähigkeit kann auch gänzlich erst der Zukunft angehören, für künftige Zeiten erst erwartet werden, während in der Gegenwart ein Schaden noch gar nicht vorhanden ist. Es hat z. B. jemand infolge des Unfalls eine Trübung des einen Auges erlitten, die ihn als solche in seiner Erwerbsfähigkeit nicht behindert; wenn er aber in Zukunft infolge irgendeines unglücklichen Ereignisses die Sehkraft des zweiten gesunden Auges einbüßen sollte, so würde damit die Möglichkeit gegeben sein, daß durch die jetzt unschädliche Trübung des einen Auges seine Erwerbsfähigkeit herabgemindert werden könnte, RG. 4. 12. 05, JW. 06, 92[16]. In einem andern vom Reichsgericht entschiedenen Falle war der Verletzte zurzeit gänzlich hergestellt und gesund; es bestand aber nach dem Gutachten des Sachverständigen die Möglichkeit, daß sich später aus gewissen Narben Krankheiten entwickeln könnten. In solchen Fällen ist regelmäßig die Leistungsklage zurzeit nicht zulässig, da die Möglichkeit des zukünftigen Schadenseintritts ganz ungewiß ist. Sobald dagegen, wenn auch in späterer Zeit, der Schaden zur Entstehung gelangt, ist auch ein Ersatzanspruch gegeben, vorausgesetzt, daß der ursächliche Zusammenhang zwischen Schaden und Unfall nachweisbar ist. Und auch schon vorher kann der durch den künftigen Eintritt eines Schadens zurzeit noch bedingte Ersatzanspruch zum Gegenstande einer Feststellungsklage gemacht werden. RG. 13. 11. 05, JW. 06, 16[14]: „Die Feststellungsklage darf aber nicht deshalb abgewiesen werden, weil mit hohem Grade von Wahrscheinlichkeit anzunehmen ist, daß Kläger in seinem späteren Erwerb und Fortkommen nicht beeinträchigt worden wäre." Mit der Feststellungsklage kann sich der Rentner, der wie bisher, so auch künftig von seinen Zinsen leben will, ohne erwerbstätig zu sein, für die niemals auszuschließende Möglichkeit eines künftigen Vermögensverlustes sichern, der ihn zwingen würde, einen Erwerb durch Arbeit zu suchen.

Weil nicht die zur Zeit des Unfalls vorhandene Erwerbsfähigkeit den Gegenstand des Schadensersatzes bildet, so kann es darauf nicht ankommen, ob der Verletzte zur Zeit des Unfalls erwerbsfähig war, oder ob seine Erwerbsfähigkeit damals gerade wegen anderweiter Krankheit zeitweise aufgehoben war, oder ob sie damals wegen jugendlichen Alters überhaupt noch gar nicht entwickelt war. Wird durch die Verletzung eines Kindes diese Entwicklung gehemmt, so daß der erst vorhandene Keim einer künftigen Erwerbsfähigkeit zerstört wird, so tritt von dem Augenblick an, wo bei normalem Verlauf die Erwerbsfähigkeit entstanden und ausgenutzt worden sein würde, die Aufhebung der Erwerbsfähigkeit als Schadensquelle in Wirksamkeit.

Bei Kindern wird nun freilich kaum zweifelhaft sein können, daß sie ohne den Unfall erwerbsfähig geworden sein würden, und meist, namentlich bei Knaben, wird auch ohne weiteres angenommen werden können, daß sie ihre Erwerbsfähigkeit auch ausgenutzt haben würden. Aber die Umstände allgemeiner und lokaler Natur, von denen die Gestaltung der künftigen Erwerbsverhältnisse, insbesondere die Berufswahl, abhängt, können sich bis zum Eintritt des erwerbsfähigen Alters des Kindes so wesentlich ändern, daß die Verhältnisse der Gegenwart als geeignete Grundlage für eine Verurteilung zur Leistung überhaupt nicht anzusehen sind. Auch wird sich kaum voraussehen lassen, ob und in welchem Umfange die künftige Erwerbsfähigkeit infolge der Verletzung beeinträchtigt sein, also ein Schaden entstehen wird. Die Abschätzung des Schadens wird deshalb regelmäßig unmöglich sein, da sich die künftigen Erwerbsverhältnisse, die Berufswahl und der Einfluß der Verletzung auf den Beruf nur sehr selten mit hinreichender Zuverlässigkeit werden übersehen lassen. Deshalb ist regelmäßig bei verletzten Kindern zur Sicherung der Schadensersatzansprüche wegen Aufhebung oder Minderung der Erwerbsfähigkeit die Feststellungsklage der gegebene Weg. RG. 1. 3. 06, JW. 236[23]; 5. 4. 06, JW. 359[21]; 25. 2. 07, EE. 24, 44; 30. 10. 07, JW. 832[9]; 5. 3. 08, JW. 273[8]; 14. 5. 06, EE. 23, 65; 31. 5. 06, JW. 472[33]. Grundsätzlich ist aber auch die Leistungsklage auf Rente wegen Minderung der zurzeit noch gar nicht vorhandenen, aber für künftig zu erwartenden Erwerbsfähigkeit eines verletzten Kindes nicht ausgeschlossen, RG. 14. 5. 06, EE. 23, 65. Sie wird namentlich bei Mädchen, deren Erwerbsmöglichkeiten überhaupt, wenigstens für gewisse Stände, von einfacherer Art zu sein pflegen, dann praktikabel sein, wenn dem Klaganspruch nur die allereinfachste Erwerbsmöglichkeit aus dienender Tätigkeit oder einfacher weiblicher Handarbeit zugrunde gelegt wird, RG. 1. 3. 06, JW. 236[23]. Die prozessuale Zulässigkeit der Klage auf künftige wiederkehrende Leistungen auf Grund des § 258 ZPO. ist nicht dadurch bedingt, daß zurzeit wenigstens eine Leistung bereits fällig sei. Es ist also prozessual zulässig, für ein verletztes Kind den erst nach Jahren mit Eintritt des erwerbsfähigen Alters fälligen, annoch erst bedingten Anspruch auf Rente auch dann einzuklagen, wenn zurzeit keine Rente, auch nicht wegen vermehrter Bedürfnisse, fällig ist, RG. 18. 6. 06, EE. 23, 77.

Die Vermutung spricht dafür, daß Kinder im Stande des Vaters erzogen werden und einen entsprechenden Beruf ergreifen. Waren aber zur Zeit der Verletzung bereits Anstalten getroffen, das Kind einer höheren Laufbahn zuzuführen, befand es sich schon im Vorbereitungsdienst, so ist bei normaler Begabung auch anzunehmen, daß es die vorgeschriebenen Prüfungen bestanden und das übliche Ziel erreicht haben würde, OLG. Braunschweig 1. 11. 86, EE. 6[6].

VIII. aufgehoben oder gemindert.

Bei gänzlicher Aufhebung der Erwerbsfähigkeit besteht der Schaden in dem vollen Betrage, den der Verletzte verdient haben würde, wenn er nicht verletzt worden wäre. Bei teilweiser Erwerbsunfähigkeit ist dieser Betrag um so viel zu kürzen, als der Verletzte durch Ausnutzung des ihm gebliebenen Restes von Erwerbsfähigkeit noch verdienen kann. Ob er wirklich arbeitet und verdient, darauf kommt es nicht an, sondern nur darauf, ob er bei verminderter Arbeitsfähigkeit die Möglichkeit eines Erwerbes hat. Hat der Verletzte nach dem Gutachten des sachverständigen Arztes 75 % seiner Arbeitskraft endgültig eingebüßt, so wird zu erwägen sein, ob der ihm gebliebene stümperhafte Rest seiner Arbeitsfähigkeit auf dem Arbeitsmarkt überhaupt noch irgendeinen Wert hat. Ist das zu verneinen, so liegt Aufhebung der Erwerbsfähigkeit vor, RG. 21. 1. 92, EE. 9, 144; 29. 5. 99, EE. 16, 161.

Zu der Feststellung, daß ein dem Verletzten gebliebener Rest von Arbeitsfähigkeit noch einen Erwerb ermöglicht, genügt nicht, daß der Haftpflichtige selbst sich erbietet, den Verletzten in Lohn und Brot zu nehmen. Der Verletzte kann nicht gezwungen werden, seine Dienste auf Lebenszeit nur einem Einzelnen gerade zu widmen. Das würde dem Prinzip der persönlichen Freiheit in wirtschaftlicher Beziehung widerstreiten, RG. 9. 2. 85, Bolze 1, 615. Es kann deshalb nur darauf ankommen, ob der verbliebene Rest von Arbeitskraft auf dem allgemeinen Arbeitsmarkte noch verwertbar ist, ob er noch einen gemeinen Wert hat. Anderenfalls ist die Erwerbsfähigkeit völlig aufgehoben, ROHG. 5. 11. 75, Bd. 19, 12; RG. 21. 11. 79, EE. 1, 18. Wenn der Verletzte aber auf das Anerbieten des Haftpflichtigen eingegangen ist und tatsächlich in dessen Dienst seinen Erwerb findet, so ist, solange das Verhältnis besteht, dieser Erwerb bei der Frage, ob und in welcher Höhe ein

Schaden durch Erwerbsausfall entstanden sei, zu berücksichtigen, RG. 13. 7. 83, EE. 3, 95; 21. 5. 08, JW. 451[17].

Tritt dauernde Untauglichkeit zu der bisherigen Beschäftigung ein, so ist zu unterscheiden, ob es sich um einen ungelernten Arbeiter oder um den Angehörigen eines Berufs handelt, zu dem eine größere Vorbildung, ein Studium oder auch nur eine längere praktische Lehrzeit gehört. Der ungelernte Arbeiter — und dazu sind auch solche Personen, auch Beamte, zu rechnen, die zu Beginn ihrer früheren Beschäftigung eine kürzere Zeit der Unterweisung und praktischen Übung genossen und sich einige zu ihrem Dienst erforderliche Geschicklichkeit angeeignet haben — ist an die bisherige Beschäftigung nicht gebunden und kann sich, nötigenfalls mit geringer Mühe, einer anderen Arbeit zuwenden, zu der seine Kräfte vielleicht noch ausreichen. Sein Ersatzanspruch wegen mangelnder Erwerbsfähigkeit ist nicht schon damit begründet, daß er zu seiner bisherigen Arbeit untauglich oder minder tauglich geworden ist; er muß vielmehr dartun, daß er auch auf anderen Gebieten des Erwerbslebens nichts mehr oder nicht mehr soviel wie früher verdienen kann. RG. 20. 11. 02, EE. 19, 340; 4. 3. 82, EE. 2, 227; 14. 10. 82, EE. 2, 367; 3. 2. 83, EE. 3, 1; 8. 1. 03, EE. 20, 129; 22. 9. 83, EE. 3, 108. Es ist ihm aber nicht zuzumuten, seinen Wohnsitz aufzugeben und sich anderweit Arbeit zu suchen, RG. 6. 10. 90, Bolze 10, Nr. 279 b; 28. 4. 86, Bolze 3, Nr. 394.

Der Berufsarbeiter dagegen (Handwerker, Kaufmann, Gelehrte usw.) ist im allgemeinen nicht verpflichtet, sich einem andern Berufe zuzuwenden. Es könnten überhaupt nur solche Berufsarten für einen Wechsel in Frage kommen, die den Kenntnissen, dem Bildungsgrade und der gesellschaftlichen Stellung des Verletzten in gleichem Maße wie der bisherige Beruf entsprechen. Aber auch unter dieser Voraussetzung kann ihm der Wechsel nicht zugemutet werden, wenn er die Elemente des andern Berufs erst von neuem erlernen müßte, RG. 29. 4. 84, EE. 3, 351; 8. 1. 03, EE. 20, 129;

19. 6. 85, Bd. 14, 125. Der Berufsarbeiter substantiiert seinen Anspruch auf Ersatz für Verlust der Erwerbsfähigkeit genügend damit, daß er infolge der Verletzung untauglich ist, seine bisherige Erwerbsstellung oder eine andere gleicher Art auszufüllen.

Ist ein Kind verletzt, so muß bei dessen Berufswahl darauf Bedacht genommen werden, die ihm gebliebenen Fähigkeiten nach Möglichkeit auszunutzen. Denn nach § 254 BGB. in Verbindung mit § 9 des Gesetzes besteht dem Haftpflichtigen gegenüber die Pflicht, auf Minderung des Schadens Bedacht zu nehmen; ein Verschulden des gesetzlichen Vertreters in dieser Beziehung würde nach § 278 BGB. dem Kinde anzurechnen sein (vgl. Anm. V, 3 zu § 9). Diese Pflicht kann aber nicht zur Aufhebung des freien Selbstbestimmungsrechts führen und das Kind in einen Beruf hineinzwingen, der seinen Anlagen und Neigungen völlig widerspricht. Es kommt auch darauf an, ob die Berufswahl zur Zeit der Verletzung schon stattgefunden hatte. RG. 20. 11. 02, Bd. 53, 48; OLG. Dresden 24. 6. 07, SeuffArch. 63, 20.

IX. eine Vermehrung seiner Bedürfnisse.

Hierher gehören die Aufwendungen für besondere Pflege und Bedienung, für besondere Kost, namentlich stärkende Zusatznahrungsmittel, für eine gesündere, teurere Wohnung, desgl. die Umzugskosten, wenn ein Wechsel eintreten mußte, für besondere Kleidung (Geradehalter, Bandagen, Gummistrümpfe), für besondere Apparate und Instrumente wie Schienen, Krücken, künstliche Glieder, Gehmaschine, Fahrstuhl, für Badereisen, für dauernde ärztliche Behandlung, Arzneien, Kurmittel, im Prinzip auch die Heilungskosten, die aber als besonderer Titel erwähnt sind (s. Anm. II), RG. 14. 5. 06, EE. 23, 64; 7. 1. 07, EE. 23, 300. In der ersteren Entscheidung, bei der es sich um einen 11jährigen Knaben handelte, dem infolge der Verletzung beide Beine amputiert waren, wurde auch der Mehraufwand für besonderen Privatunterricht zugebilligt. Die Wiederherstellung der Gesundheit ist das nächste, größte Bedürfnis des Verletzten; die hierauf verwendeten Kosten der notwendigste Mehrbedarf. Aber auch wenn Heilung ausgeschlossen oder doch für absehbare Zeit nicht zu erreichen ist, muß dem Verletzten das Weiterleben nach Möglichkeit erträglich gemacht werden. Für das Maß der Aufwendungen ist in erster Reihe der Zustand des Verletzten entscheidend; es müssen aber auch die sozialen Verhältnisse in Betracht gezogen werden.

Die Zuerkennung des Schadensersatzes wegen vermehrter Bedürfnisse erfolgt für die Zukunft nach § 13 in Form einer Rente. Das setzt einen Zustand von Dauer voraus, der eine Abschätzung der notwendigen Aufwendungen und auch ihre zeitliche Begrenzung gestattet. Bei dieser Abschätzung und Begrenzung sind aber auch die künftigen Änderungen in dem Zustande des Verletzten zu berücksichtigen, wie sie bei Unterstellung eines normalen Verlaufes nach den vorhandenen Erfahrungen als wahrscheinlich anzunehmen sind. Stellt sich später heraus, daß die tatsächlichen Annahmen des Urteils in wesentlichen Punkten irrig gewesen sind, so ist die Abänderungsklage aus § 323 ZPO. zur Abhilfe gegeben.

§ 12.

Der Ersatzpflichtige haftet:

1. im Falle der Tötung oder Verletzung eines Menschen nur bis zu einem Kapitalbetrage von fünfzigtausend Mark oder bis zu einem Rentenbetrage von jährlich dreitausend Mark,
2. im Falle der Tötung oder Verletzung mehrerer Menschen durch dasselbe Ereignis, unbeschadet der in Nr. 1 bestimmten Grenze, nur bis zu einem Kapitalbetrage von insgesamt einhundertfünfzigtausend Mark oder bis zu einem Rentenbetrage von insgesamt neuntausend Mark,

3. im Falle der Sachbeschädigung, auch wenn durch dasselbe Ereignis mehrere Sachen beschädigt werden, nur bis zum Betrage von zehntausend Mark.

Übersteigen die Entschädigungen, die mehreren auf Grund desselben Ereignisses nach Abs. 1 Nr. 1, 3 zu leisten sind, insgesamt die in Nr. 2, 3 bezeichneten Höchstbeträge, so verringern sich die einzelnen Entschädigungen in dem Verhältnis, in welchem ihr Gesamtbetrag zu dem Höchstbetrage steht.

1. Die Begrenzung der Entschädigungssummen, welche der bisherigen Haftpflichtgesetzgebung fremd ist, rechtfertigt sich durch die geringere Leistungsfähigkeit der Automobilhalter im Verhältnis zu den Eisenbahnunternehmern. Es soll durch die Begrenzung den Automobilhaltern in weitgehendem Maße ermöglicht werden, sich durch erschwingliche Prämienzahlungen gegen Haftpflicht zu versichern. Durch diese Versicherungsmöglichkeit erhalten die Verletzten eine gewisse Gewähr, daß sie ihren erstrittenen Schadensersatzanspruch auch zur vollen Durchführung bringen können. Anderseits genügt die Höhe der Sätze für die Regel. Denjenigen Personen, für deren Lebensansprüche die Sätze nicht ausreichen, muß es überlassen bleiben, sich selbst noch außerdem gegen Unfall zu versichern.

2. Für den Fall des Personenschadens wird unterschieden, ob ein Mensch oder ob bei demselben Unfall mehrere Menschen getötet oder körperlich verletzt worden sind. Die Haftsummen der Ziffer 1 begrenzen schlechthin die Ersatzansprüche, die aus Anlaß der Tötung oder Verletzung eines Menschen an den Haftpflichtigen gestellt werden, also gleichviel ob er das einzige Opfer war oder Genossen im Unglück hatte. Das ist im Gesetz durch die zu Ziffer 2 eingefügten Worte „unbeschadet der in Nr. 1

bestimmten Grenze" zum Ausdruck gebracht. Sind mehrere Verunglückte vorhanden, so tritt eine weitere Schranke hinzu, insofern der Haftpflichtige allen Ansprüchen aus den mehreren Beschädigungen zusammen nur bis zur Haftsumme von 150000 Mk. Kapital oder 9000 Mk. Jahresrente genügen muß. Diese zweite Haftsumme kann erst Bedeutung erlangen, wenn mindestens vier Personen bei demselben Unfall verletzt worden sind.

Für den Fall des Sachschadens ist nur eine einzige Haftsumme von 10000 Mk. festgesetzt, gleichviel ob eine oder mehrere Sachen beschädigt worden sind. Also auch wenn nur eine einzige, besonders wertvolle Sache beschädigt worden ist, kann Ersatz hierfür bis zu 10000 Mk. beansprucht werden.

Sind durch dasselbe Ereignis Personen und Sachen beschädigt worden — häufig wird die Kleidung des Verletzten beschädigt sein —, so erhöht sich die Gesamthaftung; der Ersatzpflichtige haftet für den Personenschaden bis zu den Haftsummen der Ziffer 1 und 2 und daneben für den Sachschaden bis zur Haftsumme der Ziffer 3.

Es kommen nur solche Sachbeschädigungen in Frage, für die nach diesem Gesetz Ersatz zu gewähren ist. Hat der Haftpflichtige aus anderen Rechtsgründen, z. B. auf Grund eines Beförderungsvertrages, auch Ersatz für solche Sachen zu leisten, zu deren Beförderung das Kraftfahrzeug diente, so ist dieser außerhalb des vorliegenden Gesetzes stehende Ersatz nicht auf die Haftsumme anzurechnen.

3. Die Haftsumme von 50000 Mk. Kapital bzw. 3000 Mk. Jahresrente begrenzt die Summe aller Ansprüche, die nach der Verletzung oder Tötung eines Menschen von dem Verletzten selbst und von den übrigen ersatzberechtigten Personen auf Grund dieses Gesetzes erhoben werden. Wenn es sich um die Bemessung der Ersatzforderung der Unterhaltsberechtigten handelt, so ist deshalb alles das zu berücksichtigen und in Anrechnung zu bringen, was bei Lebzeiten des Getöteten an Heilungskosten, an Ersatz für Er-

werbsausfall und vermehrte Bedürfnisse und nach seinem Tode für die Beerdigung gezahlt worden ist.

Wird, wie es die Regel bildet, der Ersatz in Rentenform zugesprochen, so bezieht sich diese Form doch nicht auf alle Ersatzforderungen. Die Heilungskosten sind regelmäßig, die Beerdigungskosten immer im ganzen, also in Kapital zu ersetzen. Es kann also Kapitalentschädigung und Rentenentschädigung nebeneinander zu leisten sein. Dadurch darf der Haftpflichtige nicht schlechter gestellt werden. Ist ein Teil des Schadensersatzes in Kapital geleistet, und hat sich dadurch das Restkapital, das im Falle völliger Kapitalentschädigung höchstens noch zu zahlen wäre, entsprechend herabgemindert, so muß sich auch, wenn die weitere Entschädigung in Rentenform gewährt werden soll, der Höchstbetrag der Jahresrente entsprechend vermindern. Betragen z. B. die Heilungs- und die Beerdigungskosten 2000 Mk. = 4% von 50 000 Mk., so würde der Höchstbetrag der den Unterhaltsberechtigten zuzusprechenden Jahresrente sich gleichfalls um 4% von 3000 Mk. = 120 Mk. verringern, also nur noch 2880 Mk. betragen.

4. Abs. 2 sieht den Fall der Konkurrenz mehrerer Ersatzberechtigter auf die Haftsumme vor, und zwar für folgende Fälle:

a) es sind bei demselben Unfall mehrere Personen getötet oder verletzt worden, und die auf Grund dieser mehreren Schadensfälle erhobenen Ersatzansprüche übersteigen die Haftsumme der Ziffer 2,

b) entweder es ist zwar nur eine Sache beschädigt worden, es erheben aber mehrere Personen Ersatzansprüche aus diesem Schadensfall, z. B. der Eigentümer des beschädigten Hauses verlangt Ersatz der zur Wiederherstellung nötigen Kosten, und der Mieter verlangt Ersatz für den Schaden, daß er eine Zeitlang die Mieträume nicht benutzen, sein darin betriebenes Gewerbe nicht ausüben kann, oder es sind mehrere Sachen bei demselben Unfall beschädigt worden, für die von mehreren Geschädigten Ersatz verlangt wird,

— und die Ersatzforderungen der mehreren Haftgläubiger übersteigen die Haftsumme der Ziffer 3.

In diesen Fällen ermäßigen sich die konkurrierenden Forderungen in demselben Verhältnis, in welchem ihr Gesamtbetrag zur Haftsumme (bei a 150000 Mk. bzw. 9000 Mk., bei b 10000 Mk.) stehen. Bei diesem Ausgleich kommen die einzelnen Forderungen, wenn sie ursprünglich nach §§ 10, 11 des Gesetzes höher als die Einzelhaftsummen der Ziffern 1 und 3 gewesen sein sollten, nur mit den gemäß Ziffer 1 und 3 ermäßigten Beträgen in Rechnung; denn nach den Gesetzesworten verringern sich die nach Abs. 1 Ziffer 1, 3 zu leistenden Entschädigungen. Es kann also vorkommen, daß eine zweimalige Minderung eintritt.

Der Ausgleich zwischen mehreren Personen, die auf die Haftsumme konkurrieren, bietet keine Schwierigkeiten, wenn sämtliche Ansprüche gleichzeitig in demselben Gerichtsstand erhoben werden, sei es, daß die Kläger sich von vornherein zu einer Streitgenossenschaft vereinigen (§ 60 ZPO.), oder daß das Gericht die mehreren Prozesse verbindet (§ 147 ZPO.). Schwierigkeiten ergeben sich aber, wenn die konkurrierenden Ersatzansprüche bei verschiedenen Gerichten und namentlich dann, wenn sie nacheinander erhoben werden. Es kann auf diese Weise vorkommen, daß ein Teil der Ansprüche unverkürzt rechtskräftig zugesprochen wird und die Gesamthaftsumme ganz erschöpft oder so weit aufzehrt, daß der oder die übrigen Ansprüche nicht mehr voll daraus befriedigt werden können. Es fragt sich, in welcher Weise nachträglich sich der Ausgleich zwischen den konkurrierenden Forderungen zu vollziehen hat. Das Gesetz hat absichtlich (vgl. den Bericht der Reichstagskommission), um eine störende Kasuistik zu vermeiden, die besondere Regelung des Falles einer nachträglichen Neuverteilung unterlassen, zumal es nach der Unfallstatistik fast nie vorkomme, daß bei demselben Automobilunfall mehrere Personen — abgesehen von den Insassen, für die das Gesetz nicht gilt — verletzt würden; „es seien zwei Lösungen möglich, entweder man erkläre den Halter für zahlungspflichtig und überlasse es ihm, von den übrigen Beschädigten das zuviel Gezahlte zurückzufordern, oder man verweise die Anspruchsberechtigten auf eine gegenseitige Auseinandersetzung."

Darüber kann kein Zweifel sein, daß die Geschädigten, die auf Grund ihrer tatsächlichen Priorität mehr erhalten haben, als ihnen bei Berücksichtigung der späteren Ersatzforderung des neuen Gläubigers nach Abs. 2 zukam, dies Mehr ohne Rechtsgrund erhalten haben und demjenigen, auf dessen Kosten sie hierdurch bereichert sind, herausgeben müssen (§ 812 BGB.). Es fragt sich aber, ob die Zahlungen, die der Haftpflichtige an die nichtberechtigten Gläubiger geleistet hat, dem späteren Gläubiger gegenüber wirksam sind, ob sich also der Haftpflichtige diesem gegenüber auf die tatsächliche Erschöpfung der Haftsumme auch insoweit, als er an Nichtberechtigte gezahlt hat, berufen und es jenem überlassen darf, sich mit der Bereicherungsklage zu behelfen, oder aber ob dem neuen Gläubiger die Einrede der Haftsumme nur insoweit entgegengestellt werden kann, als die konkurrierenden Forderungen der Mitgeschädigten nach Abs. 2 berechtigt sind.

Bei Beurteilung der Frage, welche von beiden Lösungen der Gerechtigkeit und Billigkeit mehr entspricht, ist meines Erachtens davon auszugehen, daß es sich im § 12 um eine Ausnahmevorschrift handelt, durch die in singulärer Weise die wohlbegründeten Rechte der Geschädigten zugunsten des Haftpflichtigen beschnitten werden. Das führt zu einer einengenden Auslegung, soweit nicht der klare Wortlaut und Sinn der Vorschrift dem entgegensteht. Wenn in Abs. 2 gesagt ist, daß sich die einzelnen Entschädigungen verhältnismäßig verringern, so ist hiermit meines Erachtens die äußerste Grenze für die Verringerung der Forderungen gezogen. Soviel wie hiernach von der Forderung des Geschädigten übrigbleibt, will ihm das Gesetz auch garantieren, und es kann deshalb dem Haftpflichtigen nicht noch das weitere Recht zugebilligt werden, einen Geschädigten, der seinen Anspruch später geltend macht wie andere — vielleicht weil der sein Klagerecht erzeugende Schaden erst später hervorgetreten ist — mit dem Einwande, daß die Haftsumme für die andern Geschädigten schon ausgegeben sei, abzuspeisen und auf den Bereicherungsanspruch aus § 816 Abs. 2 BGB. gegen seine Konkurrenten zu verweisen. Nach der hier vertretenen Auffassung kann § 816 Abs. 2 BGB. überhaupt keine Anwendung finden, weil die ohne inneren Rechtsgrund gewährten Mehrleistungen des Haftpflichtigen an die früheren Gläubiger dem neuen Gläubiger gegenüber nicht wirksam sind. Bei der gegenteiligen Ansicht würde sich überdies die Rechtslage dahin verschieben, daß der Haftgläubiger die Grundlagen seines Haftpflichtanspruchs gar nicht dem Haftpflichtigen, sondern lediglich seinen Mitgeschädigten gegenüber nachzuweisen hätte.

Der Haftgläubiger muß also dem neuen Gläubiger dasjenige gewähren, was diesem nach Abs. 2 zukommt, und es bleibt ihm überlassen, die Mehrbeträge, die er an die andern Gläubiger über das Pflichtmaß hinaus, also ohne Rechtsgrund, gezahlt hat, nach §§ 812, 813 BGB. zu kondizieren.

Die Frage dürfte übrigens voraussichtlich nur selten praktisch werden. Denn wenn schon die Zahl der Fälle, in denen mehr als drei Personen, die nicht zu den Insassen des Fahrzeugs gehören dürfen, bei einem Unfall verunglücken, verschwindend ist, ist die Möglichkeit, daß die Frage praktisch werden könnte, noch durch die Vorschrift weiter gerückt, daß bei Personenschaden der Ersatz regelmäßig in Rentenform zu zahlen ist. Bei dieser Form der Entschädigung erneuert sich die Haftsumme alle Jahre, so daß eine nachträgliche Neuverteilung keine Schwierigkeiten bietet. Die Rechtskraft der früheren Urteile beseitigt der

Haftpflichtige im Wege der Abänderungsklage aus § 323 ZPO., da die nachträgliche Geltendmachung einer Forderung, deren Konkurrenz die Höhe des Urteilsanspruchs beeinflußt, als eine wesentliche Änderung derjenigen Verhältnisse zu erachten ist, welche für die Bestimmung der Höhe der Urteilsleistung maßgebend waren. Bei Sachschaden, für den in Kapital Ersatz zu leisten ist, ist eine Konkurrenz mehrerer Geschädigter auf die unzureichende Haftsumme zwar denkbar; dagegen wird hierbei die nachträgliche Geltendmachung von Ersatzforderungen kaum vorkommen, weil Sachschaden wohl stets sofort erkennbar wird.

Dagegen kann eine im Gesetz nicht ausdrücklich vorgesehene Konkurrenz mehrerer Unterhaltsberechtigter (z. B. der Kinder und der Ehefrau) auf die Haftsumme der Ziffer 1 vorkommen. Auch hier müssen sich die mehreren Entschädigungen in analoger Anwendung des Grundsatzes in Abs. 2 verringern. Bei nachträglicher Geltendmachung eines Ersatzanspruchs muß das oben Gesagte gelten.

5. Die Einrede der Haftsumme setzt voraus, daß die Forderungen, mit deren Konkurrenz der Haftpflichtige die beantragte Verkürzung der Klagforderung begründet, ihm gegenüber zu Recht bestehen. Sofern sie nicht rechtskräftig feststehen, hat er zu beweisen, daß sie in der geltend gemachten Höhe begründet sind. Mit Rücksicht hierauf wird bei klagloser, vergleichsweiser Kapitalabfindung eines Geschädigten für den Haftpflichtigen Vorsicht geboten sein, er wird insbesondere zu seiner Sicherheit die Personen zuziehen müssen, die auf Grund desselben Unfalls Ersatzansprüche haben oder bei späterem Hervortreten eines Schadens ersatzberechtigt werden können.

§ 13.

Der Schadensersatz wegen Aufhebung oder Minderung der Erwerbsfähigkeit und wegen Vermehrung der Bedürfnisse des Verletzten sowie der nach § 10

Abs. 2 einem Dritten zu gewährende Schadensersatz ist für die Zukunft durch Entrichtung einer Geldrente zu leisten.

Die Vorschriften des § 843 Abs. 2 bis 4 des Bürgerlichen Gesetzbuchs und des § 708 Nr. 6 der Zivilprozeßordnung finden entsprechende Anwendung. Das Gleiche gilt für die dem Verletzten zu entrichtende Geldrente von der Vorschrift des § 850 Abs. 3 und für die dem Dritten zu entrichtende Geldrente von der Vorschrift des § 850 Abs. 1 Nr. 2 der Zivilprozeßordnung.

Ist bei der Verurteilung des Verpflichteten zur Entrichtung einer Geldrente nicht auf Sicherheitsleistung erkannt worden, so kann der Berechtigte gleichwohl Sicherheitsleistung verlangen, wenn die Vermögensverhältnisse des Verpflichteten sich erheblich verschlechtert haben; unter der gleichen Voraussetzung kann er eine Erhöhung der in dem Urteile bestimmten Sicherheit verlangen.

I. Zu Absatz 1.

1. Die Rentenreform ist für den Ersatz desjenigen Schadens vorgeschrieben, der seiner Natur nach der Zukunft angehört, das ist für den Schaden wegen Erwerbsverlust und vermehrter Bedürfnisse, der dem körperlich Verletzten zusteht, und für den Ersatz wegen Entziehung des Unterhaltsrechts, der dem unterhaltsberechtigten Angehörigen des Getöteten zusteht. Einmal läßt sich Ende und Umfang dieser zukünftigen Schäden wegen der möglichen künftigen Veränderungen von vornherein nicht mit absoluter Sicherheit bestimmen, deshalb ist die Rentenform des Schadensersatzes empfehlenswert, weil sie sich am leichtesten den

veränderten Verhältnissen einer späteren Periode anpassen läßt (§ 323 ZPO.); zweitens ist aber auch der ratenweise Ersatz die angemessenste Form des Ersatzes für Schäden, die in Zukunft periodisch regelmäßig (z. B. an den Lohn- oder Gehaltstagen) wirksam werden. Für andere Schäden dagegen, deren Wirkung in der Vergangenheit abgeschlossen liegt, ist die Kapitalentschädigung allein angemessen, da der Zweck des Schadensersatzes, die möglichste Wiederherstellung des früheren Zustandes, nur durch diese Form der Entschädigung sofort erreicht werden kann. Deshalb ist der Ersatz für Sachschaden immer in Kapital zu leisten; ebenso sind die Beerdigungskosten und regelmäßig auch die Heilungskosten im ganzen zu ersetzen. Soweit die Heilungsversuche in der Vergangenheit noch nicht abgeschlossen sind, können die künftig noch für Heilungszwecke aufzuwendenden Beträge schon unter dem Rechtstitel der vermehrten Bedürfnisse in Rentenform gefordert werden.

2. für die Zukunft. Aber auch die Dauerschäden, deren Wirkung sich auf einen Zeitraum verteilt, sollen nur für die Zukunft in Rentenform ersetzt werden. Soweit ihre Wirkung der Vergangenheit angehört, würde auch der für sie zu leistende Ersatz als Kapitalentschädigung aufzufassen und zuzusprechen sein. Strenggenommen dürfte also die Rentenform nur für die Zeit nach dem Urteil oder doch nach der Klagzustellung in Anwendung kommen. Dieser strengen Auslegung steht jedoch die Einheitlichkeit des Rentenanspruchs entgegen. Der Anspruch auf Ersatz für Erwerbsausfall und vermehrten Bedarf ist ein einheitlicher Anspruch für die ganze Zeit, für die er überhaupt begründet ist. Reicht auch nur das Ende dieser Zeit in die Zukunft hinein, so ist es zulässig, auf eine fortlaufende Rente vom Tage der Entstehung des Schadens an zu erkennen. In Übereinstimmung hiermit spricht § 708 [6] ZPO., der nach § 13 Abs. 2 auch für die Schadensersatzrente aus dem vorliegenden Gesetz anwendbar ist, von der Vollstreckbarkeit eines Rentenurteils insoweit, „als

die Entrichtung für das der Erhebung der Klage vorausgehende letzte Vierteljahr zu erfolgen hat." Hieraus ergibt sich die gesetzliche Zulässigkeit und Möglichkeit, in Urteilen, welche die Verpflichtung zur Zahlung einer in die Zukunft hinein wirkenden Rente aussprechen, den Beginn der Rente von einem vor Klagzustellung liegenden Zeitpunkte ab zu datieren. Ebenso sagt das Reichsgericht in der Entscheidung vom 20. 9. 95 (EE. 12, 234): „Dem Verlangen einer Rentenzubilligung steht nicht entgegen, daß jetzt und teilweise schon zur Zeit der Klagestellung mehrere dieser Jahresbeträge verfallen sind. Wofern dem § 7 des Haftpflichtgesetzes — der wörtlich mit dem § 13 des vorliegenden Gesetzes übereinstimmt — nicht eine allzu rigorose Auslegung gegeben wird, kann dieser Umstand kein Hindernis bilden, die Rentenform für den gesamten Schadensersatzanspruch als zulässig zu erachten." Die Worte „für die Zukunft" sind also nur dahin zu verstehen, daß der geltend gemachte Schadensersatzanspruch sich in die Zukunft hinein erstrecken muß. Gehört er dagegen seinem ganzen Umfange nach der Vergangenheit an, so ist die Zusprechung des Ersatzes in Rentenform nicht zulässig. Die Rentenform würde in solchem Falle ein bloßer Schein sein, denn ein Rentenanspruch, dessen Teile sämtlich fällig sind, ist in der Tat ein Kapitalanspruch.

Bedeutung hat die Frage, weil der Rentenanspruch mit gewissen Privilegien ausgestattet ist (z. B. Unpfändbarkeit). Darüber siehe Anm. IV.

3. Geldrente. Die Rente darf nicht in Naturalien, sondern nur in Geld bestehen. Ihre Berechnung macht keine Schwierigkeit, sobald der Umfang des Schadens ermittelt ist. Bei dieser Ermittlung verfährt das Gericht gemäß § 287 ZPO. unter Würdigung aller Umstände nach freier Überzeugung. Die Schadensermittlung führt naturgemäß zur Feststellung bestimmter Beträge, die dem Verletzten während bestimmter Zeitabschnitte an mutmaßlichem Erwerb entgehen, oder die er für seine vermehrten

Bedürfnisse aufwenden muß, oder die der Unterhaltsberechtigte entbehren muß, weil sein Unterhaltspflichtiger getötet ist. Diese ermittelten Schadensbeträge sind als Ersatzrente zuzusprechen. Ist ausnahmsweise Kapitalentschädigung zu leisten, so ist die Rente, auf welche die Ermittlung des Schadens naturgemäß hinführt, in ein entsprechendes Kapital umzuwandeln. Die Umwandlung kann nicht nach § 9 ZPO. geschehen, der lediglich für die Berechnung des Streitgegenstandes rein prozessuale Vorschriften gibt (a. M. Eger S. 521); vielmehr ist, wenn kein früherer Endtermin in Frage kommt, die mutmaßliche Lebensdauer des Verletzten bzw. Getöteten abzuschätzen und das Abfindungskapital aus der Summe der Rentenbeträge unter Abzug der Zwischenzinsen rechnerisch zu ermitteln. Selbstverständlich kann dies nur für den Normalfall gelten, wenn keine besonderen Umstände für eine Erhöhung oder Verringerung der Kapitalentschädigung sprechen; insbesondere werden die Möglichkeiten künftiger Änderungen in den für die Dauer und die Höhe der Rente maßgebenden Verhältnissen zu berücksichtigen sein.

II. Die Vorschriften des § 843 Abs. 2—4 BGB. finden Anwendung.

§ 843 Abs. 2—4 BGB. lautet:

Auf die Rente finden die Vorschriften des § 760 Anwendung. Ob, in welcher Art und für welchen Betrag der Ersatzpflichtige Sicherheit zu leisten hat, bestimmt sich nach den Umständen.

Statt der Rente kann der Verletzte eine Abfindung in Kapital verlangen, wenn ein wichtiger Grund vorliegt.

Der Anspruch wird nicht dadurch ausgeschlossen, daß ein Anderer dem Verletzten Unterhalt zu gewähren hat.

§ 760 BGB. lautet:

Die Leibrente ist im voraus zu entrichten.

Eine Geldrente ist für drei Monate vorauszuzahlen; bei einer anderen Rente bestimmt sich der Zeitabschnitt, für den sie im voraus zu entrichten ist, nach der Beschaffenheit und dem Zwecke der Rente.

Hat der Gläubiger den Beginn des Zeitabschnitts erlebt, für den die Rente im voraus zu entrichten ist, so gebührt ihm der volle auf den Zeitabschnitt entfallende Betrag.

1. Aus der Anwendbarkeit des § 760 BGB. auf die Haftpflichtrente aus dem vorliegenden Gesetz ergibt sich:

a) die Haftpflichtrente, die immer eine Geldrente ist, ist für drei Monate im voraus zu zahlen;

b) Hat der Berechtigte den Fälligkeitstermin erlebt, so gebührt ihm bzw. seinen Erben die volle Rate, auch wenn er gleich nach Fälligkeit gestorben ist.

2. Ob, in welcher Art und für welchen Betrag der Ersatzpflichtige Sicherheit zu leisten hat, bestimmt sich nach den Umständen. Hiermit ist dem Rentengläubiger ein Recht auf Sicherheitsleistung gegeben (Eger S. 551). Besondere Voraussetzungen stellt das Gesetz für dieses Recht nicht auf, die Umstände sollen entscheiden. Vor allen Dingen kommen die Vermögensverhältnisse des Haftpflichtigen in Betracht. Die Umstände müssen die Besorgnis rechtfertigen, daß das Rentenbezugsrecht künftig nicht oder nicht vollständig werde verwirklicht werden können. Die Sicherheitsleistung ist als ein Teil des dem Berechtigten zu gewährenden Schadensersatzes zu betrachten, RG. 22. 1. 80, Bd. 3, 21. Infolgedessen entscheidet der Richter ebenso wie bei der Ermittlung, ob und in welcher Höhe ein Schaden entstanden sei (§ 287 ZPO.), nach freier Überzeugung auch darüber, ob ein Bedürfnis zur Sicherheitsleistung vorliegt und in welcher Art und zu welchem Betrage Sicherheit zu leisten ist (Eger S. 552). Bezüglich der Art der Sicherheitsleistung ist er aber an die gesetzlichen Vorschriften der §§ 232—240 BGB. gebunden, so daß er nur zwischen den dort angegebenen Arten der Sicherheitsleistung (Hinterlegung, Verpfändung, Bürg-

schaft) wählen darf. Mit Zustimmung des Beklagten darf er ihn aber auch zu einer anderen Art der Sicherheitsleistung, z. B. durch Rentenpolice, verurteilen, RG. 14. 5. 06, EE. 23, 66. Der Betrag der Sicherheit wird meist dem Kapitalbetrage des Rentenbezugsrechts entsprechen, kann aber auch geringer angenommen werden, wenn eine Gefährdung nur für einen geringeren Betrag oder erst für eine spätere Zeit begründet erscheint.

Das Recht auf Bestellung einer Sicherheit hat die vorherige oder gleichzeitige Festsetzung des Ersatzanspruchs zur Voraussetzung, kann also frühestens gleichzeitig mit der Leistungsklage, nicht im voraus für einen nur wahrscheinlich gemachten Ersatzanspruch geltend gemacht werden, RG. 5. 3. 87, EE. 6, 205; auch nicht nach bloßer Feststellung der Schadensersatzpflicht im Wege der Feststellungsklage, RG. 4. 5. 05, JW. 370.

Daß Sicherheitsleistung nur im Falle der Rentenentschädigung, nicht im Falle der Kapitalentschädigung verlangt werden kann, bedarf keiner Ausführung. Der Abs. 2 des § 843 BGB. handelt nur von der Rente. Bei Kapitalabfindung liegt kein Bedürfnis zur Sicherheitsleistung vor. Aus dem Begriff der Sicherheitsleistung ergibt sich ebenso, daß der Berechtigte sie nur für die künftigen Raten, nicht für die fälligen Rückstände verlangen kann (Eger S. 561).

3. Statt der Rente kann der Verletzte eine Abfindung in Kapital verlangen, wenn ein wichtiger Grund vorliegt. Die Abfindung in Kapital ist nur dann zuzusprechen, wenn 1. der Berechtigte darauf anträgt, und 2. ein wichtiger Grund vorliegt. Der Haftpflichtige allein kann gegen den Willen des Berechtigten nicht durchsetzen, daß er statt der Rentenzahlung zur Abfindung in Kapital zugelassen werde. Der Richter darf auch dann nicht, wenn die klarliegenden Umstände die Kapitalabfindung als bei weitem angemessener erscheinen lassen, ohne oder gegen den Antrag des Berechtigten auf Kapitalabfindung erkennen.

Dagegen ist ein Einverständnis der Parteien dahin, daß der Schaden nicht in Rente, sondern in Kapital zu begleichen sei, zu beachten, und enthebt den Richter der Verpflichtung, die Gründe der Vereinbarung nachzuprüfen.

Was ein wichtiger Grund sei, entscheidet der Richter nach freiem Ermessen. Dabei sind die gesamten Vermögens- und Lebensverhältnisse der Parteien in Betracht zu ziehen. Für den Berechtigten kann der Besitz eines Kapitals von größerem Wert sein als eine Rente, indem das Kapital ihm ermöglicht, ein Geschäft zu beginnen oder sich sonst eine neue Lebensstellung zu gründen. Oder es können sich für die künftige Erhebung der Rente Schwierigkeiten ergeben, die dem Berechtigten nicht zuzumuten sind, z. B. wenn er nach überseeischen Ländern auswandern will, oder wenn er etwa infolge des Todes des Haftpflichtigen sich einer großen Anzahl von Erben gegenübersieht. Anderseits ist aber auch gerade im Interesse des Berechtigten zu erwägen, daß das Kapital verloren gehen kann, während die Rente ihm bleibt; im Hinblick hierauf kann es für die Entscheidung von Wert sein, ob er ein solider und geschäftskundiger oder aber ein Mann von leichtfertigem Charakter ist. Die Besorgnis künftiger Gefährdung des Rentenbezugsrechts infolge Vermögensverfalls oder Böswilligkeit des Haftpflichtigen wird, da insoweit durch Sicherheitsleistung Schutz gewährt werden kann, kaum das Verlangen nach Kapitalabfindung rechtfertigen können. Jedenfalls müßte vorkommendenfalls dargelegt werden, daß das Mittel der Sicherheitsleistung nicht ausreicht, die Verwirklichung des Schadensersatzanspruchs auf dem Wege zukünftiger ratenweiser Zahlungen zu gewährleisten. Mit Rücksicht auf § 12 wird die Zusprechung einer Kapitalabfindung regelmäßig dann nicht angängig sein, wenn die Möglichkeit, daß nachträglich noch andere Ersatzansprüche erhoben werden können, nicht ausgeschlossen erscheint.

Wenn mehrere Personen als Gesamtschuldner in Anspruch genommen werden, so kann die Frage, ob der Schadensersatz in Rentenform oder durch Kapitalabfindung geleistet werden soll, nur einheitlich den mehreren Verpflichteten gegenüber entschieden werden; und zwar ist diejenige Form zu wählen, die sich nach den Verhältnissen des Berechtigten und der sämtlichen Verpflichteten als die geeignete ergibt. Aus der Gesamtheit der hiernach zu ermittelnden Umstände ist zu beurteilen, ob ein wichtiger Grund im Sinne des § 843 BGB. vorliegt, RG. 27. 5. 08, JW. 473[1].

Es erscheint nicht ausgeschlossen, nachdem ursprünglich ein Urteil auf Rente ergangen ist, später im Wege der Umwandlungsklage aus § 323 ZPO. statt der Urteilsrente Kapitalabfindung zu fordern, wenn nachträglich ein wichtiger Grund eingetreten ist.

§ 843 Abs. 3 BGB. billigt das Recht auf Kapitalentschädigung unter besonderen Umständen „dem Verletzten" zu. Darunter ist im Sinne dieser Vorschrift allerdings nur der unmittelbar an seinem Körper oder seiner Gesundheit Verletzte zu verstehen, da § 843 nur von dem Fall der Körperverletzung handelt. Es ist aber kein Zweifel, daß sich die Bestimmung, ebenso wie die übrigen Bestimmungen der Absätze 2 bis 4 des § 843, bei der in § 13 vorgeschriebenen „entsprechenden" Anwendung auch auf den in seinem Anspruch auf Unterhalt geschädigten Dritten bezieht, wie sich denn auch in § 844 BGB. die gleiche Bezugnahme findet.

Ergeht in einem Rechtsstreit über eine vom Kläger auf Grund des vorliegenden Gesetzes geforderte Kapitalentschädigung ein Zwischenurteil über den Grund des Anspruchs nach § 304 ZPO., so muß die Frage, ob ein wichtiger Grund für eine Kapitalabfindung vorliegt, bereits vor Erlaß des Zwischenurteils geprüft und entschieden werden. Ist der Klaganspruch mit seinem Verlangen nach einer Kapitalentschädigung einmal durch rechtskräftiges Zwischenurteil dem Grunde nach für berechtigt erklärt, dann kann im Nachverfahren von Rentenentschädigung nicht mehr die Rede sein, weil rechtskräftig feststeht, daß die Entschädigung in Kapital zu leisten ist. RG. 5. 4. 06, JW. 359[21]; 20. 9. 06, JW. 686[7]; 16. 5. 07, JW. 388[5].

4. Der Anspruch wird nicht dadurch ausgeschlossen, daß ein Anderer dem Verletzten Unterhalt zu gewähren hat. Nach einem Unfall pflegen sich, auch abgesehen vom Haftpflichtanspruch, noch andere Quellen zu öffnen, aus denen dem Verletzten in seinem durch die Unfallsfolgen geschaffenen Zustand der Erwerbslosigkeit und Bedürftigkeit Hilfe zuströmt. Er erhält Krankengeld, Unfallrente, Invalidenrente aus den öffentlichen Kassen; er hat sich vielleicht auch privatrechtlich gegen Unfall und Erwerbsunfähigkeit versichert; oder wenn das alles nicht der Fall ist, nehmen sich die Angehörigen seiner an und lassen ihm Pflege und Unterhalt zukommen. In allen diesen Fällen fragt es sich, welchen Einfluß die Mittel, die dem Bedürftigen von anderer Seite infolge des Unfalls gewährt werden, auf den Haftpflichtanspruch haben und inwiefern insbesondere dadurch der Schaden, den der Haftpflichtige zu ersetzen hat, etwa beseitigt wird oder gar nicht zur Entstehung gelangt. Hier greift die vorliegende Gesetzesbestimmung ein, indem sie positiv vorschreibt, daß Unterhaltsrechte, die dem Verletzten oder den durch den Tod des bisherigen Ernährers geschädigten Dritten anderweit zustehen, den Haftpflichtanspruch nicht berühren. Ob das Unterhaltsrecht auf Gesetz oder Vertrag beruht, darauf kommt nichts an. Der Haftpflichtige kann aus dem Vorhandensein von irgendwelchen Unterhaltsrechten des Haftpflichtgläubigers gar keinen Einwand herleiten, weder den Einwand der Vorausklage, noch den Einwand der Teilung; er kann nicht verlangen, daß der Gläubiger sich das, was er anderweit auf Grund von Unterhaltsrechten erhält, auf die Haftpflichtrente anrechnen lasse, etwa weil insoweit kein Schaden entstanden sei; er kann dem Anspruch des durch den Tod des bisherigen Ernährers geschädigten Dritten auch nicht entgegenhalten, der Fall der Bedürftigkeit liege nicht vor, weil der Dritte jetzt den Unterhalt von einem

Andern zu fordern berechtigt sei. Praktisch wird durch diese Bestimmung ein Schutz der Andern erreicht, die auf Grund einer Unterhaltspflicht dem Verletzten oder den geschädigten Dritten Pflege und Unterhalt gewähren, die also faktisch den Unfallsschaden ganz oder teilweise tragen, ohne doch einen eigenen Anspruch auf Schadensersatz gegen den Haftpflichtigen zu haben.

Ob der Berechtigte, der nach der vorliegenden Bestimmung ohne Rücksicht auf vorhandene Unterhaltsansprüche die Haftpflichtrente erhält, vom Unterhaltspflichtigen außerdem noch Unterhalt erhält oder aber unter Hinweis eben auf das vorhandene Aktivum des Haftpflichtanspruchs wegen fehlender Bedürftigkeit mit Erfolg abgewiesen werden kann, ist für das Verhältnis zum Haftpflichtigen ohne Belang. Der Haftpflichtige kann angesichts der positiven Gesetzesbestimmung nicht einwenden, daß die Verwirklichung beider Ansprüche, des Haftpflichtanspruchs und des Unterhaltsanspruchs, nebeneinander eine Bereicherung des Berechtigten ergebe. RG. 11. 2. 90, Bd. 25, 52.

Voraussetzung für die Anwendung der Bestimmung ist, daß „ein Anderer" den Unterhalt zu gewähren hat. Diese Voraussetzung fehlt: a) bei der Beamtenpension. Das Ruhegehalt, das dem verunglückten Beamten auf Grund seines Anstellungsverhältnisses gezahlt wird, ist als ein auch in der Zeit der Arbeitsunfähigkeit fortzuzahlendes Entgelt für die früher geleisteten Dienste anzusehen; sonach ist es der Beamte selbst, der durch diese Nachwirkungen früherer Arbeitstätigkeit für seinen Erwerb sorgt; es ist nicht ein „Anderer", der ihm auf Grund eines besonderen Rechtstitels Unterhalt gewährt. Das Gleiche gilt auch für die Witwen- und Waisengelder, sofern sie lediglich auf Grund des Anstellungsverhältnisses, nicht auf Grund besonderer Versicherungsverträge gezahlt werden. — b) Insoweit, als derjenige, der den Unterhalt jetzt zu gewähren hat, hierzu dieselben Mittel, aus denen der Unterhalt bisher bestritten worden ist, und in nicht höherem Maße wie bisher verwenden kann, ist er wegen Identität der Vermögensquellen nicht als ein „Anderer" anzusehen. Vgl. oben Anm. IV, 9 B zu § 10.

III. Die Vorschriften des § 708 Nr. 6 ZPO. finden entsprechende Anwendung.

§ 708 ZPO. lautet:

Auch ohne Antrag sind für vorläufig vollstreckbar zu erklären:

. . . .

6. Urteile, welche die Verpflichtung zur Entrichtung von Alimenten oder zur Entrichtung einer nach den §§ 843, 844 des Bürgerlichen Gesetzbuchs geschuldeten Geldrente aussprechen, soweit die Entrichtung für die Zeit nach der Erhebung der Klage und für das der Erhebung der Klage vorausgehende letzte Vierteljahr zu erfolgen hat.

Der Haftpflichtanspruch ist Schadensersatzanspruch, nicht Unterhaltsanspruch, auch dann nicht, wenn er mit Entziehung des Unterhalts infolge Tötung des Unterhaltspflichtigen begründet wird; auch in diesem Falle wird nicht Unterhalt, sondern Ersatz für entzogenen Unterhalt begehrt. Aber der Haftpflichtanspruch dient ebenso wie die Schadensersatzansprüche aus §§ 843, 844 BGB. ähnlichen Zwecken, wie ein Unterhaltsanspruch und wird deshalb auch in der prozessualen Behandlung mehrfach den Alimentenforderungen gleichgestellt, so hier bezüglich der vorläufigen Vollstreckbarkeit.

Nur die Haftpflichtrente ist der Unterhaltsrente gleichgestellt. Für die sonstigen Ansprüche aus dem vorliegenden Gesetz auf Kapitalabfindung, auf Ersatz der Heilungs- und Beerdigungskosten findet § 708[6] ZPO. keine Anwendung.

Die Haftpflichtrente ist ohne Antrag nur insoweit für vorläufig vollstreckbar zu erklären, als die Zeit des Prozesses und das letzte Vierteljahr vorher in Frage steht.

IV. Das Gleiche gilt für § 850 Abs. 3 bzw. Abs. 1 Nr. 2 ZPO.

§ 850 ZPO. lautet:

Abs. 1. Der Pfändung sind nicht unterworfen:

. . . .

2. die auf gesetzlicher Vorschrift beruhenden Alimentenforderungen und die nach § 844 des Bürgerlichen Gesetzbuchs wegen der Entziehung einer solchen Forderung zu entrichtende Geldrente.

Abs. 3. Die nach § 843 des Bürgerlichen Gesetzbuchs wegen einer Verletzung des Körpers oder der Gesundheit zu entrichtende Geldrente ist nur so weit der Pfändung unterworfen, als der Gesamtbetrag die Summe von fünfzehnhundert Mark für das Jahr übersteigt.

Abs. 4. In den Fällen der beiden vorhergehenden Absätze ist die Pfändung ohne Rücksicht auf den Betrag zulässig, wenn sie wegen der den Verwandten, dem Ehegatten und dem früheren Ehegatten für die Zeit nach der Erhebung der Klage und für das diesem Zeitpunkt vorausgehende letzte Vierteljahr kraft Gesetzes zu entrichtenden Unterhaltsbeiträge beantragt wird. Das Gleiche gilt in Ansehung der zugunsten eines unehelichen Kindes von dem Vater für den bezeichneten Zeitraum kraft Gesetzes zu entrichtenden Unterhaltsbeiträge; diese Vorschrift findet jedoch insoweit keine Anwendung, als der Schuldner zur Bestreitung seines notdürftigen Unterhalts und zur Erfüllung der ihm seinen Verwandten, seiner Ehefrau oder seiner früheren Ehefrau gegenüber gesetzlich obliegenden Unterhaltspflicht der Bezüge bedarf. Hierbei werden ausschließlich die Leistungen berücksichtigt, welche vermöge einer solchen Unterhaltspflicht für den nämlichen Zeitraum oder, falls die Klage zugunsten des unehelichen Kindes nach der Klage eines Unterhaltsberechtigten erhoben ist, für die Zeit von dem Beginne des der Klage dieses Berechtigten vorausgehenden letzten Vierteljahres ab zu entrichten sind.

Die Gleichartigkeit des wirtschaftlichen Zwecks, dem sowohl die Haftpflichtrente wie die Unterhaltsrente dienen, hat zur Folge, daß auch die Haftpflichtrente gewisse Bevorzugungen genießt und anderseits gewissen Beschränkungen unterworfen ist, die ursprünglich nur für die gesetzlichen Unterhaltsrechte vorgesehen waren. Bezüglich der Unpfändbarkeit ist dem Unterhaltsanspruch völlig gleichgestellt und ebenso wie dieser gänzlich der Pfändung entzogen die Rente des durch die Tötung in seinem Recht auf Unterhalt geschädigten Dritten aus § 10 Abs. 2. Dagegen ist die Rente des unmittelbar Verletzten wegen Erwerbsausfalls und vermehrten Bedarfs nur bis zum Betrage von 1500 Mk. jährlich der Pfändung entzogen. Der Betrag über 1500 Mk. ist frei pfändbar. Aber auch bezüglich des regelmäßig unpfändbaren Betrages von 1500 Mk. wird nach § 850 Abs. 4 der Zugriff gewisser bevorzugter Gläubiger (unterhaltsberechtigter Personen) zugelassen. Die Anwendbarkeit auch des im Gesetzestext nicht ausdrücklich genannten Absatzes 4 des § 850 findet ihre Begründung in der Erwägung, daß die Haftpflichtrente ganz offenbar der Schadensersatzrente aus § 843 BGB. gleichgestellt werden soll, und daß Abs. 4 ausdrücklich die Fälle des Abs. 3 seiner Anwendung unterwirft.

Die Unpfändbarkeit eines Forderungsrechts hat weitertragende Bedeutung insofern, als eine unpfändbare Forderung auch nicht im Wege der Vereinbarung vom Berechtigten an einen Anderen abgetreten (§ 400 BGB.), noch verpfändet (§ 1274 Abs. 2 BGB.), noch dem Nießbrauch eines Anderen unterworfen werden kann (§ 1069 Abs. 2 BGB.); daß gegen sie nicht mit einer andern Gegenforderung aufgerechnet werden kann (§ 394 BGB.) und daß sie nicht zur Konkursmasse gehört (§ 1 Abs. 4 KO.). Soweit die Haftpflichtrente unpfändbar ist, unterliegt sie — d. h. die Rente des unterhaltsberechtigten Dritten unter allen Umständen, die Rente des Verletzten selbst regelmäßig bis zum Betrage von 1500 Mk. — den vorstehenden Beschränkungen.

Diese Beschränkungen, insbesondere die Unpfändbarkeit und Nichtabtretbarkeit, beziehen sich auch auf Rentenrückstände, da der Verzug des Schuldners den Gläubiger nicht schlechter stellen darf. RG. 27. 3. 06, EE. 24, 112.

V. zu Abs. 3 des § 13.

1. Allgemeines. Absatz 3 stimmt, abgesehen vom Eingang, der eben auf die Haftpflichtrente Bezug nimmt, wörtlich mit § 324 ZPO. überein. Die Bedeutung der Bestimmung ist streitig. Eger erklärt die gleiche Bestimmung des Haftpflichtgesetzes in ihrem ganzen Umfange für selbstverständlich und daher überflüssig, weil das dem Berechtigten aus § 843 Abs. 2 BGB. gewährte Kautionsrecht seinem Wesen nach immer geltend gemacht werden könne, wenn die Besorgnis einer künftigen Verletzung des Hauptrechts nachweisbar hervortrete (Eger S. 559). Er hält die gesetzliche Bestimmung, daß der Berechtigte auch nachträglich Sicherheitsleistung verlangen kann, wenn die Vermögensverhältnisse des Verpflichteten sich erheblich verschlechtert haben, nur für die Hervorhebung eines Spezialfalles und will dem Berechtigten allgemein das Recht gewähren, auch mit anderer Begründung nachträglich Sicherheitsleistung zu verlangen (Eger S. 562f. Anm. 103 Abs. 1 und 4 und S. 564 Anm. 104 Abs. 3). Reindl dagegen bezweifelt wieder, daß sich das Recht auf nachträgliche Sicherheitsbestellung schon aus den §§ 843^2, 240 BGB. ergebe (Reindl S. 199 Anm. 13). Aber auch wenn man mit Eger annimmt, daß das Recht auf Sicherstellung aus § 843 Abs. 2 Satz 2 BGB. seiner Natur nach nicht bloß gleichzeitig mit dem Hauptanspruch auf Rente, sondern ohne weiteres auch nachträglich geltend gemacht werden könne, sobald seine natürliche Voraussetzung, die Besorgnis künftiger Gefährdung des Rentenrechts, gegeben ist, so ergibt sich doch aus dem Abs. 3 des § 13 eine positive Beschränkung des Rechts auf Sicherheitsleistung für die Haftpflichtrente, indem seine nachträgliche Geltendmachung an die besondere Voraussetzung geknüpft wird, daß sich die Vermögens-

verhältnisse des Verpflichteten nachträglich, d. h. nach dem Hauptprozeß, erheblich verschlechtert haben, RG. 22. 1. 80, Bd. 3, 21. Daß hier die nachträgliche Geltendmachung des Rechts auf Sicherheitsleistung in der Tat beschränkt werden soll, kann um so weniger verkannt werden, als das Original des § 13 Abs. 3, nämlich § 324 ZPO. in engem Zusammenhange mit § 323 ZPO. zu verstehen ist, letztere Bestimmung aber gerade auch die nachträgliche Geltendmachung der für den Rentenanspruch selbst wesentlichen Änderungen nur dann zuläßt, wenn die Änderungen nach Beendigung des ersten Rentenprozesses entstanden sind. Die wesentliche Bedeutung der dem Prozeßrecht, und zwar den Regeln über die Rechtskraft der Urteile entnommener Bestimmung liegt darin, daß das Recht auf Sicherheits leistung auch dann nochmals und abermals geltend gemacht werden kann, wenn es im früheren Prozeß bereits rechtskräftig aberkannt worden war. Diese Durchbrechung des Prinzips der Rechtskraft im Gesetz ausdrücklich festzustellen, kann nicht als überflüssig erachtet werden.

Die Bestimmung beschränkt sich freilich nicht auf den Fall rechtskräftiger Abweisung des Anspruchs auf Sicherheitsleistung, sondern setzt ganz allgemein lediglich das voraus, daß bei Erlaß des Rentenurteils nicht zugleich auf Sicherheitsleistung erkannt worden ist, begreift also auch den Fall, daß der Berechtigte aus Vergeßlichkeit oder andern Gründen, z. B. weil er sich über die Vermögenslage des Haftpflichtigen täuschte, unterlassen hat, den Antrag auf Sicherheitsleistung im Rentenprozeß zu stellen. Insofern gewährt Abs. 3 allerdings keine Erweiterung der Befugnisse des Berechtigten, enthält vielmehr unter der äußeren Form der Verleihung eines Rechts eine Beschränkung dieses Rechts auf Sicherheitsleistung, das andernfalls auch meines Erachtens auf Grund des § 843[2] BGB. dem Rentengläubiger unbeschränkt zustehen würde.

Hieraus ergibt sich der Grundsatz, daß der Anspruch auf Sicherheitsleistung nur zusammen mit dem Anspruch auf

Rente geltend gemacht werden darf. Folgerichtig muß, wenn mit der Umwandlungsklage aus § 323 ZPO. eine Erhöhung der bisherigen Rente beansprucht wird, auch gleichzeitig der Antrag auf Sicherheitsleistung für die Erhöhung gestellt werden. Mit besonderer Klage kann nach Beendigung des Hauptprozesses, in welchem auf Rente erkannt worden ist, nur dann Sicherheitsstellung gefordert werden, wenn nach dem Hauptprozeß sich die Vermögensverhältnisse des Verpflichteten erheblich verschlechtert haben. Die Nachtragsklage kann selbstverständlich mit der Umwandlungsklage aus § 323 ZPO. verbunden werden; der Antrag auf Sicherheitsleistung für die im ersten Verfahren zugesprochene Rente muß dann aber besonders durch den Nachweis einer inzwischen eingetretenen Vermögensverschlechterung des Verpflichteten begründet werden.

2. Ist bei der Verurteilung des Verpflichteten zur Entrichtung einer Geldrente nicht auf Sicherheitsleistung erkannt worden ... Die erste Voraussetzung für die nachträgliche Geltendmachung des Anspruchs auf Sicherheitsleistung ist, daß ein rechtskräftiges Urteil über die beanspruchte Rente vorliegt, und daß in diesem Urteil nicht auf Sicherheitsleistung erkannt worden ist. Ob der Anspruch auf Sicherheitsleistung ausdrücklich abgesprochen oder gar nicht geltend gemacht worden ist, ist gleichgültig. Solange der Rentenprozeß noch schwebt, kann der Antrag auf Sicherheitsleistung nur durch Erweiterung des Klagantrages, nicht durch neue Klage gestellt werden. Ist der Rechtsstreit durch Vergleich beendet, so hat damit das gesamte Rechtsverhältnis der Parteien eine vertragsmäßige Grundlage erhalten, die nur durch Vertrag, aber nicht auf einseitigen Antrag durch das Gericht geändert oder ergänzt werden kann; es müßte denn sein, daß dies von den Parteien bei Abschluß des Vergleichs vorbehalten wäre.

3. gleichwohl. Hierbei ist an die Durchbrechung der Rechtskraft in dem Falle zu denken, wo das vorausgehende

Urteil den Anspruch auf Sicherheitsleistung aberkannt hat. „Gleichwohl" bedeutet also „trotz der rechtskräftigen Aberkennung". Für den andern Fall, wo sich das Urteil gar nicht über Sicherheitsleistung ausspricht, würde die Bedeutung des Gesetzes besser zur Geltung kommen, wenn an Stelle von „gleichwohl" stände „nur dann". Siehe Anm. 1.

4. verlangen. Das Verlangen kann nicht bloß einmal, sondern auch wiederholt gestellt werden. Das Prinzip der Rechtskraft ist allgemein für die Klage auf nachträgliche Sicherheitsleistung aufgehoben. Auch wenn der Berechtigte zunächst ein bloßes Rentenurteil erwirkt, darauf wegen nachträglicher Vermögensverschlechterung auf Sicherheitsleistung geklagt hat, aber abgewiesen worden ist, kann er mit der Behauptung, daß nach dem letzten Urteil die Vermögenslage des Verpflichteten sich so erheblich verschlechtert habe, daß nunmehr der Anspruch auf Sicherheitsleistung begründet sei, von neuem darauf klagen, ohne daß ihm der Einwand der res judicata entgegengesetzt werden könnte.

5. wenn die Vermögensverhältnisse des Verpflichteten sich erheblich verschlechtert haben. Diese zweite Voraussetzung des nachträglichen Anspruchs auf Sicherheitsleistung entspricht dem Abs. 2 des § 323 ZPO. und ist daraus zu erläutern. Die Verschlechterung muß zu einer Zeit eingetreten sein, daß ihre Geltendmachung im Vorprozeß nach den Regeln des Prozeßrechts auch nicht im Wege der Berufung oder des Einspruchs möglich war. Die Nachtragsklage auf Sicherheitsbestellung ist nichts anderes als eine Umwandlungsklage bezüglich des Punktes der Sicherheitsleistung. Hat sich die Vermögenslage des Haftpflichtigen gegen den Zustand zur Zeit des Vorprozesses tatsächlich nicht verschlechtert, war die Verschlechterung in der Tat schon damals eingetreten und nur dem Berechtigten verborgen geblieben, so ist ein Anspruch auf Sicherheitsleistung nicht mehr zu begründen. Ebensowenig kann er

auf andere Gründe als auf die Verschlechterung der Vermögenslage des Verpflichteten gestützt werden.

Wie nach § 323 ZPO. nur wesentliche Veränderungen der maßgeblichen Umstände die Umwandlungsklage begründen, so muß auch eine erhebliche Verschlechterung der Vermögensverhältnisse des Verpflichteten eingetreten sein, um die Nachtragsklage auf Sicherstellung zu begründen. Ausgeschlossen sind geringfügige Verschlechterungen. Aber auch ein neuerdings eingetretener großer Verlust führt nicht notwendig zur Anerkennung des Sicherheitsleistungsanspruchs; es muß in jedem Falle auch bei der Nachtragsklage das Recht auf Sicherheitsleistung mit einer gerechtfertigten Besorgnis einer künftigen Gefährdung des Rentenanspruchs begründet werden.

Zu vergleichen ist die gegenwärtige Vermögenslage des Verpflichteten mit derjenigen zur Zeit des Vorprozesses.

6. unter der gleichen Voraussetzung. Diese Worte beziehen sich auf den Nachweis einer nachträglichen Verschlechterung der Vermögensverhältnisse des Verpflichteten. Die zweite Voraussetzung für den Anspruch auf Erhöhung liegt in den Worten ausgedrückt „Erhöhung der in dem Urteil bestimmten Sicherheit". Es wird hier also ein rechtskräftiges Urteil vorausgesetzt, in welchem auf Sicherheitsleistung für eine Haftpflichtrente erkannt worden ist, wobei gleichgültig bleibt, ob die erkannte Sicherheit dem früheren Klagantrag entsprach oder dahinter zurückblieb.

7. Erhöhung. Es handelt sich hierbei nur um eine Erhöhung der Sicherheit für die bereits zuerkannte Rente. Wird mit der Umwandlungsklage aus § 323 ZPO. eine Erhöhung der Rente und zugleich Sicherheitsleistung für diese Erhöhung begehrt, so ist dieser Anspruch auf Sicherheitsleistung, der gleichzeitig mit der Rente, deren Akzessorium er ist, gefordert wird, unabhängig von dem Nachweis einer nach dem ersten Hauptprozeß eingetretenen Verschlechterung der Vermögenslage des Verpflichteten.

Anhang zu § 13.

Außer den in § 13 Abs. 2 des Gesetzes bezeichneten prozessualen Bestimmungen ist auch der § 323 ZPO. von hervorragender Bedeutung für den Rentenanspruch, weshalb seine Erörterung an dieser Stelle nicht zu umgehen ist. Er rührt aus dem Reichshaftpflichtgesetz her und ist von dort durch die Novelle vom 17. 5. 98 in allgemeinerer Fassung in die ZPO. aufgenommen worden. Seine Anwendbarkeit auf die Haftpflichtrente des vorliegenden Gesetzes ergibt sich ohne weiteres aus seiner Fassung, und brauchte deshalb im Gesetz selbst nicht besonders angeordnet zu werden.

§ 323 ZPO.

lautet:

„Tritt im Falle der Verurteilung zu künftig fällig werdenden wiederkehrenden Leistungen eine wesentliche Änderung derjenigen Verhältnisse ein, welche für die Verurteilung zur Entrichtung der Leistungen, für die Bestimmung der Höhe der Leistungen oder der Dauer ihrer Entrichtung maßgebend waren, so ist jeder Teil berechtigt, im Wege der Klage eine entsprechende Abänderung des Urteils zu verlangen.

Die Klage ist nur insoweit zulässig, als die Gründe, auf welche sie gestützt wird, erst nach dem Schlusse der mündlichen Verhandlung, in der eine Erweiterung des Klagantrags oder die Geltendmachung von Einwendungen spätestens hätte erfolgen müssen, entstanden sind und durch Einspruch nicht mehr geltend gemacht werden können.

Die Abänderung des Urteils darf nur für die Zeit nach Erhebung der Klage erfolgen."

I. Allgemeines. Die Bestimmung durchbricht den Grundsatz der materiellen Rechtskraft, weil sich dies gegenüber Urteilen, die im voraus erst künftig fällig werdende wiederkehrende Leistungen zusprechen, als praktische Notwendigkeit herausgestellt hat. Die Rentenform des Schadensersatzes verdient gerade deshalb mit den Vorzug vor der Kapitalentschädigung, und ist auch deshalb für die Regel obligatorisch gemacht worden, weil das Gesetz durch § 323 ZPO. die Möglichkeit gewährt, nachträgliche Korrekturen des Rentenurteils vorzunehmen. Das Urteil, das auf Kapitalabfindung lautet, ist unabänderlich, wie sich auch in Zukunft die Verhältnisse gestalten mögen. Das Rentenurteil dagegen ist nur in seiner Grundlage, das ist der Feststellung der Haftpflicht, unabänderlich; dagegen können die Fragen, ob ein ersetzbarer Schaden vorhanden ist, und in welchem Umfange, jederzeit von neuem der richterlichen Beurteilung unterbreitet werden, wenn eine nachträgliche Veränderung der maßgeblichen Verhältnisse die bezügliche frühere Entscheidung nicht mehr gerechtfertigt erscheinen läßt.

II. im Falle der Verurteilung zu künftig fällig werdenden wiederkehrenden Leistungen. Voraussetzung für die Umwandlungsklage ist das Vorliegen eines Urteils. Haben sich die Parteien gerichtlich oder außergerichtlich über eine dem Berechtigten zu zahlende Rente verglichen, so kann nur eine Anfechtung des Vergleichs nach den Vorschriften des Bürgerlichen Rechts in Frage kommen; abgesehen davon regelt der Vergleich endgültig das Rechtsverhältnis der Parteien. Ist im Vergleich die Möglichkeit vorgesehen, bei künftigen Veränderungen richterliche Entscheidung behufs anderweiter Regelung des Rechtsverhältnisses anzurufen, so ist solche Vereinbarung gültig, aber die künftige Klage ist dann Vertragsklage, nicht die gesetzliche Klage des § 323 ZPO.

Das Urteil muß auf Rente lauten. Spricht es dagegen Kapitalabfindung zu, oder weist es den Klageanspruch ab, weil zurzeit die Erwerbsfähigkeit des Klägers nicht beeinträchtigt sei, so ist bei späterer Änderung der Verhältnisse die Umwandlungsklage nicht begründet. In dem letztgedachten Falle, wo der Anspruch auf künftige Rente abgelehnt ist, weil ein gegenwärtiger und in die Zukunft hineinreichender Schaden nicht nachgewiesen sei, ist es dem Kläger unbenommen, mit einer neuen Klage Ersatzrente zu fordern, sobald er einen später eingetretenen Schaden nachweisen kann. Einer solchen Klage steht die Rechtskraft des früheren Urteils nicht entgegen, sofern das Urteil nicht das Bestehen der Haftpflicht überhaupt verneint hat. Es bedarf für solche Klage nicht erst der Ausnahmevorschrift des § 323; solche Klage ist infolgedessen auch nicht an die Beschränkung aus Abs. 3 des § 323 gebunden.

Das Urteil muß rechtskräftig sein. Solange es nicht rechtskräftig ist, können die im Laufe des Rechtsstreits eingetretenen Veränderungen, z. B. Besserungen oder Verschlimmerungen des Zustandes des Verletzten, nicht durch eine neue Klage, sondern nur als Klageerweiterung oder Einwendung im schwebendem Prozeß vorgebracht werden, und wenn das nach der Prozeßlage nicht mehr möglich ist, weil die mündliche Verhandlung in der Berufungsinstanz geschlossen ist, muß zuvor die Rechtskraft abgewartet werden. Andernfalls würde der Einwand der Rechtshängigkeit der neuen Klage entgegenstehen (RG. 13. 12. 00, Bd. 47, 405, Eger S. 525). Im Hinblick auf Abs. 2 des § 323 ZPO. ergibt sich der Grundsatz, daß alle Umstände, welche zur Begründung eines Rentenanspruchs des Klägers überhaupt dienen können, bei Gefahr des Ausschlusses in einer Klage geltend gemacht werden müssen, sofern dies möglich ist. Insofern ist eine Teilung des Rentenanspruchs und eine getrennte Geltendmachung in verschiedenen Teilklagen versagt (Eger S. 525). Der Unfallverletzte muß also seine sämtlichen, infolge des Unfalls an seinem Körper und seiner Gesundheit erlittenen Schädigungen, soweit sie bereits erkennbar sind, vorbringen, und muß weiter alle aus diesen Schädigungen für seine künftige Vermögenslage sich ergebenden Nachteile, also nach den beiden vom Gesetz zugelassenen Richtungen a) der Aufhebung oder Verminderung der Erwerbsfähigkeit und b) der vermehrten Bedürfnisse hin, geltend machen. Er darf nicht etwa den Prozeßstoff so teilen, daß er zunächst Rente wegen des künftigen Erwerbsausfalls einklagt und sich vorbehält, später eine zweite Rente wegen vermehrter Bedürfnisse einzuklagen; das Gesetz gewährt nur e i n e Rente für beide Schadenskategorien. Mit der Rechtskraft des Urteils im ersten Prozeß würde er unbedingt das Recht verlieren, auf Grund der Tatsachen, die schon im ersten Prozeß hätten vorgebracht werden können, nachträglich eine Erhöhung der Rente wegen vermehrter Bedürfnisse zu fordern. Dagegen ist eine beliebige Teilung der Ersatzansprüche insoweit zulässig, als Ersatz für die der Vergangenheit angehörigen Schäden, insonderheit Ersatz der Heilungskosten, der Beerdigungskosten, des bereits erlittenen Erwerbsausfalls usw. gefordert wird.

III. e i n e w e s e n t l i c h e Ä n d e r u n g d e r j e n i g e n V e r h ä l t n i s s e, w e l c h e f ü r d i e V e r u r t e i l u n g z u r E n t r i c h t u n g d e r L e i s t u n g e n, f ü r d i e B e s t i m m u n g d e r H ö h e d e r L e i s t u n g e n o d e r d e r D a u e r i h r e r E n t r i c h t u n g m a ß g e b e n d w a r e n.

1. Der Nachprüfung in einem neuen Prozesse kann unterzogen werden a) die Höhe der Rente, b) die Dauer der Rente, c) die Frage, ob überhaupt künftig noch Rente gezahlt werden soll. Zu letzterem Punkte ist zu bemerken, daß die Frage der Haftpflicht selbst unabänderlich feststeht, daß daher die Voraussetzungen der §§ 7 und 8 des Automobilgesetzes unbedingt der Nachprüfung entzogen sind. Es handelt sich nur um die Frage, ob überhaupt noch zurzeit ein gegenwärtiger oder künftiger, nach §§ 9—11 des Gesetzes ersetzbarer Schaden festzustellen ist.

2. Die maßgebenden Verhältnisse müssen sich geändert haben, sei es, daß Tatumstände, welche der Entscheidung über das Vorhandensein und den Umfang eines durch Rente zu ersetzenden Schadens zur Grundlage gedient haben, weggefallen sind, oder daß neue Tatsachen eingetreten sind, die eine andere Entscheidung herbeigeführt haben würden, wenn sie schon zur Zeit des ersten Urteils hätten berücksichtigt werden können. Für die Rente des Verletzten kommen vor allen Dingen Veränderungen seines Körperzustandes in Betracht, die seine Erwerbsfähigkeit ganz oder zum Teil wiederherstellen oder aber die vorher noch teilweise vorhandene weiter herabmindern und aufheben, und die seine Pflegebedürftigkeit erhöhen oder verringern. Eine Besserung des Körperzustandes ist nicht ohne weiteres geeignet, eine Verkürzung der Ersatzrente für Erwerbsausfall zu begründen. Der Haftpflichtige, der die Verkürzung beantragt, muß nachweisen, daß sich dem Rentenberechtigten in seinem jetzigen und künftigen Zustande gewisse Erwerbsmöglichkeiten bieten (RG. 22. 9. 83, EE. 3, 108; 7. 2. 98, EE. 15, 353; 29. 5. 99, EE. 16, 161). Verschlechterungen im Körperzustande des Verletzten sind ferner nur dann zu berücksichtigen, wenn sie im ursächlichen Zusammenhange mit der Verletzung stehen. Beruhen sie auf den gewöhnlichen Alterserscheinungen, auf Krankheiten, die sich nicht im Zusammenhange mit den Unfallsfolgen entwickelt haben, oder auf späteren Unfällen, so können sie nicht als Änderungen der maßgeblichen Verhältnisse in Betracht kommen. Anderseits aber können dergleichen Krankheiten und Unfälle, sofern sie als neue Ursache die schon bisher vorhandene Erwerbsbeschränkung tragen, durch Zerstörung des bisherigen Kausalzusammenhanges mit der Verletzung im Sinne einer Aufhebung oder Minderung des Rentenbezugsrechts wirksam werden. Das Nähere hierüber vgl. oben Anm. V, VI zu § 11. Auch nachträgliches Verschulden des Verletzten in Ausübung seiner Pflicht, auf Minderung des Schadens bedacht zu

sein (§§ 254, 278 BGB.), kann zwecks Aufhebung oder Minderung der Rente im Wege der Umwandlungsklage geltend gemacht werden. RG. 11. 5. 08, JW. 434[11].

Auch Veränderungen in äußeren, außerhalb der Person des Verletzten liegenden Umstände können wichtig sein, z. B.

a) für eine Erhöhung der Rente: Sinken des Geldwerts und Steigerung der Löhne in Zeiten wirtschaftlichen Aufschwungs, Aufbesserung der Beamtengehälter, Aufrücken der Hintermänner eines verletzten Beamten in besser besoldete Stellen, die ihnen früher nicht zugänglich waren; veränderte Lage des Arbeitsmarkts, auf dem wegen Überangebots von Arbeitskräften für nicht voll arbeitsfähige Personen keine Verwendung ist, wenn der Verletzte deswegen seine Stelle verliert; Rückgang der Vermögenslage, Invalidität oder Tod des Mannes der verletzten Ehefrau, die sie nötigen würde, in höherem Maße wie bisher erwerbstätig zu sein;

b) für eine Minderung oder Aufhebung der Rente: zeitweilige Beseitigung der Erwerbsmöglichkeit durch andere, außerhalb eines Zusammenhanges mit der Verletzung stehende Umstände, wie Aussperrung von Arbeitern, allgemeine Arbeitslosigkeit, Verbüßung einer Freiheitsstrafe (RG. 23. 12. 79, Bd. 1, 66; 9. 10. 90, EE. 8, 65); Sinken der Löhne infolge wirtschaftlichen Niedergangs; günstigere Gestaltung des Arbeitsmarkts, in dem sich auch für den nur beschränkt arbeitsfähigen Verletzten eine Arbeitsgelegenheit findet (RG. 6. 11. 93, EE. 10, 243); Verheiratung eines verletzten erwerbstätigen Mädchens mit einem Manne von solcher sozialen Stellung, daß die Verletzte ohnehin als seine Frau ihre frühere Erwerbstätigkeit nicht weiterbetrieben haben würde (man denke z. B. an eine Sängerin oder Tänzerin).

Für die Rente wegen Entziehung des Unterhaltsrechts kommt vor allen Dingen in Betracht der Wegfall der Bedürftigkeit (durch Vermögenserwerb, Erreichung des Alters der Erwerbsfähigkeit u. dgl.) und der Eintritt eines näheren Unterhaltspflichtigen, als es der Getötete war, z. B. infolge von Adoption. Hierher gehört auch der Fall der Wiederverheiratung der durch die Tötung ihres ersten Ehemanns um ihren Unterhaltsanspruch gegen ihn gebrachten Witwe. Mit der Wiederverheiratung erwirbt die Witwe einen Anspruch auf Unterhalt gegen den neuen Ehemann. Über die Anrechnungsfähigkeit dieses Vorteils auf die Haftpflichtrente vgl. oben Anm. IV 9 A zu § 10.

3. Die maßgeblichen Verhältnisse müssen sich geändert haben. Um dies zu prüfen, sind die jetzt vorliegenden Verhältnisse mit denjenigen, die früher zur Zeit des Urteils vorlagen, zu vergleichen. Dabei kommt es aber nicht, wenigstens nicht grundsätzlich, auf die tatsächlichen Zustände zur Zeit des früheren Urteils bzw. zur Zeit der Verletzung an; denn nicht diesen damals gegenwärtigen Zuständen wollte das frühere Urteil Rechnung tragen, sondern da seine Aufgabe war, einen Ausgleich für künftigen Schaden zu gewähren, so mußte es gerade die künftigen Verhältnisse beurteilen und seiner Entscheidung bestimmte Annahmen über die wahrscheinliche Gestaltung der Zukunft zugrunde legen. Es kommt aber grundsätzlich auch nicht darauf an, von welchen Annahmen das Rentenurteil tatsächlich ausgegangen ist, inwieweit es den Fortbestand des derzeitigen Zustandes, inwieweit künftige Änderungen desselben unterstellt hat. Es ist vielmehr davon auszugehen, daß das Rentenurteil, welches die Parteien haben rechtskräftig werden lassen, den zukünftigen Schadenswirkungen so, wie sie sich zur Zeit der Urteilsfällung überhaupt beurteilen ließen, wenn alle dazu dienlichen Umstände vorgebracht und gebührend berücksichtigt worden wären, gerecht geworden ist. Ob das Urteil tatsächlich diese ideale Aufgabe erfüllt, ist gleichgültig. Vermeidbare Irrtümer, auf denen es beruht, sind nach Rechtskraft nicht mehr abzuändern, insbesondere auch nicht mit der Klage aus

§ 323. Dergleichen Irrtum kann bestehen in unrichtigen Annahmen der tatsächlichen Verhältnisse, wie sie zur Zeit des Urteils bestanden, sofern deren Fortbestand in der Zukunft unterstellt wurde, oder auch in der Nichtbeachtung eines künftigen Umstandes, dessen Eintritt vorauszusehen war und deshalb gewürdigt werden mußte. Was zur Zeit des ersten Urteils, auch an künftigen Veränderungen, für die Festsetzung der Rente berücksichtigt werden konnte, das gilt mit dem ersten Urteil endgültig für erledigt und kann nicht von neuem richterlicher Beurteilung unterbreitet werden. So hat das Reichsgericht die Erhöhung der Rente, die ein verletzter Beamter im Wege der Umwandlungsklage mit Hinweis auf die Dienstalterszulagen forderte, in deren Genuß er bei Verbleiben im Amte jetzt getreten sein würde, insoweit versagt, als die Zulagen auf Grund der zur Zeit des früheren Urteils geltenden Gehaltsordnung schon zuständig waren und also schon damals bei Festsetzung der Rente hätten in Rücksicht genommen werden können, RG. 1. 11. 06, JW. 768[40]. Andere regelmäßig voraussehbare und deshalb im Rentenurteil notwendig zu erörternde Umstände sind z. B.: daß der Verletzte auch ohne den Unfall mit zunehmendem Alter die Erwerbsfähigkeit verloren haben würde; daß ein verletzter Beamter zur üblichen Zeit ohnehin pensioniert worden sein und von da ab statt des Gehalts nur die ihm alsdann zustehende Pension bezogen haben würde; daß ein unterhaltsberechtigtes Kind mit Erreichung des seinem Stande entsprechenden Alters erwerbsfähig werden und dadurch des Unterhaltsrechts verlustig gehen werde. Soweit solche Veränderungen vorhersehbar waren, können sie nicht zur Grundlage einer Abänderungsklage dienen.

Dagegen ist in allen solchen Fällen, wo die Ereignisse die Zukunft anders gestalten, als zur Zeit des ersten Urteils vorausschauend angenommen werden konnte, in der Umwandlungsklage der Weg gegeben, die Rentenentscheidung den neuen Verhältnissen anzupassen. Als verändernder

Umstand ist anerkannt die Beförderung der Hintermänner des verletzten Beamten in andere, besser bezahlte Stellen, sofern, wie regelmäßig, anzunehmen, daß dgl. Stellen auch dem Verletzten zugänglich gewesen sein würden, RG. 19. 1. 91, EE. 8, 211; 30. 1. 91, EE. 8, 221; ferner die Erhöhung der Gehälter infolge Änderung der Gehaltsgesetze, RG. 15. 10. 88, Bd. 22, 90; 25. 9. 86, Bolze 3, 405.

4. Aber nicht jede geringfügige Änderung der maßgeblichen, die Grundlagen des Rentenurteils berührenden Verhältnisse soll Anlaß zu einem neuen Rechtsstreit geben; nur wesentliche Änderungen dürfen berücksichtigt werden. Wesentlich sind solche Veränderungen, deren Einwirkung auf die Rentenentscheidung zu einer den Umständen nach erheblichen Änderung dieser Entscheidung führen muß. Da es sich immer um die Beurteilung künftiger Verhältnisse handelt, so muß eine gegenwärtige Veränderung einigen Bestand in die Zukunft hinein haben, um als wesentlich gelten zu können. Offenbar vorübergehende Änderungen, z. B. die einmalige gelegentliche entgeltliche Beschäftigung eines nach dem Rentenurteil dauernd Erwerbsunfähigen oder die Verbüßung einer kürzeren Freiheitsstrafe bleiben als unwesentlich außer Betracht. Die Veränderung muß nicht unerheblich in die Zukunft hineinwirken, braucht aber nicht notwendig von Dauer zu sein. So ist die Verbüßung einer längeren Freiheitsstrafe als wesentliche Änderung zu erachten, RG. 23. 12. 79, Bd. 1, 66; 9. 10. 90, EE. 8, 65. Dasselbe gilt für den Fall, wo der Verletzte, der nach dem Rentenurteil für gänzlich erwerbsunfähig angesehen worden war, später trotz seiner Krüppelhaftigkeit eine dauernde Arbeitsstelle oder auch nur gelegentliche Arbeit, jedoch mit solcher Regelmäßigkeit findet, daß ein gewisser dauernder Erwerb für die Zukunft als wahrscheinlich angenommen werden kann, ROHG. 4. 5. 77, Bd. 22, 154, RG. 15. 4. 82, EE. 2, 256; 6. 11. 93, EE. 10, 233, 11, 126.

IV. jeder Teil.

Der Berechtigte, dem im früheren Prozeß die Rente zugesprochen worden ist, und der Verpflichtete, der zur Zahlung der Rente verurteilt worden ist. Der Verpflichtete kann sein Klagerecht nicht an einem Dritten, etwa die Gesellschaft, bei der er gegen Haftpflicht versichert ist, abtreten. Abtretbar sind nach § 398 BGB. nur Forderungen. Das Klagerecht aus § 323 ist aber kein selbständiges Forderungsrecht, sondern nur eine Befugnis des Schuldners, sich gegenüber dem Forderungsrecht seines Gläubigers zu wehren, RG. 6. 4. 80, Bd. 1, 315.

V. im Wege der Klage.

Die Klage ist nicht eine Fortsetzung des früheren Prozesses, sondern eine neue, selbständige Klage. Sie ähnelt zwar der Klage aus § 767 ZPO., ist aber nicht, wie diese, an den Gerichtsstand des früheren Prozesses gebunden, unterliegt vielmehr den allgemeinen Grundsätzen über den Gerichtsstand. Wenn also der verurteilte Haftpflichtige auf Aufhebung oder Minderung der Rente klagt, so hat er die Klage regelmäßig im allgemeinen Gerichtsstand des Berechtigten, also unter Umständen vor einem anderen Gericht zu erheben, als demjenigen, welches die Rente zugesprochen hat, RG. 6. 4. 80, Bd. 1, 315; 2. 10. und 20. 10. 02, EE. 19, 263, 332, JW. 604.

Auch die Umwandlungsklage unterliegt derselben Verjährung wie die Klage auf Haftpflichtrente überhaupt, also der zweijährigen Verjährung des § 14 des Gesetzes. Die Frist beginnt mit der Kenntnis des Klägers von dem Eintritt der Veränderung, RG. 26. 10. 06, JW. 767[39], a. M. Eger S. 542.

VI. eine entsprechende Abänderung des Urteils.

Jede Klagpartei kann diejenige Abänderung des Urteils verlangen, die ihrer Parteistellung und den veränderten Verhältnissen entspricht, der Haftpflichtige also Herabminderung oder Aufhebung, der Berechtigte Erhöhung oder Weitergewährung der Rente, letzteres in dem Falle, wenn das frühere Urteil die Dauer der Rente zu kurz bemessen hatte, und der Schaden auch über die festgesetzte Rentendauer hinaus wirkt, RG. 9. 6. 80, Bd. 2, 3. Auch auf Wiedergewährung einer früher zuerkannten, später auf Antrag des Haftpflichtigen aufgehobenen Rente kann geklagt werden. Fraglich erscheint aber, ob solche Klage die Umwandlungsklage des § 323 ist. Diese Bestimmung setzt als Gegenstand der Abänderung ein zurzeit wirksames, auf Rente lautendes Urteil. In dem angenommenen Falle ist aber das frühere Rentenurteil durch ein späteres Urteil bereits aufgehoben und außer Kraft gesetzt, es wird auch nicht Abänderung des früheren, Rente zusprechenden Urteils, vielmehr dessen Wiederherstellung gegenüber dem späteren Abänderungsurteil verlangt. Der Fall liegt also nicht wesentlich anders, wie wenn die Haftpflichtklage von vornherein aus dem Grunde abgewiesen ist, weil zurzeit weder ein gegenwärtiger noch künftiger Schaden feststellbar sei. In beiden Fällen liegen zwar die Voraussetzungen des § 323 nicht vor; gleichwohl steht aber einer erneuten Klage auf Gewährung oder Wiedergewährung von Rente nichts entgegen, insbesondere nicht die Rechtskraft des früheren Urteils, das die Rente nur deshalb versagte oder aufhob, weil zurzeit weder ein gegenwärtiger Schaden vorhanden, noch ein künftiger voraussehbar sei. Es bedarf also für die Zulassung einer neuen Klage in diesen Fällen keines besonderen Gesetzes, weil ihre Zulässigkeit schon aus allgemeinen Rechtsgrundsätzen folgt. Die neue Klage ist aber gegenüber der Klage aus § 323 dadurch bevorzugt, daß für sie die Beschränkung des Abs. 3 daselbst nicht gilt, mithin Schadensersatz auch für die letzten zwei Jahre (Verjährungsfrist) gefordert werden kann (a. M. Eger S. 543ff.).

Der Rentenberechtigte kann auch im Wege der Umwandlungsklage Kapitalabfindung statt der ihm früher zugesprochenen Rente verlangen, wenn nachträglich ein wichtiger Grund eingetreten ist (a. M. Eger S. 545).

Die Umwandlungsklage kann mehrfach wiederholt werden, so oft ihre Voraussetzungen vorliegen. Die Parteien können sich auch abwechselnd dieses Rechtes auf Abänderung bedienen. Denn auch das Umwandlungsurteil selbst unterliegt wiederum der Abänderung, sofern es eine Verurteilung zu Rente ausspricht.

Die Wirksamkeit des Abänderungsurteils kann nach Abs. 3 frühestens auf den Zeitpunkt der Klagzustellung zurückbezogen werden.

Mit dem Antrag auf Erhöhung der Rente kann, ohne daß die besonderen Voraussetzungen des § 13 Abs. 3 vorliegen, der Antrag auf Sicherheitsstellung für diese Erhöhung oder auf Erhöhung der bisherigen Sicherheit, mit dem Antrage auf Minderung oder Aufhebung der Rente auch der Antrag auf Minderung oder Aufhebung der Sicherheitsstellung verbunden werden (Eger S. 545).

VII. zu Absatz 2.

Diese Bestimmung ergibt sich aus dem Grundsatze der Rechtskraft und schränkt nun der besseren Deutlichkeit wegen die in Abs. 1 zugelassene Durchbrechung dieses Prinzips ein. So sehr es dem praktischen Bedürfnis entspricht, die Rente dem Einfluß künftiger unvorhergesehener Ereignisse gegenüber nachgiebig und veränderlich zu machen, so ist doch daran festzuhalten, daß das Urteil das Rechtsverhältnis der Parteien, soweit es gegenwärtig endgültig beurteilt werden kann, rechtskräftig und unabänderlich erledigt. Wie in anderen Prozessen, die sich mit gegenwärtigen oder vergangenen Verhältnissen befassen, mit dem Schluß der letzten mündlichen Verhandlung den Parteien unabänderlich die Möglichkeit entzogen ist, neues Material zu verwerten, gleichviel, ob es ihnen vorher bekannt war oder nicht, gilt dasselbe auch für den Rentenprozeß. Die aus besonderen, der Eigenart des Prozeßgegenstandes und der Prozeßwirkung entsprechenden Gründen zugelassene Änderungsklage soll nicht zum Vorwande genommen werden dürfen, um Versäumnisse des ersten Prozesses nachzuholen. Soweit die Gründe für und wider den Rentenanspruch im ersten Prozeß vorgebracht und gewürdigt werden konnten, sind sie mit der Rechtskraft des Urteils unabänderlich erledigt, gleichviel, ob sie vorgebracht worden sind oder nicht, gleichviel auch, ob sie den Parteien bekannt waren oder ihnen verschuldet oder unverschuldet unbekannt geblieben sind. Nur soweit ihr Vorbringen erst in der Zukunft möglich wird, gibt die Klage aus § 323 einen Weg zur Abänderung des Urteils. Die Möglichkeit, neue Tatsachen im Prozeß vorzubringen, ist den Parteien nach dem Gesetz mit dem Schluß der letzten mündlichen Verhandlung vor dem Urteil genommen, wenn aber dies Urteil ein Versäumnisurteil war, in Ansehung der säumigen Partei erst mit dem Ablauf der Einspruchsfrist, also mit der Rechtskraft des Urteils. Veränderungen, die zwischen der letzten kontradiktorischen Verhandlung und der Rechtskraft des Urteils entstehen, braucht die Partei nicht mit dem Rechtsmittel der Berufung geltend zu machen; sie kann die Rechtskraft abwarten und sodann die Umwandlungsklage erheben. Veränderungen, die zwischen der Verhandlung, auf die ein Versäumnisurteil erlassen worden ist, und der Rechtskraft des Versäumnisurteils entstehen, muß die säumige Partei bei Gefahr des Ausschlusses im Wege des Einspruchs geltend machen.

VIII. zu Absatz 3.

Hat die Klage wegen veränderter Umstände Erfolg, so darf die Wirkung der neuen Entscheidung doch nicht auf den unter Umständen schwer bestimmbaren Zeitpunkt des Eintritts der Veränderung selbst, sondern nur frühestens auf den Zeitpunkt der Zustellung der Umwandlungsklage zurückbezogen werden. Dagegen kann das neue Urteil den Beginn seiner Wirkung auf einen späteren, unter Umständen auf einen künftigen Zeitpunkt verlegen.

§ 14.

Die in den §§ 7 bis 13 bestimmten Ansprüche auf Schadensersatz verjähren in zwei Jahren von dem Zeitpunkt an, in welchem der Ersatzberechtigte von dem Schaden und von der Person des Ersatzpflichtigen Kenntnis erlangt, ohne Rücksicht auf diese Kenntnis in dreißig Jahren von dem Unfall an.

Schweben zwischen dem Ersatzpflichtigen und dem Ersatzberechtigten Verhandlungen über den zu leistenden Schadensersatz, so ist die Verjährung gehemmt, bis der eine oder der andere Teil die Fortsetzung der Verhandlungen verweigert.

Im übrigen finden die Vorschriften des Bürgerlichen Gesetzbuchs über die Verjährung Anwendung.

I. zu Absatz 1.

1. Allgemeines. Der erste Absatz stimmt bis auf den Eingang wörtlich mit § 852 Abs. 1 BGB. überein mit der einzigen Ausnahme der Verjährungsfrist, die im BGB. auf 3 Jahre, in unserem Gesetz auf 2 Jahre bemessen worden ist.

2. Die in den §§ 7 bis 13 bestimmten Ansprüche auf Schadensersatz. Das sind alle auf der Haftpflicht des § 7 beruhenden Ansprüche

a) des Verletzten auf Ersatz:
  α) der Heilungskosten,
  β) des Erwerbsausfalls,
  γ) des Aufwandes für vermehrten Bedarf;
b) desjenigen, der die Beerdigungskosten zu tragen hatte, auf Ersatz der Auslagen hierfür;
c) der Unterhaltsberechtigten auf Entschädigung für Entziehung des Unterhaltsrechts;

d) der von Sachschaden Betroffenen auf Ersatz dieses Schadens,

gleichviel, ob der Fahrzeughalter in Anspruch genommen wird oder derjenige, der wegen eigenmächtiger Inbetriebsetzung des fremden Fahrzeugs an Stelle des Halters haftet (§ 7 Abs. 3), oder der Führer des Fahrzeugs, der nach § 18 neben dem Halter haftet.

Auch der Anspruch auf Erhöhung oder Weitergewährung einer früher bereits zuerkannten Rentenentschädigung (§ 323 ZPO.) ist, wie nicht zweifelhaft sein kann, ein Anspruch auf Schadensersatz und unterliegt also der Verjährungsvorschrift des § 14; die Verjährungsfrist für die Umwandlungsklage beginnt mit der Kenntnis des Berechtigten von denjenigen erst nachträglich hervorgetretenen Schadensfolgen, auf welche er seinen Umwandlungsanspruch stützt. (Ebenso schon für das Reichshaftpflichtgesetz trotz dessen nicht so unzweideutiger Fassung: RG. 26. 10. 06, JW. 768[39].)

Ferner gehört hierher auch der Anspruch auf Sicherheitsleistung aus § 13 des Gesetzes, § 843 Abs. 2 BGB. Denn er ist als ein Teil des dem Berechtigten in Rentenform zu gewährenden Schadensersatzes anzusehen (RG. 22. 1. 80, Bd. 3, 21; 4. 4. 05, EE. 21, 395) und wird durch die Bezugnahme des § 14 auf die Ansprüche des § 13 auch ausdrücklich unter die Verjährungsvorschriften gestellt, soweit er überhaupt als selbständiger Anspruch gemäß § 13 Abs. 3 in Betracht kommen kann. Die zweijährige Verjährungsfrist beginnt für ihn mit der Kenntnis des Berechtigten von der Verschlechterung der Vermögenslage des Verpflichteten (a. M. für das Haftpflichtgesetz, dessen Verjährungsbestimmung aber auch ausdrücklich nur die Ansprüche aus §§ 1 bis 3a in Bezug nimmt, Eger S. 575, Reindl S. 203).

Konkurrierende Schadensersatzansprüche, die nicht aus dem vorliegenden Gesetz, sondern aus anderen Vorschriften, z. B. wegen Verschuldens des Haftpflichtigen aus dem BGB.

begründet werden, unterliegen nicht der zweijährigen Verjährung des § 14.

3. verjähren in zwei Jahren. Die Dauer der Verjährungsfrist ist ebenso wie im Reichshaftpflichtgesetz auf 2 Jahre abgekürzt, während sie für die gleichartigen Ansprüche aus dem BGB. (Haftung des Tierhalters usw.) nach § 852 daselbst 3 Jahre beträgt. Die Kürze der Frist ist mit Rücksicht darauf begründet, daß der Haftpflichtige, wenn auch seine Haftpflicht milder ist nach dem Haftpflichtgesetz, doch einen großen Teil der Beweislast trägt, und der Beweis weit zurückliegender Begebenheiten besonders schwierig ist. Über die Berechnung der Frist vgl. §§ 187, 188 BGB.

4. von dem Zeitpunkt an, in welchem der Ersatzberechtigte von dem Schaden und von der Person des Ersatzpflichtigen Kenntnis erlangt. Nach der allgemeinen Regel des § 198 BGB. beginnt die Verjährung mit der Entstehung des Anspruchs. Demgegenüber ist die Verjährung des Reichshaftpflichtgesetzes zum Ausgleich für die strenge Haftpflicht besonders erleichtert, indem der Beginn auf den Tag des Unfalls bzw. des Todes gelegt ist. Das vorliegende Gesetz dagegen folgt der Regelung, die das BGB. nach dem Vorgange des Preuß. Allg. LR. (§ 54 I, 6) für Schadensersatzansprüche aus unerlaubter Handlung mit Rücksicht auf die Kürze der hierfür geltenden Verjährungsfrist eingeführt hat, indem es die Frist erst mit der Kenntnis des Berechtigten von dem Schaden und von der Person des Haftpflichtigen beginnen läßt. Dadurch können sich für die einzelnen Ansprüche beim Vorhandensein mehrerer Berechtigter und Verpflichteter verschiedene Anfangszeiten ergeben.

Die vom Gesetz geforderte Kenntnis des Berechtigten vom Schaden setzt die Entstehung des Schadens voraus. Nun besteht die besondere Art der Nachteile, für die bei der körperlichen Beschädigung oder Tötung eines Menschen Ersatz zu leisten ist, darin, daß der Umfang des Schadens nicht sogleich nach eingetretener Beschädigung abzusehen ist; er pflegt sich vielmehr oft weit in die Zukunft hinein, täglich zu erneuern und tritt oft überhaupt erst in der Zukunft erkennbar hervor. Daraus ergibt sich die Frage, ob ein in Gegenwart und Zukunft fortwirkender Schaden auch als ein mit jeder täglichen Erneuerung seiner schädlichen Wirkung neuentstehender Schaden anzusehen sei, der mit jedem Tage eine neue Verjährung in Lauf setze, oder aber ob mit dem beschädigenden Ereignis als der Quelle aller späteren Schadenswirkungen der „Schaden" im Sinne des Gesetzes entstanden sei, so daß mit der Kenntnis des Ersatzberechtigten von dem beschädigenden Ereignis eine einheitliche Verjährungsfrist laufe, und mit deren Ende auch alle künftigen Schadenswirkungen verjährt seien. Zu dieser Frage hat schon das Preuß. Ob.-Tribunal mit dem Plenar-Beschluß vom 20. 3. 1856 dahin Stellung genommen:

„Die dreijährige Verjährung des Anspruchs auf Ersatz eines außerhalb dem Falle eines Kontrakts erlittenen Schadens trifft auch in den Fällen das ganze Recht, wo der aus einer Handlung entstehende, dem Beschädigten bekannt gewordene Schaden so beschaffen ist, daß er, obwohl in wechselndem Umfange, sich auch in Zukunft erneuert."

Diese für § 54 ALR. I, 6 gegebene Entscheidung gilt auch jetzt noch für die in dem fraglichen Punkte im wesentlichen gleichlautenden Bestimmungen des § 852 BGB. und des § 14 des vorliegenden Gesetzes (RG. 29. 10. 07, JW. 833[10]). Die Entscheidung trifft nach ihrem Wortlaut aber nur auf diejenigen Fälle zu, wo dem Berechtigten die Beschaffenheit des Schadens, daß er sich in Zukunft, wenn auch in wechselndem Umfange erneuern werde, bekannt ist. Treten aber Schäden von anderer Art als die zunächst hervorgetretenen erst später auf, so beginnt für diese eine besondere Verjährung erst mit Kenntnis des Berechtigten von dieser Schadenswirkung. So RG. v. 29. 10. 07 (JW. 833[10]): „Von dieser Entscheidung ausgenommen sind jedoch die Fälle, wo aus einer Handlung erst lange nach ihrer Vollführung nachteilige Folgen sich geäußert haben, oder außer den anfänglichen nachteiligen Folgen der schadenden Handlung erst späterhin noch andere Nachteile entspringen, deren Kausalzusammenhang mit der fraglichen Handlung sich gar nicht voraussehen oder doch nur vielleicht befürchten ließ." Ferner RG. v. 11. 11. 07 (JW. 08 11[11]): „Unter dieser Kenntnis — scil. des Berechtigten vom Schaden — ist allerdings nicht schlechthin das Wissen des Verletzten davon, daß er überhaupt geschädigt sei, zu verstehen. Eine solche Handlung kann neben sich sofort zeigenden schädlichen Wirkungen auch erst später hervortretende Folgen haben, die vielleicht auch erst beim Hinzutritt nachträglich eingetretener Umstände dem Verletzten Nachteile bereiten oder für ihn in einer von ihm von vornherein nicht erkannten Weise schädlich sind. Soweit in solchen Fällen ein erst nachträglich eingetretener Schaden zu dem von Anfang an vorliegenden hinzugetreten ist, oder dem Verletzten eine ihm nachteilige Wirkung der unerlaubten Handlung erst später bekannt oder von ihm als Folge der Handlung erkannt wird, beginnt die Verjährung für den Ersatzanspruch wegen dieser Schäden erst von der Zeit an, wo er Kenntnis von diesem auf die unerlaubte Handlung zurückzuführenden Schaden erlangt. Auf der andern Seite ist der Beginn der Verjährung wegen des ganzen Schadens nicht davon abhängig, daß der Verletzte die Höhe des Vermögensnachteils, den er durch die wider ihn begangene widerrechtliche Handlung erleidet, noch nicht zu bestimmen vermag." Bei dieser Rechtslage erscheint es nicht unbedingt in allen Fällen notwendig, sich durch Erhebung der Feststellungsklage bezüglich des ganzen Schadensersatzrechts gegen die Verjährung der in Zukunft vielleicht möglichen, aber noch nicht absehbaren Schadensersatzansprüche zu sichern.

Der Ersatzanspruch des Unterhaltsberechtigten entsteht nicht vor dem Tode des Unterhaltspflichtigen (RG. 27. 1. 80, Bd. 1, 49) und hängt, wenn zu dieser Zeit die Unterhaltspflicht selbst etwa wegen fehlender Bedürftigkeit, noch nicht begründet war, ferner von dem nachträglichen Eintritt der hierfür fehlenden Voraussetzung ab. Vorher kann die Verjährung nicht beginnen.

5. ohne Rücksicht auf diese Kenntnis in 30 Jahren vom Unfall an. Neben der kurzen zweijährigen läuft noch eine längere dreißigjährige Verjährungsfrist, um die schwebende Ungewißheit, ob Schadensansprüche erhoben werden, nicht ins Ungemessene zu steigern. Die Frist beginnt ohne Rücksicht auf die Entstehung der Ansprüche und auf Kenntnis des Berechtigten davon mit dem Tage des Unfalls und weicht also nach der andern Seite von der allgemeinen Regel des § 198 BGB. ab. Der Tag des Unfalls setzt die Frist auch für den Unterhaltsberechtigten in Lauf.

II. Zu Absatz 2.

Die Bestimmung ist neu, weder im BGB., noch im Reichshaftpflichtgesetz enthalten. Sie bezweckt sowohl den Schutz des Berechtigten dagegen, durch hingezogene Vergleichsverhandlungen seines Klagerechts verlustig zu gehen, als auch die Vermeidung von Prozessen, die aus Furcht vor dem Verlust des Klagerechts angestrengt werden und die gütliche Beilegung stören. Es wird häufig im Interesse beider Parteien liegen, zunächst den Verlauf des Heilungsprozesses, den Erfolg von Kurmitteln u. dgl. abzuwarten, um für den beabsichtigten Vergleich eine sichere Unterlage zu gewinnen.

Die Verhandlungen über den zu leistenden Schadensersatz betreffen abgesehen von der Höhe des Ersatzes und der Dauer der etwa zugestandenen Rente auch die Frage, ob überhaupt ein Ersatz zu leisten sei. Verhandlungen zwischen dem Berechtigten und der Versicherungsgesellschaft, bei der der Haftpflichtige versichert ist, hemmen nicht die Verjährung, es müßte denn der Haftpflichtige die Gesellschaft bevollmächtigt haben, die Verhandlungen in seinem Namen zu führen.

Die Verjährung wird gehemmt, d. h. es wird die Dauer der Verhandlungen in die Verjährungsfrist nicht eingerechnet; nach fruchtloser Beendigung der Verhandlungen läuft die davor begonnene Verjährung weiter.

Die Hemmung der Verjährung wird durch die Weigerung des einen oder anderen Teils, die Verhandlungen fortzusetzen, beseitigt. Die Weigerung muß dem anderen Teil gegenüber erklärt werden, was aber nicht ausdrücklich mit Worten zu geschehen braucht. Eine Weigerung durch schlüssige Handlungen würde z. B. darin zu sehen sein, wenn der eine Teil die ihm vom anderen zur Erklärung über einen Vergleichsvorschlag gesetzte Frist fruchtlos verstreichen läßt, oder wenn Klage erhoben wird.

III. Zu Absatz 3.

1. Nur für die Dauer der Verjährungsfrist, ihren Beginn und den in Abs. 2 behandelten Fall ihrer Hemmung gibt das Gesetz besondere vom bürgerlichen Recht abweichende Vorschriften. Im übrigen verbleibt es insbesondere bezüglich der Wirkung, der Hemmung und der Unterbrechung der Verjährung bei den Vorschriften des BGB. §§ 202 bis 225.

2. Die Wirkung der Verjährung besteht in dem Recht des Verpflichteten, die Leistung zu verweigern, § 222 BGB. Der Anspruch auf Schadensersatz erlischt also nicht. Der Haftpflichtige hat die Einrede vorzubringen und die Einredetatsachen, insbesondere den Zeitpunkt des Beginns der Verjährung zu bezeichnen und zu beweisen (RG. Bd. 4 S. 237). Er kann aber auch auf die Einrede verzichten, die klaglos fortbestehende Forderung erfüllen, rechtswirksam durch Vertrag anerkennen und dafür Sicherheit bestellen; das, wenn auch in Unkenntnis der Verjährung Geleistete darf er nicht zurückfordern, ebensowenig sich gegenüber der Klage aus dem Anerkenntnis oder dem bestellten Pfandrecht auf die Verjährung oder seine Unkenntnis berufen. Auch die vor der Verjährung bestellten Pfandrechte bleiben nebst Pfandrechtsklage bestehen (§§ 222, 223 BGB.).

3. Über Hemmungsgründe vgl. §§ 202 bis 204 BGB. Dazu tritt der besondere Hemmungsgrund aus Abs. 2 § 14 des Gesetzes. Die Wirkung der Hemmung besteht darin, daß die Dauer der Hemmung in die übrigens weiterlaufende Verjährungsfrist nicht eingerechnet wird (§ 205 BGB.).

4. Besondere Schutzvorschriften gegen den Ablauf der Verjährungsfrist sind in den §§ 206, 207 BGB. für geschäftsunfähige und in der Geschäftsfähigkeit beschränkte Personen ohne gesetzliche Vertreter und für Forderungen für und gegen einen Nachlaß gegeben.

5. Nach § 209 BGB. wird die Verjährung durch Erhebung, d. h. Zustellung der Klage unterbrochen. Wird mit der Klage nur einer der mehreren Haftpflichtansprüche oder nur ein Teil eines solchen Anspruchs geltend gemacht, so läuft die Verjährung bezüglich der nicht eingeklagten Ansprüche und Teilansprüche weiter. Eine Unterbrechung der Verjährung tritt nur insoweit ein, als der Anspruch rechtshängig geworden ist. Auch wenn der Kläger seine Teilklage auf den gesamten zurzeit mit der Leistungsklage verfolgbaren Inhalt seines Schadensersatzrechts ausgedehnt und dabei eine Betätigung seines ganzen Ersatzrechts beabsichtigt hat, so bleibt doch die Unterbrechung der Verjährung auf die rechtshängig gewordenen Ansprüche beschränkt und erstreckt sich nicht auf die künftigen Forderungen, mag sich auch der Kläger das Recht hierauf ausdrücklich vorbehalten haben. Hieran wird auch dadurch nichts geändert, daß das auf die Teilklage ergehende Urteil auf der Feststellung der Haftpflicht des Beklagten im allgemeinen beruht und die Zuerkennung des verlangten Teilersatzes mit dieser Feststellung begründet. Nur wenn der Kläger die Feststellung der Ersatzpflicht auch in Ansehung des künftigen, noch nicht bezifferbaren Schadens mit einem besonderen Antrage aus § 256 ZPO. verlangt, so daß das Gericht die Feststellung im entscheidenden Teil des Urteils treffen kann, wird die Verjährung des ganzen Schadensersatzrechts unterbrochen. So RG. Bd. 57 S. 372 ff.; 25. 3. 07, JW. 302[6];

11. 11. 07, JW. 08, 10[11] im Gegensatz zu älteren Entscheidungen vom 30. 1. 91, EE. 8, 221; 14. 3. 99, EE. 16, 59. Die angeführte Entscheidung vom 11. 11. 07 hebt noch ausdrücklich hervor, daß auch bei Erweiterung des ursprünglichen Klageantrags für den erst im Laufe des Prozesses erhobenen Teil des Anspruchs die Unterbrechung der Verjährung nicht schon mit Erhebung der ursprünglichen, beschränkten Klage eingetreten ist, daß sie vielmehr erst mit der Rechtshängigkeit des Erweiterungsanspruchs eintritt (§ 281 ZPO.).

Es ist schon erwähnt worden, daß nicht nur die Leistungsklage, sondern auch die Feststellungsklage die Verjährung unterbricht. Das ist ausdrücklich in § 209 BGB. ausgesprochen und war auch schon früher, solange § 256 (früher 231) ZPO. existiert, geltendes Recht. Die gegenteilige von Eger (S. 588 ff.) für das Gebiet des Reichshaftpflichtgesetzes vertretene Meinung, der Umfang der Forderung müsse namentlich in Rücksicht auf ihre zeitlichen Grenzen in der Feststellungsklage genau präzisiert sein, damit die Verjährung unterbrochen werde, und diese Unterbrechung könne sich demgemäß nur auf den bereits entstandenen, nicht den erst zukünftig zu erwartenden Schaden oder auf das Schadensersatzrecht überhaupt beziehen, findet im Gesetz keine Stütze. Eger beruft sich auf die Absicht des Gesetzgebers bei Einführung der kurzen Verjährungsfrist, die den Haftpflichtigen instand setzen soll, unbegründete Ansprüche mit Erfolg abzuwehren, und deshalb den Berechtigten veranlaßt, seine Klage so zeitig anzubringen, daß dem Haftpflichtigen noch die Möglichkeit bleibt, die tatsächlichen Unterlagen des Anspruchs zu prüfen. Aber diese Absicht wird vollständig erreicht, wenn im Wege der Feststellungsklage die Haftpflicht geprüft wird; denn nur bezüglich der Grundlagen der Haftpflicht selbst ist der Haftpflichtige durch Umkehrung der Beweislast schlechter gestellt, so daß sein Interesse an alsbaldiger Aufklärung des Tatbestandes besonders schutzbedürftig ist; dagegen ist es nach Feststellung der Haftpflicht Sache des Berechtigten, nachzuweisen, daß Schadensfolgen entstanden sind; insoweit ist also ein besonders schutzbedürftiges Interesse des Haftpflichtigen nicht zu erkennen. Dagegen würde die Egersche Ansicht den Berechtigten jeder Möglichkeit berauben, sich den Ersatz künftigen Schadens, den er innerhalb der kurzen Verjährungsfrist nicht beziffern und daher nicht zum Gegenstande einer Leistungsklage machen kann, zu sichern. Wie bei dieser Ansicht verletzte Kinder zum Ersatz des aus der möglichen künftigen Beeinträchtigung ihrer Erwerbsfähigkeit sich ergebenden Schadens kommen sollen, ist unerfindlich. Tatsächlich hat das Reichsgericht in ständig gleicher Rechtsprechung die Feststellungsklage als das Mittel bezeichnet, die Verjährung des Anspruchs auf Ersatz des künftig zu erwartenden Schadens zu unterbrechen. RG. 13. 11. 05, JW. 06, 16[14]; 4. 12. 05, JW. 06, 92[16]; 1. 3. 06, JW. 236[23] (wo die Egersche Ansicht ausdrücklich gemißbilligt wird); 31. 5. 06, EE. 23, 72; 5. 4. 06, JW. 359[21]; 25. 2. 07, EE. 24, 44; 4. 4. 07, EE. 24, 147; 17. 10. 07, JW. 710[18]; 30. 10. 07, JW. 832[9]; 13. 2. 08, JW. 237[9]; 5. 3. 08, JW. 273[8]. Die Unterbrechung wirkt auch hier wieder in demselben Umfange, in dem der Anspruch auf Schadensersatz rechtshängig geworden ist. Ist der Antrag auf Feststellung des Anspruchs auf Ersatz der künftigen Heilungskosten oder der Aufwendungen für vermehrte Bedürfnisse beschränkt, so läuft die Verjährung in Ansehung des Anspruchs auf Ersatz für Erwerbsausfall weiter. Zulässig ist es aber auch, die Feststellung der Ersatzpflicht für den gesamten künftigen, zurzeit noch nicht bezifferbaren Schaden sämtlicher vom Gesetz zugelassenen Kategorien zu beantragen. Der Klageantrag kann ganz allgemein dahin gestellt werden: festzustellen, daß Beklagter verpflichtet ist, dem Kläger allen Schaden zu ersetzen, der ihm in Zukunft aus der erlittenen Verletzung entstehen wird (RG. 4. 12. 05, JW. 06, 92[16]). Die Wirkung des Urteils ist nach § 218 BGB., daß der rechtskräftig festgestellte Anspruch der kurzen zweijährigen Verjährung entzogen ist und erst in 30 Jahren vom Urteil ab verjährt. § 218 Abs. 2 BGB. kommt nicht in Anwendung, weil sich bei der Klage aus § 256 ZPO. die Feststellung auf die gerichtliche Anerkennung des Schadensersatzrechts im allgemeinen beschränkt, nicht aber auf die künftigen Leistungen, Renten, bezieht.

Voraussetzung der Feststellungsklage ist ein rechtliches Interesse des Klägers an der alsbaldigen Feststellung. Soweit schon gegenwärtig die Leistungsklage erhoben werden kann, fehlt ein Interesse des Klägers an der Feststellung. Dasselbe ist der Fall, wenn die Möglichkeit künftiger Schadensfolgen überhaupt ausgeschlossen ist (RG. v. 13. 11. 05, JW. 06, 16). Sofern aber eine, wenn auch nur fernliegende und nicht wahrscheinliche Möglichkeit vorhanden ist, daß später noch irgendwelche ersetzbare Schadenswirkungen als Folgen des Unfalls eintreten können, so ist hiermit sowohl das Rechtsverhältnis selbst, dessen Feststellung begehrt wird, als auch das Interesse des daraus Berechtigten an der Feststellung begründet. (RG. v. 13. 11. 05, JW. 06, 16[14]; 4. 12. 05, JW. 06, 92[16]; 17. 10. 07, JW. 710[18]; 30. 10. 07, JW. 832[9]; 13. 2. 08, JW. 237[9]; 5. 3. 08, JW. 273[8].) Der Berechtigte muß ferner an alsbaldiger Feststellung des Ersatzanspruchs ein rechtliches Interesse haben. Diese Voraussetzung der Feststellungsklage ist regelmäßig erfüllt, wenn der Ablauf der kurzen Verjährungsfrist den Verlust der Klagbarkeit des Ersatzanspruchs befürchten läßt. (RG. v. 21. 6. 88, EE. 6, 329; 2. 11. 99, EE. 16, 336; 18. 4. 95, Bd. 35, 392; 22. 9. 04, EE. 21, 275; 17. 10. 04, EE. 21, 281.) Es ist aber zu beachten, daß nach § 14 des vorliegenden Gesetzes — anders wie nach Reichshaftpflichtgesetz — die Verjährung des Ersatzanspruchs für gegenwärtig noch gar nicht vorhandene, erst künftig zu erwartende neue Schäden erst mit deren künftigem Eintritt zu laufen beginnt (siehe oben Anm. I 4), insofern also

Verjährung nicht droht. In solchen Fällen muß also das rechtliche Interesse an alsbaldiger Feststellung anders begründet werden. Vgl. RG. Entsch. Bd. 35, 392, JW. 98, 659[11], JW. 99, 91[12], JW. 99, 392[4], JW. 00, 49[9], JW. 01, 158[4], Gruchot 45, 939, 48, 1102.

Überall da, wo gegenwärtige, in die Zukunft hinein fortwirkende Schäden vorhanden sind, wird es aber im Hinblick auf die Verjährung, die dem Ersatzanspruch für solche voraussehbaren, wenn auch dem Umfange nach wechselnden Schäden droht (siehe oben Anm. I 4), sich empfehlen, mit der Leistungsklage für die bereits bezifferbaren Schäden die Feststellungsklage für die übrigen zu verbinden.

Außer durch Klage und die ihr gleichgestellten Handlungen des Berechtigten (siehe § 209 Abs. 2 BGB.) wird die Verjährung durch Anerkenntnis des Haftpflichtigen unterbrochen. Das Anerkenntnis bedarf nicht der Annahme und ist an keine Form gebunden; es genügen schlüssige Handlungen wie Abschlagszahlungen, Sicherheitsleistung u. dgl. Die Verjährung wird aber nur in demselben Umfange unterbrochen, in dem das Anerkenntnis nach dem aus den Umständen zu ermittelnden Willen des Haftpflichtigen Bedeutung finden sollte. Anerkennung eines Teilanspruchs unterbricht nicht die Verjährung des übrigen Anspruchs. Auch eine Anerkenntnis kann sich, wie die Feststellungsklage auf den Grund des Anspruchs beschränken, so daß die Festsetzung des Betrages künftiger Vereinbarung oder Klage vorbehalten bleibt. RG. v. 14. 6. 06, Bd. 63, 382: „Durch eine Anerkenntnis wird mithin die Verjährung für den ganzen Anspruch unterbrochen, wenn es sich auf den Anspruch im ganzen bezieht; es genügt aber, wenn ebenso wie bei der Feststellungsklage die Anerkennung eine allgemeine Richtung auf das Bestehen des Anspruchs (für eine Schadensersatzklage, wie im gegebenen Falle, auf die Verpflichtung zum Schadensersatz, soweit der Schaden reicht) genommen hat." Ebenso RG. 19. 12. 07, JW. 08, 79[15], auch EE. 24, 376; 28. 6. 06, EE. 23, 270.

§ 15.

Der Ersatzberechtigte verliert die ihm auf Grund der Vorschriften dieses Gesetzes zustehenden Rechte, wenn er nicht spätestens innerhalb zweier Monate, nachdem er von dem Schaden und der Person des Ersatzpflichtigen Kenntnis erhalten hat, dem Ersatzpflichtigen den Unfall anzeigt. Der Rechtsverlust tritt nicht ein, wenn die Anzeige infolge eines von dem Ersatzberechtigten nicht zu vertretenden Umstandes unterblieben ist oder der Ersatzpflichtige innerhalb der bezeichneten Frist auf andere Weise von dem Schaden Kenntnis erhalten hat.

1. Allgemeines. Diese Bestimmung, zu der sich im Schadensersatzrecht weder des BGB. noch des Reichshaftpflichtgesetzes etwas Analoges findet, bezweckt in noch höherem Grade wie die kurze Verjährung, dem Haftpflichtigen die Möglichkeit zu sichern, alsbald nach einem durch sein Kraftfahrzeug angerichteten Schaden den Hergang aufzuklären, die Grundlagen seiner Haftpflicht zu prüfen und seine Beweise für den künftigen Prozeß zu sichern. Die Kraftwagenunfälle spielen sich bisweilen ohne viel Lärm auf der einsamen Landstraße, in der Stille der Nacht ab; es kann sich treffen, daß nicht einmal der Führer, geschweige denn der im Innern des geschlossenen Wagens sitzende oder auch gar nicht auf der Fahrt befindliche Halter von dem Unfall etwas merkt, zumal der Unfall gar nicht in einer körperlichen Berührung bestanden zu haben braucht. Gegenüber der schweren Beweislast des Haftpflichtigen entspricht es der Billigkeit, Fürsorge zu treffen, daß er möglichst bald Kenntnis von den drohenden Ersatzansprüchen erhalte.

2. Der Ersatzberechtigte. Ersatzberechtigt ist jeder, der auf Grund dieses Gesetzes Ansprüche zu erheben hat,

also außer dem Verletzten selbst auch der geschädigte Unterhaltsberechtigte und derjenige, der pflichtgemäß die Beerdigungskosten verauslagt hat, und der vom Sachschaden Betroffene. Jeder Ersatzberechtigte hat in Ansehung des ihn betreffenden Schadens die Anzeigepflicht. Für jeden läuft die Ausschlußfrist besonders.

3. verliert die ihm auf Grund der Vorschriften dieses Gesetzes zustehenden Rechte. Die Rechte auf Schadensersatz aus diesem Gesetze werden gesetzlich befristet; mit Ablauf der Frist erlöschen sie schlechthin, wenn nicht die Anzeige stattgefunden hat. Nicht nur das Klagerecht wie bei der Verjährung, sondern das Recht auf Schadensersatz selbst geht verloren; der Rechtsverlust ist ein völliger. Das Recht kann nicht wieder aufleben, auch nicht durch Anerkenntnis, es ist nur die Möglichkeit gegeben, durch Vertrag einen neuen gleichartigen Anspruch zu begründen. Die Erstattung der Anzeige innerhalb der Ausschlußfrist gehört zu den klagbegründenden Tatsachen, wenn die Klage nach Ablauf der Frist erhoben wird. Der Ersatzberechtigte muß behaupten und beweisen, daß er die zur Erhaltung seines Rechts notwendige gesetzliche Voraussetzung erfüllt hat. Der Richter hat den Fristablauf von Amts wegen zu berücksichtigen.

4. nachdem er von dem Schaden und der Person des Ersatzpflichtigen Kenntnis erhalten hat. Die zweimonatige Ausschlußfrist beginnt in demselben Zeitpunkt, wie die Verjährungsfrist (s. oben Anm. I 4 zu § 14).

Die Kenntnis vom Schaden setzt die Entstehung des Schadens voraus. Die Kenntnis vom Schaden fällt für den Verletzten in der Regel mit der Kenntnis von dem beschädigenden Ereignis zusammen. Es ist aber auch möglich, daß die schädliche Einwirkung des Unfalls auf den Körper oder die Gesundheit des Betroffenen oder auf die betroffene Sache erst nach einiger Zeit überhaupt hervortritt oder doch dem Verletzten als Unfallsfolge erkennbar wird. Dann beginnt erst mit diesem späteren Zeitpunkt die Ausschlußfrist. Hat der Verletzte selbst es versäumt, bis zu seinem

Tode die Anzeige zu erstatten, so hat das keinen Einfluß auf die Ersatzrechte der in ihrem Unterhaltsrecht beschädigten Dritten; denn deren Rechte sind unabhängig von dem Ersatzrecht des Getöteten. Der Schaden der Dritten entsteht erst mit der Entziehung des Unterhaltsrechts, also frühestens mit dem Tode des Unterhaltspflichtigen; vorher kann die Anzeigepflicht für sie nicht beginnen.

Die Ausschlußfrist beginnt ferner erst dann zu laufen, wenn die Ermittelungen nach der Person des Täters abgeschlossen sind und der Beschädigte die Person des Täters kennt (S. 28 des Kommissionsberichts).

Als ersatzpflichtige Personen kommen in Frage: der Halter, derjenige, der eigenmächtig ein fremdes Kraftfahrzeug in Betrieb gesetzt hat (§ 7 Abs. 3) und der Führer des Fahrzeugs (§ 18). Diesen verschiedenen Personen gegenüber kann die Frist verschieden beginnen. Es wird die Kenntnis des Ersatzberechtigten davon vorausgesetzt, daß eine bestimmte Person zur Zeit des Unfalls das Fahrzeug geführt oder eigenmächtig in Betrieb gesetzt oder als Halter darüber zu verfügen hatte. Zur Kenntnis der Person gehört außer dem Namen auch die Adresse, an die die Anzeige gerichtet werden kann. Eine Verpflichtung, Ermittelungen nach der Person des Ersatzpflichtigen anzustellen, ist dem Berechtigten nicht auferlegt. Erlangt er z. B. erst später, etwa im Laufe eines gegen den Führer angestrengten Prozesses Kenntnis davon, daß dieser das Fahrzeug bei dem Unfall für einen fremden Halter führte, so beginnt hiermit erst die Ausschlußfrist für den Ersatzanspruch gegen den Halter. Anderseits wird man aber vom Ersatzberechtigten verlangen müssen, daß er die verkehrsüblichen Hilfsmittel zur Vervollständigung seiner Kenntnis benutze, z. B. das Adreßbuch zur Feststellung der Wohnung und die polizeiliche Nummernliste, wenn er die Nummer des schädigenden Kraftfahrzeugs kennt.

5. dem Ersatzpflichtigen den Unfall anzeigt. Unter Unfall ist die Einwirkung des schädlichen Betriebs-

ereignisses auf den Körper eines Menschen oder eine Sache zu verstehen; dagegen nicht die einzelnen Schadensfolgen, die sich aus der Verletzung für den unmittelbar Betroffenen oder für andere mittelbar Geschädigte weiterhin ergeben. Treten späterhin neben den ursprünglichen Krankheitserscheinungen andere neue Schäden hervor, so ist hierüber keine neue Anzeige zu erstatten. Ebensowenig braucht der durch Entziehung seines Unterhaltsrechts geschädigte Dritte, sobald dieser Schaden für ihn wirksam wird, dem Haftpflichtigen vom Tode des Verletzten, seinem Verhältnis zu diesem und den sonstigen Voraussetzungen seines Unterhaltsrechts Anzeige zu machen — vorausgesetzt, daß die Tatsache der Verletzung des Getöteten durch Anzeige des Verletzten oder auf andere Weise rechtzeitig zur Kenntnis des Haftpflichtigen gebracht worden war. Die Ausschlußfrist ist ein Ausgleich für die dem Haftpflichtigen obliegende Pflicht, die Umstände des Unfalls aufzuklären; er soll deshalb instand gesetzt werden, alsbald nach einem solchen Ereignis Vorsorge zu treffen, um sich Beweise zu sichern. Bezüglich der einzelnen Schädigungen, die sich infolge des Unfalls zeigen, ist dagegen derjenige beweispflichtig, der Ersatzrechte daraus herleitet; insofern liegt ein Bedürfnis zu einem besonderen Schutze des Haftpflichtigen nicht vor.

Eine Form für die Anzeige ist nicht vorgeschrieben; sie kann also in jeder Form, mündlich, durch Boten, telephonisch oder schriftlich geschehen; auch sofort an Ort und Stelle nach dem Unfall. Gegenstand der Anzeige ist der Unfall; sie muß die zur Identifizierung des beschädigenden Ereignisses erforderlichen Angaben über Zeit, Ort und Umstände und auch die Beziehung des Unfalls zur Person des Berechtigten enthalten; bestimmte Ersatzforderungen brauchen dabei aber nicht erhoben zu werden. Sind mehrere Ersatzpflichtige vorhanden, so muß die Anzeige jedem gemacht werden.

6. Der Rechtsverlust tritt nicht ein, wenn ... Hiermit werden von der allgemeinen Regel des ersten

Satzes, wonach die Unterlassung der Anzeige den Verlust der Rechte zur Folge hat, zwei Ausnahmen zugelassen. Der Beweis, daß einer der Ausnahmetatbestände vorliege, fällt dem Berechtigten ob. Der Berechtigte hat also zur Begründung der Erhaltung seiner Rechte zu behaupten und zu beweisen,

1. entweder, daß er die Anzeige innerhalb der Ausschlußfrist erstattet habe, oder
2. daß sie infolge eines von ihm nicht zu vertretenden Umstandes unterblieben sei, oder
3. daß der Ersatzpflichtige auf andere Weise innerhalb der Ausschlußfrist Kenntnis vom Schaden erhalten habe.

7. wenn die Anzeige infolge eines von dem Ersatzberechtigten nicht zu vertretenden Umstandes unterblieben ist. Durch das beschädigende Ereignis entsteht zwischen dem Haftpflichtigen und dem Ersatzberechtigten auf Grund des Gesetzes ein Rechtsverhältnis, das auch auf seiten des letzteren mit Pflichten ausgestattet ist. So hat der Berechtigte z. B. nach § 9 des Gesetzes § 254 BGB. die Pflicht, nach Möglichkeit den Eintritt des Schadens abzuwenden oder zu mindern. So ist ihm hier im Interesse des Haftpflichtigen die Pflicht zur Anzeige auferlegt. Bei Erfüllung dieser Pflicht hat er nach § 276 BGB. Vorsatz und Fahrlässigkeit zu vertreten, muß also die im Verkehr erforderliche Sorgfalt beobachten. Nach diesem Maßstabe ist zu beurteilen, ob die Unterlassung der Anzeige ihm als Fahrlässigkeit zuzurechnen ist oder nicht. Ist er z. B. durch eine sich unmittelbar an den Unfall anschließende Krankenhausbehandlung während längerer Zeit in seiner Handlungsfähigkeit tatsächlich beschränkt gewesen, so kann ihm die Versäumung der Frist nicht zugerechnet werden. In solchem Falle würde er aber die Anzeige alsbald nach Behebung des Hindernisses nachzuholen haben, wenn nicht inzwischen der Haftpflichtige auf andere Weise Kenntnis erhalten hat.

8. oder der Ersatzpflichtige innerhalb der bezeichneten Frist auf andere Weise von dem Schaden Kenntnis erhalten hat.

Ist der Halter selbst mit auf der Fahrt gewesen, so wird oft schon aus der Art der Verletzung zu entnehmen sein, daß ihm das schadenstiftende Betriebsereignis nicht entgangen sein kann. In anderen Fällen wird er von seinem Chauffeur davon erfahren oder durch die Zeitung oder durch eine der beschädigten Personen. Hat der körperlich Verletzte selbst die Anzeige rechtzeitig erstattet, so ist damit ein für allemal die Frist für alle diejenigen Personen gewahrt, die aus dieser Körperverletzung als mittelbar Geschädigte für sich Ersatzrechte herleiten. Sind dagegen mehrere Personen oder Sachen durch dasselbe Ereignis beschädigt worden, so liegen mehrere Unfälle vor und die Kenntnis von der Verletzung der einen Person beweist grundsätzlich nichts dafür, daß der Haftpflichtige auch Kenntnis von den weiteren unmittelbaren Beschädigungen anderer Personen oder Sachen gehabt habe.

Da nicht der Schaden, das ist die einzelne, auch mittelbare Unfallsfolge, sondern der Unfall anzuzeigen ist, so kann es auch nur darauf ankommen, ob der Ersatzpflichtige auf andere Weise von dem Unfall Kenntnis erhalten habe. Wenn das Gesetz hier von „Schaden" spricht, so scheint dies lediglich auf einem Redaktionsfehler zu beruhen. Nach dem dem Reichstage vorgelegten Entwurf sollte der Schaden angezeigt werden; nachdem die Reichstagskommission beschlossen hatte, den „Unfall" als Gegenstand der Anzeigepflicht zu bezeichnen, hätte entsprechend auch an dieser Stelle „Unfall" statt „Schaden" gesagt werden müssen.

§ 16.

Unberührt bleiben die reichsgesetzlichen Vorschriften, nach welchen der Fahrzeughalter für den durch das Fahrzeug verursachten Schaden in weiterem

Umfang als nach den Vorschriften dieses Gesetzes haftet oder nach welchen ein anderer für den Schaden verantwortlich ist.

1. Unberührt.

Das vorliegende Gesetz verstärkt mit seinen zivilrechtlichen Vorschriften den Rechtsschutz des Publikums gegenüber den Beschädigungen durch Kraftfahrzeuge, indem es Schadensersatzrechte auf einer neuen, wesentlich erleichterten Grundlage gewährt. Es will aber nicht das Schadensersatzrecht für Beschädigungen durch Kraftfahrzeuge erschöpfend neu regeln. Es tritt lediglich ergänzend zu dem bisherigen Rechtszustand hinzu und läßt diejenigen Bestimmungen des Reichsrechts, insbesondere des BGB., die nach ihren Voraussetzungen eine Anwendung auf Beschädigungen durch Kraftfahrzeuge überhaupt finden können, unberührt.

2. die reichsgesetzlichen Vorschriften.

Es handelt sich hauptsächlich um die Vorschriften des BGB. Landesgesetzliche Vorschriften, welche das Recht auf Schadensersatz allgemein oder in besonderer Anwendung auf die Beschädigungen durch Kraftfahrzeuge regeln, würden, sofern sie im Hinblick auf art. 55 EG. zum BGB. überhaupt noch bestehen könnten, durch das vorliegende Gesetz aufgehoben sein.

Der Fahrzeughalter haftet für den durch sein Fahrzeug verursachten Schaden nach BGB. nur auf Grund eines Verschuldens, entweder nach § 823 oder, wenn der Schaden durch Handlungen seiner Angestellten, also vor allem seines Chauffeurs, verursacht ist, nach § 831; im letzteren Falle ist ihm der Beweis nachgelassen, daß er bei Auswahl und Beaufsichtigung des Chauffeurs die erforderliche Sorgfalt beobachtet habe.

3. der Fahrzeughalter.

Darunter ist auch derjenige zu verstehen, der nach § 7 Abs. 3 des Gesetzes an Stelle des Halters haftet. Die Anwendbarkeit auf den Führer ergibt sich aus § 18 Abs. 2.

4. in weiterem Umfange.

Die Haftung ist nach BGB. insofern weiter, als einmal die Maximalgrenze des § 12 fortfällt, als ferner nach § 845 daselbst der Kreis der ersatzberechtigten Personen erweitert ist, und als schließlich nach § 847 daselbst auch für immateriellen Schaden Ersatz geleistet werden muß.

5. ein anderer.

Ist neben der nach diesem Gesetz begründeten Haftpflicht des Halters oder Führers nach anderen Reichsgesetzen noch ein Anderer für den Schaden verantwortlich, z. B. aus § 823 BGB. der Fabrikant des Kraftfahrzeugs wegen Verwendung schlechten Materials oder fehlerhafter Konstruktion, oder auf Grund des Reichshaftpflichtgesetzes ein Eisenbahnunternehmer, indem z. B. das Kraftfahrzeug bei Versagen der Bremse gegen einen fahrenden Eisenbahnzug anstößt, so bestehen die mehreren Ersatzansprüche des Berechtigten nebeneinander.

6. verantwortlich.

§ 16 hat nur solche reichsgesetzlichen Bestimmungen im Sinne, welche die Verantwortlichkeit zum Schadensersatz regeln; das sind die Bestimmungen über unerlaubte Handlungen (§§ 823 ff. BGB.) und die ihnen gesetzlich gleichgestellten Haftpflichten der §§ 833 bis 838 BGB. und das Reichshaftpflichtgesetz. Andere reichs- oder auch landesgesetzliche Bestimmungen, namentlich solche, die die Unterstützung und den Unterhalt der unfallverletzten Personen regeln, bleiben selbstverständlich neben dem vorliegenden Gesetze, das eine ganz andere Rechtsmaterie betrifft, in Kraft.

§ 17.

Wird ein Schaden durch mehrere Kraftfahrzeuge verursacht und sind die beteiligten Fahrzeughalter einem Dritten kraft Gesetzes zum Ersatze des Schadens verpflichtet, so hängt im Verhältnisse der Fahrzeug-

halter zueinander die Verpflichtung zum Ersatze sowie der Umfang des zu leistenden Ersatzes von den Umständen, insbesondere davon ab, inwieweit der Schaden vorwiegend von dem einen oder dem anderen Teile verursacht worden ist. Das Gleiche gilt, wenn der Schaden einem der beteiligten Fahrzeughalter entstanden ist, von der Haftpflicht, die für einen anderen von ihnen eintritt.

Die Vorschriften des Abs. 1 finden entsprechende Anwendung, wenn der Schaden durch ein Kraftfahrzeug und ein Tier oder durch ein Kraftfahrzeug und eine Eisenbahn verursacht wird.

I. Vorbemerkung.

Sind mehrere Personen außervertraglich für einen und denselben Schaden einem Dritten verantwortlich, so haften sie diesem nach § 840 BGB. als Gesamtschuldner, im inneren Verhältnis untereinander sind sie nach § 426 BGB. zum Ausgleich in der Weise verpflichtet, daß, wenn nicht besondere Gesetze ein anderes vorschreiben, jeder den gleichen Anteil am Schaden zu tragen hat. Hat also von zwei Gesamtschuldnern der eine den gemeinschaftlichen Gläubiger gänzlich befriedigt, so hat er einen Regreßanspruch gegen den andern Verpflichteten in Höhe der Hälfte des von ihm Geleisteten. Ob die mehreren Schadensersatzpflichten auf den gleichen oder auf verschiedenen gesetzlichen Voraussetzungen beruhen, macht keinen Unterschied. Spricht § 840 BGB. auch nur von unerlaubten Handlungen, so sind hierunter doch auch die nicht auf subjektivem Verschulden beruhenden Fälle der gesetzlichen Schadenshaftung zu verstehen. (RG. v. 24. 11. 02, Bd. 53, 114; v. 27. 6. 04, Bd. 58, 335; v. 20. 3. 05, Bd. 60, 301; v. 19. 10. 05, JW. 734 [32].) Die Schadensersatzpflichten, die auf einem Verschulden beruhen, sind in der Frage des

Ausgleichs grundsätzlich nicht anders gestellt als die reinen Gefährdungshaftungen. Bei Konkurrenz zweier verschiedenen Haftungen kann derjenige, der ohne Verschulden haftet, nicht etwa Erstattung des ganzen von ihm geleisteten Schadensersatzes von dem schuldhaft Verpflichteten verlangen. Die gegenteiligen Ansichten von Reindl („Haftpflicht der Eisenbahn für Sachschaden in EE. 23, 422, 423) und Eger (S. 84 ff.) finden im Gesetz keine Stütze, RG. 19. 10. 05, JW. 734[32]. Insbesondere kann die Regreßklage nicht aus § 823 Abs. 1 BGB. etwa so begründet werden: durch die schuldhafte Handlung des A. sei B. mittelbar insofern geschädigt, als er infolge der ihn gesetzlich treffenden Gefährdungshaftung den unmittelbar betroffenen C. habe entschädigen müssen. Mit einer solchen Begründung würde nur der Zusammenhang zwischen dem Verschulden des A. und einer Vermögensbeschädigung des B. dargelegt sein; eine Vermögensbeschädigung genügt aber nicht, um einen Schadensersatzanspruch aus § 823 Abs. 1 zu begründen; es müssen vielmehr bestimmte Lebensgüter und Rechte, zu denen das Vermögen in seiner Allgemeinheit nicht gehört, beschädigt sein. RG. 19. 1. 03, Bd. 53, 312—315. Auch durch Zession des Ersatzanspruchs des Geschädigten gegen den schuldhaft Verpflichteten kann der zahlende Haftpflichtige kein Recht auf weitergehenden Ausgleich gewinnen, als nach § 426 gegeben ist. Eine **cessio legis** findet nur insoweit statt, als der leistende Gesamtschuldner von seinem Mitschuldner Ausgleichung fordern kann (§ 426 Abs. 2); im übrigen erlischt der Ersatzanspruch durch die Leistung des einen Gesamtschuldners auch gegenüber den andern Gesamtschuldnern (§ 422), so daß eine vertragsmäßige Abtretung gegenstandslos sein würde.

Es hat demnach für den Ausgleich auch in Ansehung des wegen bloßer Gefährdung — ohne Verschulden — Haftenden bei der Bestimmung gleichanteiliger Haftung nach § 426 sein Bewenden, sofern nicht in anderen Gesetzen ein Anderes bestimmt wird. Eine solche Ausnahmebestimmung von der Regel des § 426 trifft § 840 Abs. 3, indem für diejenigen, die nach BGB. eine reine Gefährdehaftung tragen, namentlich auch für den Tierhalter, ein Privilegium gegenüber denjenigen, die aus anderen Rechtsgründen, insbesondere aus Verschulden, mitverpflichtet sind, geschaffen wird. Konkurriert die Solidarhaft z. B. des Tierhalters mit derjenigen eines schuldhaft Verpflichteten, so kann der Tierhalter, der den Schaden beglichen hat, volle Erstattung von seinem Mitverpflichteten verlangen, während jener gegen ihn überhaupt keine Regreßklage hat. Der Eisenbahnunternehmer dagegen, der auch aus dem Gesichtspunkte der Gefährdung haftet, gehört nicht zu den nach § 840 Abs. 3 BGB. privilegierten Personen, sondern steht auf einer Stufe mit den schuldhaft Verpflichteten.

Eine Ausnahme von der Regel des § 426 BGB. schafft auch die vorliegende Bestimmung des § 17.

II. zu Absatz 1 Satz 1.

1. Vorausgesetzt wird, daß ein Unfall sich bei dem Betriebe mehrerer, verschiedenen Haltern gehörigen Kraftfahrzeuge zugetragen hat, z. B. durch Zusammenstoß zweier im Betriebe befindlichen Kraftwagen (RG. 29. 5. 05, JW. 429), und daß gegen jeden der beiden (oder mehreren) Fahrzeughalter irgendeine gesetzliche Verantwortlichkeit zum Schadensersatz, gleichviel, ob auf Grund des vorliegenden oder eines anderen Gesetzes, begründet ist. Die Bestimmung findet also auch dann Anwendung, wenn der eine Halter auf Grund Verschuldens aus § 823 BGB., der andere lediglich wegen Gefährdung aus dem vorliegenden Gesetze haftet. Die Art des Ausgleichs, die von dem Grundsatze des § 426 BGB. erheblich abweicht, gewährt die Möglichkeit, in solchem Falle der Verschiedenheit der Haftungsgründe gerecht zu werden. Bei Verschiedenheit der Haftungsgründe und dementsprechender Verschiedenheit des Haftungsumfangs erstreckt sich die Solidarhaft und entsprechend die Ausgleichspflicht nur so weit, als die Identität der Leistungen reicht. Ist

dagegen gegen den Halter des einen Fahrzeugs ein Ersatzanspruch deshalb nicht begründet, weil der Verletzte zur Zeit des Unfalls in dessen Fahrzeug befördert wurde (§ 8 Ziffer 1), so kann der in Anspruch genommene Halter des fremden Kraftfahrzeugs keinen Ausgleich verlangen, es sei denn, daß der andere Halter wegen Verschuldens auf Grund des BGB. hafte. Vertragliche Haftbarkeit des anderen Halters, etwa auf Grund des Beförderungsvertrages, genügt nicht, um die Regreßklage zu begründen; dazu ist vielmehr erforderlich, daß beide Halter dem Dritten kraft Gesetzes haften.

2. Als Ausgleichungsmaßstab soll derselbe Grundsatz zur Anwendung kommen, der nach § 254 BGB. bei mitwirkender Verantwortlichkeit des Beschädigten die Verteilung des Schadens zwischen ihm und dem Haftpflichtigen regelt. Der bezügliche Gesetzestext des § 17 stimmt wörtlich mit § 254 BGB. überein. Abzuwägen ist das Maß der Verursachung; kommt Verschulden auf der einen oder andern Seite in Frage, so ist auch der Grad des Verschuldens in Betracht zu ziehen. Das Nähere siehe oben Anm. V, 1 zu § 9.

Von dem Resultate des Abwägens hängt sowohl die Verpflichtung zum Ausgleich überhaupt, als auch der Umfang des Ersatzes ab. Es kann also dem einen Haftpflichtigen die ganze Haftung auferlegt und der Andere völlig befreit werden; es kann auch der Schaden anteilsweise beiden auferlegt oder sonstwie zwischen ihnen geteilt werden. Im Zweifel sowie bei gleicher Beteiligung wird jeder zu gleichem Anteil verpflichtet sein.

Die Gesetzesworte „im Verhältnisse der Fahrzeughalter zueinander" heben nochmals klar hervor, daß die Verteilungsvorschrift nur das innere Verhältnis zwischen den mehreren Haftpflichtigen betrifft. Nimmt der Ersatzberechtigte in einer Klage die mehreren Haftpflichtigen in Anspruch, so müssen sie auf seinen Antrag ein jeder zur Leistung des ganzen Schadensersatzes verurteilt werden.

Die Verteilung muß nötigenfalls, wenn der andere Gesamtschuldner nicht freiwillig seiner Beitragspflicht nachkommt, im Wege eines besonderen Rechtsstreits herbeigeführt werden, für den nach § 20 auch der besondere Gerichtsstand des Unfalls gegeben ist. Das Recht zur Ausgleichsklage beruht auf der vorliegenden Gesetzesbestimmung in Verbindung mit § 426 BGB.; außerdem erwirbt der zahlende Haftpflichtige nach § 426 Abs. 2 BGB. mit der Befriedigung des Berechtigten dessen Haftpflichtanspruch gegen den anderen Haftpflichtigen im Wege des gesetzlichen Rechtsübergangs (cessio legis).

Ist die gesamtschuldnerische Haftung mehrerer Halter unter anderen Voraussetzungen zustande gekommen, z. B. weil das schädigende Kraftfahrzeug im Miteigentum mehrerer Personen steht, so findet der Ausgleich natürlich nach anderen Grundsätzen statt.

III. zu Absatz 1 Satz 2.

Auch Satz 2 geht davon aus, daß ein Schaden durch das Zusammenwirken mehrerer Kraftfahrzeuge verursacht worden ist, setzt aber in Abweichung von Satz 1 den Fall, daß der Schaden nicht einem Dritten, sondern einem der beiden Fahrzeughalter entstanden ist, also z. B. daß bei einem Zusammenstoß zweier Kraftfahrzeuge der Halter des einen an seiner Person oder an seinem Fahrzeuge oder einer sonstigen Sache Schaden genommen hat. Daß die verletzte Person oder die beschädigte Sache in einem Kraftwagen befördert wurde, als das Unglück geschah, schließt nur den Ersatzanspruch gegen den Halter des eigenen Fahrzeugs, aber nicht gegen denjenigen des fremden Fahrzeugs aus. Auch der Halter eines bei einem Zusammenstoß beteiligten Kraftfahrzeugs selbst kann wegen des an der eigenen Person oder an seinen Sachen, z. B. an dem eigenen Kraftfahrzeug, erlittenen Schadens auf Grund des vorliegenden Gesetzes von dem Halter des andern beteiligten Kraftfahrzeugs Ersatz fordern. Ob dieser Klage gegenüber der beklagte Fahrzeughalter die Einrede aus § 254 BGB. auch dann habe, wenn dem Kläger kein mitwirkendes Verschulden an dem Unfalle nachgewiesen werden konnte, war nach der bisherigen Rechtsprechung nicht zweifelsfrei. Das Reichsgericht hatte in einem ähnlichen Falle, wo Tierhaftung und Eisenbahnhaftung miteinander konkurrierten, die analoge Anwendung des § 254 für nicht anwendbar erklärt, weil ein wirkliches oder auch nur zu vermutendes Verschulden des Beschädigten (Tierhalters) nicht vorliege, RG. 19. 10. 05, JW. 734[32]. Dagegen hatte das Reichsgericht in einem andern Falle, wo ein Schaden durch das Zusammenwirken zweier, verschiedenen Haltern gehörigen Tiere, entstanden war, dem § 254 eine weitergehende Auslegung in dem Sinne gegeben, daß nicht bloß mitwirkendes Verschulden, sondern jede gesetzliche, auch ohne Verschulden begründete Mitverantwortlichkeit die Anwendung des § 254 gestatte. RG. 21. 11. 07 (JW. 08, 40[15]): „Im Sinne des § 254 Abs. 1 ist dem bei der Entstehung des Schadens mitwirkenden Verschulden des Beschädigten gleich zu stellen die nicht durch ein subjektives Verschulden bedingte, aber sonst im Gesetz begründete Verantwortlichkeit des Beschädigten für eine bei der Entstehung des Schadens mitwirkende Tatsache, namentlich die Verantwortlichkeit des Beschädigten für das Tun des von ihm gehaltenen Tieres gemäß § 833.“ Diese Auffassung, daß die — auch unverschuldete — Mitverantwortlichkeit genügt, um das Ausgleichsprinzip des § 254 in Wirkung zu setzen, erhält durch die vorliegende Bestimmung gesetzliche Geltung für die Schadensersatzklage, die der Halter eines Kraftfahrzeugs gegen den Halter eines anderen Kraftfahrzeugs auf Grund eines gemeinschaftlichen Unfalls erhebt. Damit der Ausgleich stattfinden könne, muß eine Mitverantwortlichkeit des Beschädigten vorliegen, die, wenn nicht er selbst, sondern ein Dritter den Schaden erlitten hätte, seine Haftpflicht aus diesem Gesetze dem Dritten gegenüber begründen würde. War das Fahrzeug des Klägers ein Lastfahrzeug mit 20 Kilometer Höchstgeschwindigkeit (§ 8 Ziffer 2), so fehlt es an einer Mitverantwortlichkeit von seiner Seite, es müßte ihm denn Verschulden zur Last fallen. Dagegen kann sich der klagende Halter der Einrede der Mitverantwortlichkeit nicht etwa damit entziehen, daß seine Haftpflicht für den Schaden aus § 8 Ziffer 1 ausgeschlossen sei, weil ein Insasse seines Fahrzeugs — nämlich er selbst — und Fracht seines Wagens betroffen worden sei. Die Anwendung des § 8 Ziffer 1 setzt eine Verschiedenheit in der Person des Geschädigten und des haftpflichtigen Halters voraus.

Hat auch der andere Fahrzeughalter an seiner Person oder seinem Fahrzeug oder sonstigen Sachen bei dem Unfall Schaden genommen, so kann er seine Regreßforderung gegen die Klagforderung aufrechnen, einen Überschuß im Wege der Widerklage geltend machen.

IV. Zu Absatz 2.

1. Die Bestimmung erstreckt sich auf das Zusammentreffen der Haftpflicht des Halters eines Kraftfahrzeugs in dem einen Falle mit der Haftpflicht des Tierhalters, in dem andern Falle mit der Haftpflicht des Eisenbahnunternehmers. Ob die verschiedenen Haftpflichten auf Grund von Spezialgesetzen, also des vorliegenden Gesetzes, des § 833 BGB., des Reichshaftpflichtgesetzes, des preußischen Eisenbahngesetzes usw., oder auf Grund der allgemeinen Vorschriften über Verschulden begründet sind, macht keinen Unterschied. Die konkurrierenden Haftpflichten müssen derart begründet sein, daß der beschädigte Dritte beide Haftpflichtige solidarisch in Anspruch nehmen kann. Z. B. ein Kraftfahrzeug, dessen Steuerung versagt, fährt gegen ein Gespann, dessen Pferd wird dadurch scheu, rast davon und überfährt einen Menschen; oder ein Kraftfahrzeug fährt infolge Versagens der Bremse gegen einen in Bewegung befindlichen Eisenbahnzug. Im ersteren Falle, bei Konkurrenz mit Tierhaftung aus § 833 BGB. würde ohne die Bestimmung des § 17 der Fahrzeughalter allein haften, also keinen Regreß gegen den Tierhalter nehmen können, der Regreßklage des Tierhalters dagegen gänzlich unter-

liegen, weil der Tierhalter nach § 840 Abs. 3 BGB. allen andern Mitverantwortlichen gegenüber privilegiert ist. Durch die Bestimmung des § 17 Abs. 2 vorliegenden Gesetzes wird dies Privilegium des Tierhalters dem Halter des Kraftfahrzeuges gegenüber aufgehoben und beide Haftpflichtigen werden einander prinzipiell gleichgestellt. (Vgl. RG. v. 19. 10. 05, JW. 734[32], wo ausgeführt ist, daß der Eisenbahnunternehmer gegenüber dem privilegierten Tierhalter als „Dritter" im Sinne des § 840 Abs. 3 BGB. zu gelten und demgemäß im innern Verhältnis zwischen beiden die ganze Ersatzpflicht allein zu tragen hat. Dieselbe Rechtsstellung würde ohne § 17 Abs. 2 vorliegenden Gesetzes auch dem Fahrzeughalter zukommen.) Nunmehr tragen Fahrzeughalter und Tierhalter einerseits und Fahrzeughalter und Eisenbahnunternehmer anderseits bei Zusammentreffen der mehreren Haftpflichten auch im innern Verhältnis zueinander in gleicher Weise den Schaden, haben sich also auszugleichen. Der Ausgleich hat ebenso wie zwischen mehreren Fahrzeughaltern nach dem Prinzip des § 254 BGB. zu geschehen.

2. Auch der zweite Satz des Abs. 1 findet entsprechende Anwendung, wenn durch den Unfall nicht die Person oder Sache eines Dritten, sondern eines der beiden Beteiligten selbst, also in dem einen Falle des Fahrzeughalters oder des Tierhalters, in dem andern Falle des Fahrzeughalters oder des Eisenbahnunternehmers beschädigt worden ist. Vorausgesetzt ist einmal, daß die Haftpflicht des andern, nicht beschädigten Beteiligten begründet ist, und zweitens, daß auch der Beschädigte für den Schaden verantwortlich sein würde, wenn ihn ein Dritter erlitten hätte. Siehe oben Anm. III. Zu beachten bleibt, daß der Eisenbahnunternehmer nach dem Reichshaftpflichtgesetz für Sachschaden nicht aufzukommen hat. Insoweit ihm die Haftung für Sachschaden nicht durch Landesgesetz auferlegt ist (wie für Preußen durch Gesetz vom 3. 11. 1838, aufrechterhalten durch art. 105 EG. z. BGB. und ebenso für zahl-

reiche andere Bundesstaaten geschehen, vgl. Eger S. 111), kann ein Gesamtschuldverhältnis zwischen ihm und denjenigen Verpflichteten, die auch für Sachschaden aufzukommen haben, nicht entstehen; das Gesamtschuldverhältnis bleibt vielmehr auf denjenigen Schaden beschränkt, für den alle verpflichtet sind.

§ 18.

In den Fällen des § 7 Abs. 1 ist auch der Führer des Kraftfahrzeugs zum Ersatze des Schadens nach den Vorschriften der §§ 8 bis 15 verpflichtet. Die Ersatzpflicht ist ausgeschlossen, wenn der Schaden nicht durch ein Verschulden des Führers verursacht ist.

Die Vorschrift des § 16 findet entsprechende Anwendung.

Ist in den Fällen des § 17 auch der Führer eines Fahrzeugs zum Ersatze des Schadens verpflichtet, so finden auf diese Verpflichtung in seinem Verhältnisse zu den Haltern und Führern der anderen beteiligten Fahrzeuge, zu dem Tierhalter oder Eisenbahnunternehmer die Vorschriften des § 17 entsprechende Anwendung.

1. In den Fällen des § 7 Abs. 1. Die Haftpflicht des Kraftwagenführers ist an dieselben klagbegründenden Tatsachen geknüpft, wie die Haftpflicht des Halters: es muß bei dem Betriebe eines Kraftfahrzeugs ein Mensch getötet, der Körper oder die Gesundheit eines Menschen verletzt oder eine Sache beschädigt worden sein. Siehe hierüber oben Anm. II—V zu § 7.

Die Absätze 2 und 3 des § 7 beziehen sich lediglich auf die Haftpflicht des Halters und finden keine Anwendung auf diejenige des Führers.

2. Führer. Als Führer kommt nicht in Betracht der

Halter, der selbst fährt, weil dessen Haftpflicht besonders geregelt und schärfer ist als die des Führers; auch nicht derjenige, der ohne Wissen und Willen des Halters ein fremdes Fahrzeug in Betrieb setzt und selbst fährt, denn er haftet an Stelle des Halters ebenso streng wie dieser. Führer im Sinne dieser Bestimmung ist nur derjenige, der im Auftrage oder mit der Ermächtigung eines Andern das Kraftfahrzeug fährt, also z. B. auch derjenige, der sich ein Motorrad zu einer Ausfahrt geliehen hat.

3. verpflichtet. Der Umfang der Haftpflicht des Halters ist auch für diejenige des Führers maßgebend; desgl. die Beschränkungen der Haftpflicht in §§ 8, 9 und 12. Auch die Vorschriften der §§ 14 und 15 über Verjährung, Anzeigepflicht und Ausschlußfrist gelten für die Haftpflicht des Führers.

4. Satz 2. Satz 2 entspricht dem Abs. 2 des § 7, stellt aber die Haftpflicht des Führers insofern auf eine ganz andere Grundlage, als der Führer lediglich für eigenes Verschulden haftet. Seine Haftpflicht ist gegenüber dem allgemeinen bürgerlichen Recht nur insoweit verschärft, als ihm nicht Verschulden nachgewiesen zu werden braucht, er vielmehr die gegen ihn sprechende Vermutung des Verschuldens entkräften muß. Insonderheit haftet er nicht für Fehler im Material oder in der Konstruktion des Wagens, noch für Versagen der Verrichtungen des Fahrzeugs. Er hat nur die normale im Verkehr erforderliche Sorgfalt, wie sie von jedem gewissenhaften Chauffeur geleistet zu werden pflegt, zu leisten, nicht die erhöhte Diligenzpflicht des Halters. Im praktischen Ergebnis wird der Unterschied aber nicht erheblich sein, da die große Verantwortlichkeit des Kraftwagenführers schon normalerweise ganz besondere Umsicht erfordert. Vgl. die oben Anm. XVI zu § 7 am Schlusse angeführten Reichsgerichtsentscheidungen.

5. Absatz 2. Es bleiben die reichsgesetzlichen Vorschriften unberührt, nach welchen der Führer eines Kraftfahrzeugs für den durch das Fahrzeug verursachten Schaden

in weiterem Umfange als nach den Vorschriften dieses Gesetzes haftet, oder nach welchen ein anderer für den Schaden verantwortlich ist. Nach BGB. haftet der Führer unter der Voraussetzung des — nicht zu präsumierenden — Verschuldens in weiterem Umfange als nach dem vorliegenden Gesetze. Hat er nicht nur den Beweis seiner Nichtschuld nicht führen können, sondern läßt der vielleicht vom Kläger aufgedeckte Tatbestand ein kausales Verschulden auf seiten des Führers erkennen, so muß dieser z. B. auch Schmerzensgeld zahlen (§ 847 BGB.) und hat gegebenenfalls nicht nur dem Verletzten selbst, sondern auch dessen Vater oder Ehemann für die ihm entgehenden Dienste des Verletzten Schadensersatz zu leisten (§ 845 BGB.).

6. Absatz 3. Neben dem Führer ist stets auch der Halter des Kraftfahrzeugs ersatzpflichtig; denn wenn der Führer den Exkulpationsbeweis für sich nicht erbringen kann, dann war der Unfall auch für den Halter nicht unabwendbar, da zum Beweis der Unabwendbarkeit gehört, daß auch der Führer jede gebotene Sorgfalt beobachtet habe. Das Gesetz hat nun folgende Fälle im Auge: es haften neben dem Führer (und dem Halter) eines Kraftwagens a) der Halter eines zweiten Kraftwagens oder b) der Halter und der Führer eines zweiten Kraftwagens, oder c) ein Tierhalter oder d) ein Eisenbahnunternehmer. In allen diesen Fällen findet der Ausgleich zwischen dem Führer und den andern Gesamtschuldnern nach dem Prinzip des § 254 BGB. statt, und zwar gleichviel ob der Schaden unmittelbar einen Dritten getroffen hat, der dann von einem der Gesamtschuldner wegen seiner Ersatzforderung befriedigt worden ist, oder ob einer der genannten Beteiligten selbst durch den Unfall beschädigt worden ist. Sowohl der Führer hat die Regreßklage gegen den oder die Mitverpflichteten, wenn ihn der Schaden betroffen hat oder wenn er den Dritten entschädigt hat, als auch unterliegt er im umgekehrten Falle der Regreßklage des oder der Mitverpflichteten.

Von dieser Art des Ausgleichs ist aber das Verhältnis zwischen dem Führer und dem Halter desjenigen Fahrzeugs, das jener bei dem Unfall geführt hat, ausgeschlossen. Dies Verhältnis untersteht dem zwischen beiden obwaltenden Vertragsrecht (Dienstmiete, Sachmiete, Werkvertrag oder Leihe). Da der Führer überhaupt nur dann haftet, wenn er sein Unverschulden nicht nachweisen kann, so wird er in der Regel der Vertragsklage seines Halters gegenüber dessen ganzen mittelbaren und unmittelbaren Schaden ersetzen müssen, während er auf der andern Seite keinen Regreß für seinen Schaden gegen den Halter nehmen kann (RG. 29. 5. 05, JW. 432[11] und Bd. 58, 410).

§ 19.

In bürgerlichen Rechtsstreitigkeiten, in welchen durch Klage oder Widerklage ein Anspruch auf Grund der Vorschriften dieses Gesetzes geltend gemacht ist, wird die Verhandlung und Entscheidung letzter Instanz im Sinne des § 8 des Einführungsgesetzes zum Gerichtsverfassungsgesetze dem Reichsgerichte zugewiesen.

Die Bestimmung entspricht wörtlich dem Art. 6 des EG. zum BGB. und stellt somit die Ansprüche aus dem vorliegenden Gesetze den Ansprüchen aus dem BGB. in Ansehung der letztinstanzlichen Zuständigkeit des Reichsgerichts gleich.

§ 8 EG. zum GVG. lautet:

Durch die Gesetzgebung eines Bundesstaates, in welchem mehrere Oberlandesgerichte errichtet werden, kann die Verhandlung und Entscheidung der zur Zuständigkeit des Reichsgerichts gehörenden Revisionen und Beschwerden in bürgerlichen Rechtsstreitigkeiten einem obersten Landesgerichte zugewiesen werden.

Diese Vorschrift findet jedoch auf bürgerliche Rechtsstreitigkeiten, welche zur Zuständigkeit des Reichsoberhandelsgerichts gehören oder durch besondere Reichsgesetze dem Reichsgerichte zugewiesen werden, keine Anwendung.

§ 19 stellt sich als besonderes Reichsgesetz im Sinne des Absatz 2 dar, durch welches die bürgerlichen Rechtsstreitigkeiten auf Grund des vorliegenden Gesetzes dem Reichsgerichte zugewiesen werden. Die praktische Bedeutung der Bestimmung besteht lediglich darin, daß die bayerische Gesetzgebung gehindert wird, in Streitigkeiten betreffend Ansprüche aus dem vorliegenden Gesetze die Revisionen und Beschwerden gegen Urteile und Beschlüsse der Oberlandesgerichte dem bayerischen obersten Landesgerichte zuzuweisen.

Soweit Ansprüche aus dem vorliegenden Gesetze vor dem Amtsgericht erhoben werden oder im Strafverfahren wegen fahrlässiger Körperverletzung durch Stellung des Antrags auf Zuerkennung einer Buße geltend gemacht werden, ist für § 19 kein Raum.

Der Zweck der Bestimmung ist, die Einheitlichkeit der Rechtsprechung im ganzen Reichsgebiet zu gewährleisten. Gleichwohl bezieht sich die Vorschrift nur auf die Fälle, wo durch Klage oder Widerklage der Anspruch geltend gemacht wird, findet dagegen keine Anwendung, wenn der Anspruch zur Begründung einer Einrede, z. B. der Aufrechnungseinrede vorgebracht wird.

§ 20.

Für Klagen, die auf Grund dieses Gesetzes erhoben werden, ist auch das Gericht zuständig, in dessen Bezirke das schädigende Ereignis stattgefunden hat.

Dieser von der Reichstagskommission beschlossene Zusatz zum Entwurf stellt die Zuständigkeit des Gerichts des Unfalls, die nach der neueren Rechtsprechung des Reichsgerichts schon auf Grund des § 32 ZPO. gegeben sein würde, außer Zweifel.

Alle Klagen auf Grund dieses Gesetzes, auch die Regreßklage aus § 17 können vor dem Gericht des Unfalls erhoben werden.

III. Strafvorschriften.

§ 21.

Wer den zur Erhaltung der Ordnung und Sicherheit auf den öffentlichen Wegen oder Plätzen erlassenen polizeilichen Anordnungen über den Verkehr mit Kraftfahrzeugen zuwiderhandelt, wird mit Geldstrafe bis zu einhundertfünfzig Mark oder mit Haft bestraft.

Die Bestimmung ist ein sog. Blankettstrafgesetz; sie bezieht sich auf alle beim Inkrafttreten dieses Strafgesetzes bestehenden und auf die später zu erlassenden, dem angegebenen Zweck dienenden Anordnungen über den Verkehr mit Kraftfahrzeugen, vorausgesetzt, daß sie von der zuständigen Stelle innerhalb ihrer Amtsbefugnisse in gültiger Form erlassen worden sind. Zuständig für die Erlassung von dergleichen Anordnungen ist nach § 6 der Bundesrat, subsidiär die Landeszentralbehörden. Innerhalb der von diesen Verwaltungsbehörden gesteckten Grenzen können auch die Ortspolizeibehörden Verordnungen über den Verkehr mit Kraftfahrzeugen erlassen. Die vom Bundesrat zu erlassenden Anordnungen sollen, wie in der Kommission ein Regierungsvertreter auf eine bezügliche Anfrage erklärte, sich nicht auf besondere örtliche Verhältnisse erstrecken; dgl. Anordnungen zu treffen, soll vielmehr den Ortspolizeibehörden überlassen bleiben (S. 37 des Kommissionsberichts). Zurzeit gelten auf Grund der von den Landeszentralbehörden der einzelnen Bundesstaaten (in Preußen von den Provinzialbehörden) in Übereinstimmung miteinander erlassenen Verordnungen die vom Bundesrat beschlossenen „Grundzüge vom 3. Mai 1906“ einheitlich für das ganze Reichsgebiet (s. Anhang S. 272 ff.).

Die Vorschrift entspricht dem § 366 Ziffer 10 RStGB., droht aber erheblich schärfere Strafen an. Wenn durch die Übertretung eine Person schuldhaft verletzt oder getötet worden ist, so kommen außerdem §§ 230, 222 RStGB. zur Anwendung.

Die Strafbarkeit nach § 21 setzt voraus, daß die übertretene Vorschrift nach ihrem Zweck der Erhaltung der Ordnung und Sicherheit auf öffentlichen Wegen oder Plätzen dienen soll. Dagegen gehört nicht zum Tatbestande, daß im einzelnen Falle die Ordnung und Sicherheit wirklich gefährdet worden ist.

Der polizeiliche Charakter der Gebote und Verbote hat zur Folge, daß nicht bloß vorsätzliche, sondern auch fahrlässige Übertretung strafbar ist.

§ 22.

Der Führer eines Kraftfahrzeugs, der nach einem Unfalle (§ 7) es unternimmt, sich der Feststellung des Fahrzeugs und seiner Person durch die Flucht zu entziehen, wird mit Geldstrafe bis zu dreihundert Mark oder mit Gefängnis bis zu zwei Monaten bestraft. Er bleibt jedoch straflos, wenn er spätestens am nächstfolgenden Tage nach dem Unfall Anzeige bei einer inländischen Polizeibehörde erstattet und die Feststellung des Fahrzeugs und seiner Person bewirkt.

Verläßt der Führer des Kraftfahrzeugs eine bei dem Unfalle verletzte Person vorsätzlich in hilfloser Lage, so wird er mit Gefängnis bis zu sechs Monaten bestraft. Sind mildernde Umstände vorhanden, so kann auf Geldstrafe bis zu dreihundert Mark erkannt werden.

1. der Führer eines Kraftfahrzeugs.

Diese Strafvorschrift, wie überhaupt alle in diesem Gesetz enthaltenen Strafvorschriften, unterscheidet nicht die Kraftfahrzeuge nach ihrer Art und Gefährlichkeit. Auch der Führer eines Lastautomobils mit beschränkter Höchstgeschwindigkeit (§ 8 Ziffer 2) unterliegt den Strafvorschriften.

2. nach einem Unfalle (§ 7).

Es muß ein Unfall im Sinne des § 7, also eine schädigende Einwirkung des Betriebes auf Menschen oder Sachen stattgefunden haben. Der häufigste Fall wird ein Zusammenstoß sein, aber auch jede andere Art der Schadensstiftung genügt, z. B. durch Schreckwirkung auf Menschen oder Tiere, namentlich durch Scheumachen von Pferden. Daß der Unfall geeignet sei, eine zivilrechtliche Haftpflicht für Halter oder Führer zu begründen, ist nicht erforderlich; § 7 Abs. 2 spricht von einem „Unfall" auch unter der Voraussetzung, daß wegen Unabwendbarkeit die Ersatzpflicht ausgeschlossen ist. Auch die Beschädigung eines Fahrgasts, die nach § 8 für den betreffenden Halter oder Führer keine Ersatzpflicht auf Grund des vorliegenden Gesetzes erzeugt, ist ein Unfall.

Der Führer muß wissen, daß durch sein Fahrzeug eine Schädigung von Personen oder Sachen stattgefunden habe. Die Tatsache des Unfalls gehört zum gesetzlichen Tatbestande des Vergehens, und nach § 59 RStGB. können bei einem vorsätzlichen Vergehen, wie es das Unternehmen, sich der Feststellung zu entziehen, ist, solche Tatumstände, die der Täter nicht gekannt hat, ihm auch nicht zugerechnet werden. Es genügt aber das Bewußtsein des Führers von der Möglichkeit, einen Schaden angerichtet zu haben (**dolus eventualis**).

Hat ein Unfall nicht stattgefunden, ist etwa nur durch unvorsichtiges Fahren ein Mensch stark gefährdet, aber nicht verletzt worden, so macht sich der Führer nach vorliegendem Gesetz nicht strafbar, wenn er sich der Feststellung entzieht, um nicht für eine Übertretung zur Verantwortung gezogen zu werden.

3. es unternimmt, sich der Feststellung des Fahrzeugs und seiner Person durch die Flucht zu entziehen.

Eine gesetzliche Umschreibung des Begriffs „Unternehmen" gibt § 82 RStGB. für das Unternehmen des Hochverrats. Danach ist als Unternehmen des Hochverrats jede Handlung anzusehen, durch welche das Vorhaben unmittelbar zur Ausführung gebracht werden soll. Die Forderung, daß das Vorhaben unmittelbar durch die Handlung zur Ausführung gebracht werden solle, ist aber eine Besonderheit, die nur für das Unternehmen des Hochverrats gilt, weil hier in den §§ 83—86 RStGB. besondere mildere Strafbestimmungen für solche Vorbereitungshandlungen vorgesehen sind, die das Vorhaben nur mittelbar fördern, nicht unmittelbar zur Ausführung bringen sollen. Nach dem allgemeinen Sprachgebrauch fallen dagegen auch solche entfernteren Vorbereitungshandlungen unter den Begriff des Unternehmens, der demgemäß überall sonst, wo er im Reichsstrafgesetzbuch vorkommt, z. B. in § 105, dahin ausgelegt wird, daß jede Handlung dazu gehört, durch welche die Absicht an den Tag gelegt wird, den der unternommenen Tat entsprechenden Erfolg herbeizuführen (Olshausen, Kommentar zum RStGB. Anm. 2 zu § 105). In unserem Falle wird also unter Strafe gestellt jede Betätigung der Absicht des Führers, sich der Feststellung durch die Flucht zu entziehen. Zur Vollendung des Vergehens genügt es z. B., wenn der Führer, nachdem er den Unfall bemerkt, nichts tut, um anzuhalten, oder wenn er, nachdem er zunächst angehalten hatte, etwa bei der Annäherung eines Polizisten auf den Führersitz springt, um wegzufahren. Keinesfalls ist der Eintritt irgendeines Erfolges erforderlich; auch wenn der Führer unmittelbar bei der Unfallstelle festgestellt wird, sei es nachdem er zwangsweise angehalten worden ist oder nachdem der beim Unfall beschädigte Motor versagt hat, kann das Vergehen des Unternehmens vollendet sein. Deshalb ist es auch einflußlos, ob trotz der Flucht des Führers seine Feststellung erfolgen kann, weil die Nummer seines Fahrzeugs erkannt worden ist.

Die Absicht des Führers muß darauf gerichtet sein, die Feststellung des Fahrzeugs und seiner Person zu verhindern zu dem Zwecke, um sich und den Halter der Verantwortung zu entziehen. Ob diese Absicht im einzelnen Falle vorhanden war und betätigt worden ist, muß aus den Umständen ermittelt werden. Die Tatsache, daß ein Kraftwagenführer nach einem Unfall davongefahren ist, bevor eine Feststellung seines Fahrzeugs und seiner Person stattgefunden hatte, und daß er dadurch tatsächlich sich der Möglichkeit, festgestellt zu werden, entzogen hat, wird regelmäßig auf seine diesem Erfolg entsprechende Absicht schließen lassen. Es sind aber auch Fälle denkbar, wo dies nicht zutrifft; z. B. der Führer eines Kraftrades eilt nach dem Unfall davon, um einen Arzt zu dem schwer verletzten Verunglückten zu rufen; oder ein Kraftwagenführer fährt davon, weil die Umstehenden eine bedrohliche Haltung gegen ihn annehmen. In solchen Fällen wird man bisweilen erst aus dem späteren Verhalten des Führers zuverlässig erkennen können, ob er die Absicht hatte, sich der Feststellung zu entziehen. Fährt er durch die nächste Ortschaft, wo Arzt und Polizeibehörde zu erreichen sind, hindurch, ohne sich zu melden, so wird man regelmäßig schließen dürfen, daß die Absicht, sich der Feststellung zu entziehen, mindestens als dolus eventualis von Anfang an vorhanden war. Das in Satz 2 angegebene Mittel der polizeilichen Anzeige ist der Weg, nicht nur für denjenigen, der den strafbaren Willen wirklich betätigt hat, um sich Straflosigkeit zu sichern (tätige Reue), sondern auch geeignet, in den oben angenommenen Fällen, wo bei fehlendem dolus das Vergehen gar nicht begangen worden ist, den Anschein des dolus zu widerlegen.

Durch wen die Feststellung zu bewirken ist, sagt das Gesetz nicht. Der Ausdruck „Feststellung“ legt den Gedanken an eine amtliche Tätigkeit nahe. Es sind aber Fälle denkbar, wo der zuständige Polizeibeamte nicht zur Stelle ist, auch nicht in absehbarer Zeit gerufen werden kann, und wo auch der Führer mit seinem Fahrzeug z. B. wegen unfahrbarer Straßen, nicht den Amtssitz der zuständigen Stelle erreichen kann. Der Zweck des Gesetzes ist überhaupt nicht, dem öffentlichen Interesse in dem Sinne zu dienen, daß der Schuldige zur strafrechtlichen Verantwortung gezogen werden könne; es handelt sich vielmehr um den Schutz der privatrechtlichen Interessen des Verletzten oder Beschädigten. Der Entwurf legte dem Führer die Pflicht auf, nach einem Zusammenstoß anzuhalten, ohne den Zweck des Anhaltens näher zu bestimmen. Wie die Kommissionsverhandlungen und die Fassung, die das Gesetz schließlich erhalten hat, erkennen lassen, ist der wichtigste Zweck der Bestimmung, eine Verpflichtung des Führers zu begründen, daß er sich nach einem Unfall um die Person des Verletzten kümmern soll (siehe Abs. 2). Diese Erwägung führt zu dem Schluß, daß auch Abs. 1 die Interessen des Verletzten schützen will, und zwar die minder wichtigen vermögensrechtlichen Interessen. Es muß deshalb genügen, wenn der Führer dem Geschädigten die erforderlichen Angaben über seine Person und das Fahrzeug mitteilt. Ist der Verunglückte unfähig, die Feststellung des Führers zu bewirken, so werden auch dritte Personen, die sich seiner annehmen, für befugt zu erachten sein, vom Führer die erforderlichen Ausweise zu verlangen. Hat der Führer eine strafbare Handlung begangen, z. B. eine fahrlässige Körperverletzung oder auch nur eine Polizei-Übertretung, so ist nach § 127 StPO. jedermann im öffentlichen Interesse befugt, die Persönlichkeit des Täters festzustellen und ihn nötigenfalls vorläufig festzunehmen, auch das Kraftfahrzeug als Überführungsstück vorläufig zu beschlagnahmen.

Welche Ausweise zur Feststellung erforderlich und ausreichend sind, richtet sich nach Lage des einzelnen Falles. Ist das Fahrzeug vorschriftsmäßig mit dem polizeilichen Kennzeichen und der Führer mit seinem Führerschein versehen, so muß es genügen, wenn der Führer dem Feststellenden Gelegenheit gibt, von beidem Kenntnis zu nehmen.

Die strafbare Absicht, das Vorhaben, muß darauf gerichtet sein, sich **durch die Flucht** der Feststellung zu **entziehen**, d. h. sich so eilig vom Unfallsorte zu entfernen, daß die Möglichkeit der Feststellung vereitelt wird. Regelmäßig wird er nach einem Zusammenstoß anhalten müssen, um dem Verletzten Gelegenheit zu geben, sich das Kennzeichen des Wagens zu merken und eventuell weitere Ausweise zu verlangen. Ist der Verletzte hilflos, so muß er sich nach Abs. 2 eingehender um ihn bekümmern. Andernfalls muß er wenigstens so lange anhalten, bis der Verletzte etwa wieder zu sich gekommen und in der Lage ist, sich um andere Dinge als um seine Verletzungen zu bekümmern. Ist der Geschädigte und auch sonst niemand anwesend, der dessen Rechte wahrnehmen könnte — z. B. der Fahrer hat auf einsamer Landstraße einen Chausseebaum angefahren und beschädigt — so steht dem alsbaldigen Weiterfahren nichts im Wege. Der Fahrer hat nicht die Pflicht, längere Zeit an der Unfallstelle zu halten und zu warten, bis vielleicht zufällig jemand vorüberkommt, der ihn feststellen könnte. Er hat auch in solchem Falle nicht etwa die Pflicht, sich der nächsten Polizeibehörde freiwillig zu stellen. Hätte das Gesetz ihm eine so weitgehende Verpflichtung auferlegen wollen, so würde eine andere Fassung gewählt worden sein. Ein „Sich-der-Feststellung-Entziehen" kann nur angenommen werden, wenn ein Verlangen nach Feststellung entweder gestellt ist, oder wenn nach den Umständen anzunehmen ist, daß ein solches Verlangen alsbald werde gestellt werden; in diesem Falle, also z. B. wenn der Führer den Eigentümer der beschädigten Sache herbeieilen sieht, muß er eine angemessene Zeit warten.

4. Er bleibt jedoch straflos usw.

Ein Unfall erzeugt in der Regel eine gewisse Aufregung, die übereilte Entschlüsse begünstigt. Auch pflegen sich häufig erregte Auseinandersetzungen zwischen den Beteiligten über die Schuldfrage daran zu knüpfen. Dabei kann es vorkommen, namentlich wenn keine Polizei zur Stelle ist, daß der Fahrer in der Aufregung und im Ärger das Recht der Gegenpartei auf Feststellung nicht anerkennen will und, um allen Weiterungen aus dem Wege zu gehen, davonfährt. Die vorliegende Bestimmung gibt eine Möglichkeit, den begangenen Fehler wieder gutzumachen und durch Selbstanzeige der Strafe zu entgehen. Die Bestimmung setzt voraus, daß das Vergehen des Satz 1 vollendet ist, daß also ursprünglich die Absicht bestand, sich der Feststellung zu entziehen. War die Absicht der Selbstanzeige von vornherein vorhanden, und wollte der Fahrer nur aus irgendwelchen andern Gründen, z. B. weil das Publikum eine bedrohliche Haltung annahm, vom Ort des Unfalls fliehen, so ist schon begrifflich das strafbare Unternehmen des Satzes 1 ausgeschlossen, weil dem Fahrer die Absicht fehlte, sich der Feststellung zu entziehen.

Im Falle der tätigen Reue hat erst die vollendete Selbstanzeige, nicht schon die Absicht dazu strafbefreiende Wirkung. Ist der Führer nach vollendetem Unternehmen von seinen Verfolgern eingeholt und zwangsweise festgestellt worden, bevor er den inzwischen schon gefaßten Entschluß der freiwilligen Anzeige hatte ausführen können, so hat es bei der Strafe sein Bewenden.

5. zu Absatz 2.

Es muß ein Unfall bei dem Betriebe dieses Kraftfahrzeugs stattgefunden haben, dabei muß ein Mensch verletzt worden sein, und dieser Verletzte muß sich in hilfloser Lage befinden. Ist ein Mensch durch eine Sachbeschädigung in hilflose Lage geraten, z. B. weil einem Lahmen die Krücken zertrümmert worden sind, so ist die Strafbestimmung nicht anwendbar.

Die Gesetzesworte „vorsätzlich in hilfloser Lage verläßt“ stimmen mit der Fassung des § 221 RStGB. überein. Hilflos ist eine Person dann, wenn sie ohne Hilfe dritter Personen an Leib oder Leben gefährdet ist (Olshausen Anm. 2 zu § 221). Eine hilflose Lage liegt vor, „wenn die hilflose Person derart vereinzelt wird, daß sie — vom Zufall abgesehen — von der für sie nötigen Hilfe dritter Personen abgeschnitten und deshalb an Leben oder Gesundheit gefährdet ist“ (Olshausen Anm. 4 zu § 221). Die Anwesenheit dritter Personen, die nicht in der Lage sind, die notwendige Hilfe selbst zu leisten oder so schnell herbeizuschaffen, wie der Kraftwagenführer selbst, schließt deshalb nicht aus, daß eine hilflose Lage und damit eine Gefährdung des Verletzten entsteht, wenn der Kraftwagenführer seine Hilfe versagt.

Unter „verlassen“ ist nicht notwendig ein räumliches Verlassen zu verstehen. Verlassen bezeichnet seinem Wesen nach das Aufgeben einer bereits bestehenden Beziehung (Olshausen Anm. 7 zu § 221). Die Beziehung ist dadurch geschaffen, daß das Gesetz dem Führer die Pflicht auferlegt, sich des Verletzten anzunehmen, ihm Obhut und Sorge zuzuwenden. Verläßt er den Verletzten räumlich, um ärztliche Hilfe herbeizuholen, so löst er sich damit nicht von seiner Pflicht, sondern betätigt sie gerade. Anderseits macht sich der Führer trotz räumlichen Verweilens an dem Orte des Unfalls strafbar, wenn er sich etwa nur um die Instandsetzung seines Fahrzeugs bekümmert und den Verletzten sich verbluten läßt.

Daß durch das Verlassen in hilfloser Lage ein Nachteil für den Verletzten wirklich entstanden sei, ist nicht erforderlich; zur Vollendung des Vergehens genügt die Gefährdung.

Der Vorsatz des Täters besteht in dem Bewußtsein, durch sein Tun oder Unterlassen den Verletzten in seiner hilflosen Lage an Leib oder Leben zu gefährden.

§ 23.

Mit Geldstrafe bis zu dreihundert Mark oder mit Gefängnis bis zu zwei Monaten wird bestraft, wer auf öffentlichen Wegen oder Plätzen ein Kraftfahrzeug führt, das nicht von der zuständigen Behörde zum Verkehre zugelassen ist.

Die gleiche Strafe trifft den Halter eines nicht zum Verkehre zugelassenen Kraftfahrzeugs, wenn er vorsätzlich oder fahrlässig dessen Gebrauch auf öffentlichen Wegen oder Plätzen gestattet.

1. Zu Absatz 1.

Zuständig für die Zulassung ist nach §§ 4, 5 der Grundzüge des Bundesrats die Polizeibehörde am Wohnort desjenigen, dem zur Zeit der ersten Inbetriebsetzung das Fahrzeug eigentümlich gehört. Ist ein Fahrzeug einmal zum Verkehr zugelassen, dann bedarf es beim Eigentumswechsel keiner neuen Zulassung, sondern nur — wenn der neue Eigentümer in einem andern Bundesstaat oder Verwaltungsbezirk (s. § 7 Abs. 1 der Grundzüge) wohnt — einer neuen Bescheinigung und eines neuen Kennzeichens (§ 5 Abs. 3 der Grundzüge). Wird hierbei etwas versäumt, so greift die Strafbestimmung des § 21 Platz.

2. Zu Absatz 2.

Die Bestimmung ist analog derjenigen des § 24 Abs. 2.

§ 24.

Mit Geldstrafe bis zu dreihundert Mark oder mit Gefängnis bis zu zwei Monaten wird bestraft:

1. wer ein Kraftfahrzeug führt, ohne einen Führerschein zu besitzen;
2. wer ein Kraftfahrzeug führt, obwohl ihm die Fahrerlaubnis entzogen ist;

§ 3. wer nicht seinen Führerschein der Behörde, die ihm die Fahrerlaubnis entzogen hat, auf ihr Verlangen abliefert.

Die gleiche Strafe trifft den Halter des Kraftfahrzeugs, wenn er vorsätzlich oder fahrlässig eine Person zur Führung des Fahrzeugs bestellt oder ermächtigt, die sich nicht durch einen Führerschein ausweisen kann oder der die Fahrerlaubnis entzogen ist.

1. Zu Ziffer 1.

Strafbar macht sich hiernach, wer ein Kraftfahrzeug führt, ohne bisher den Erlaubnisschein (s. § 2 des Gesetzes) überhaupt erhalten zu haben. Auf den Besitz des Scheines als körperlicher Sache kommt es nach dieser Vorschrift nicht an, sondern nur auf den Besitz der Befugnis, ein Kraftfahrzeug zu führen. Auch nach dem Verlust des Zettels, auf dem die Fahrerlaubnis bescheinigt ist, bleibt der Führer im Besitz der Erlaubnis und kann sich nach § 24¹ nicht strafbar machen. Die Bestimmung, daß er den Führerschein stets bei sich zu führen und auf Verlangen dem zuständigen Beamten vorzuzeigen habe, ist polizeilicher Natur, vgl. jetzt § 14 Abs. 1 Schlußsatz der bundesrätlichen Grundzüge; Zuwiderhandlungen dagegen sind nach § 21 zu bestrafen.

Strafbar macht sich nur, wer auf öffentlichen Wegen und Plätzen ohne Erlaubnis ein Kraftfahrzeug führt. Das ergibt sich aus dem Zusammenhange der Strafvorschrift mit § 2 dieses Gesetzes, wo die Erlaubnis nur für denjenigen vorgeschrieben ist, der auf öffentlichen Wegen oder Plätzen ein Kraftfahrzeug führen will.

Der Fahrlehrling, der zu seiner Übung in Begleitung eines mit Führerschein versehenen Andern ein Kraftfahrzeug führt, fällt nicht unter die Strafvorschrift, weil er nach § 3 keinen Führerschein braucht.

2. Zu Ziffer 2.

Wegen Entziehung der Fahrerlaubnis vgl. §§ 4, 5. Die Entziehung erlangt schon mit der Bekanntgabe des Entziehungsbeschlusses Rechtswirksamkeit, so daß der Führer, der nach dem noch fährt, sich strafbar macht. Auf die Rechtskraft des Beschlusses kommt es nicht an, denn die Einlegung des Rekurses hat keine aufschiebende Wirkung, § 5 Abs. 1.

3. Zu Ziffer 3.

Die Verpflichtung, den Führerschein nach der Entziehung der Fahrerlaubnis abzuliefern, ist in § 4 Abs. 1 ausgesprochen. Strafbarkeit tritt erst ein, wenn die Behörde den Führer zur Ablieferung des Führerscheins aufgefordert hat. Selbstverständlich kann die Aufforderung dem Führer gleichzeitig mit dem Entziehungsbeschluß bekannt gegeben werden. Eine Frist für die Ablieferung des Scheines bestimmt das Gesetz nicht; es wird also im einzelnen Falle richterlich zu prüfen sein, ob der vorgebrachte Entschuldigungsgrund für die Nichtablieferung genügt oder nicht (Kommissionsbericht S. 43).

4. Zu Absatz 2.

Dem Halter ist hiermit die Pflicht auferlegt, sorgfältig zu prüfen, ob derjenige, dem er die Führung seines Kraftfahrzeuges anvertraut, sich durch einen gültigen Führerschein ausweisen kann. Er wird sich also den Führerschein vorzeigen lassen müssen. Der Besitz des Führerscheins genügt aber nicht, wenn dem Führer die Fahrerlaubnis entzogen ist, und der Halter dies wußte oder wissen mußte.

Eine Ermächtigung kann auch stillschweigend erteilt werden, indem der Halter es zuläßt, daß ein Anderer die Führung des Fahrzeugs übernimmt, obwohl er es verhindern kann.

Da die Führung eines Kraftfahrzeugs nur auf öffentlichen Wegen oder Plätzen an den Besitz einer Fahrerlaubnis geknüpft ist, so macht sich der Halter nicht strafbar, wenn er auf seinem dem öffentlichen Verkehr entzogenen Privatgrundstück (Garten, Hof) einer nicht geprüften Person die Führung gestattet.

§ 25.

Wer in rechtswidriger Absicht

1. ein Kraftfahrzeug, für welches von der Polizeibehörde ein Kennzeichen nicht ausgegeben oder zugelassen worden ist, mit einem Zeichen versieht, welches geeignet ist, den Anschein der polizeilich angeordneten oder zugelassenen Kennzeichnung hervorzurufen,
2. ein Kraftfahrzeug mit einer anderen als der polizeilich für das Fahrzeug ausgegebenen oder zugelassenen Kennzeichnung versieht,
3. das an einem Kraftfahrzeuge gemäß polizeilicher Anordnung angebrachte Kennzeichen verändert, beseitigt, verdeckt oder sonst in seiner Erkennbarkeit beeinträchtigt,

wird, sofern nicht nach den Vorschriften des Strafgesetzbuchs eine höhere Strafe verwirkt ist, mit Geldstrafe bis zu fünfhundert Mark oder mit Gefängnis bis zu drei Monaten bestraft.

Die gleiche Strafe trifft Personen, welche auf öffentlichen Wegen oder Plätzen von einem Kraftfahrzeuge Gebrauch machen, von dem sie wissen, daß die Kennzeichnung in der im Abs. 1 unter Nr. 1 bis 3 bezeichneten Art gefälscht, verfälscht oder unterdrückt worden ist.

1. in rechtswidriger Absicht.

Die Tatbestände dieses Paragraphen können zum Teil mit Urkundenfälschung konkurrieren. Beide stimmen in dem Merkmal der rechtswidrigen Absicht überein. Für die vorliegende Strafbestimmung ist dieses Merkmal um so wichtiger, als hier schon die Fälschung an sich strafbar ist, während nach §§ 267, 270 RStGB. erst der Gebrauch der gefälschten Urkunde das Vergehen vollendet.

Der objektive Tatbestand ist gegeben, sobald eine der in den Ziffern 1 bis 3 näher bezeichneten Veränderungen am Fahrzeug vorgenommen worden ist; ob die Veränderung schon irgendwie ihrem Zweck und der Absicht des Täters entsprechend Andern gegenüber hat wirken können oder ob das Fahrzeug in dem veränderten Zustande noch gar nicht in Betrieb gesetzt worden ist, darauf kommt nichts an.

In subjektiver Beziehung wird nicht nur das Bewußtsein des Täters erfordert, daß die Änderung zur Irreführung Anderer geeignet sei, sondern seine Absicht muß auf die Herbeiführung eines rechtswidrigen Erfolges gerichtet sein, und zwar ist der beabsichtigte rechtswidrige Erfolg die Vereitelung der vom Gesetz gewollten Erkennbarkeit der Kraftfahrzeuge.

2. Zu Ziffer 1.

In den bundesrätlichen Grundzügen (§§ 5—8) ist vorgesehen, daß jedes Kraftfahrzeug, welches zum Verkehr zugelassen ist, vorn und hinten mit einem polizeilichen Kennzeichen versehen wird, welchem die zuständige Ortspolizeibehörde ihren Stempel beidrückt. Dadurch erhält das Kennzeichen die Eigenschaft einer öffentlichen Urkunde.

Ziffer 1 hat den Fall im Auge, wo ein Kraftfahrzeug, welches noch nicht mit einem solchen Kennzeichen versehen, vielleicht noch gar nicht zum Verkehr zugelassen ist, rechtswidrig mit einem falschen Kennzeichen versehen wird, durch welches der Anschein hervorgerufen werden kann, als ob es mit einem echten Kennzeichen versehen wäre. Die Absicht des Täters muß darauf gerichtet sein, gegebenenfalls diese Täuschung bei Polizeibeamten und bei dem interessierten Publikum, insonderheit bei einem Unfallgeschädigten hervorzurufen.

Von dem Vergehen des § 267 RStGB. unterscheidet sich die Straftat einmal dadurch, daß der Täter den Gebrauch der Fälschung zum Zweck der Täuschung nur beabsichtigt, aber diese Absicht noch nicht verwirklicht haben muß, und zweitens, weil die Anbringung des falschen Zeichens nicht notwendig eine Urkundenfälschung darstellt. Zur fälschlichen Anfertigung einer öffentlichen Urkunde gehört die Herstellung einer falschen oder die Nachahmung einer echten Beglaubigungsform, durch welche dem Falschstück der Schein verliehen wird, als rühre es von der zuständigen Behörde her. Die Urkundseigenschaft des Kennzeichens liegt wesentlich in dem polizeilichen Dienststempel, das ihm aufgedrückt wird. Begnügt sich der Täter damit, lediglich eine Tafel mit irgendwelchen Buchstaben und Zahlen der gebräuchlichen Art an seinem Fahrzeug anzubringen, um so von weitem den Anschein zu erwecken, als sei sein Fahrzeug mit einem der üblichen Kennzeichen versehen, dann liegt lediglich der Tatbestand des § 25¹ vor. Hat er dagegen auch einen polizeilichen Dienststempel nachgemacht, dann hat er eine öffentliche Urkunde fälschlich angefertigt; und sobald er sich mit einem solchen Fahrzeug in die Öffentlichkeit begibt und dadurch Gelegenheit zur Täuschung Anderer bietet, vollendet er das Vergehen der Urkundenfälschung aus § 267 RStGB.

3. Zu Ziffer 2.

Diese Bestimmung setzt voraus, daß das Fahrzeug zum Verkehr zugelassen und mit einem echten polizeilichen Kennzeichen versehen worden ist. Die Straftat besteht darin, daß ein anderes Kennzeichen angebracht wird, gleichviel ob unter Entfernung oder Verdeckung des echten oder neben demselben. Schon die Anbringung eines andern Kennzeichens neben dem echten beeinträchtigt nicht nur dessen sinnliche Erkennbarkeit, sondern ruft auch Zweifel wach, welches Zeichen das echte sei. Das, was der Täter hinzufügt, muß ein anderes „Kennzeichen" sein, also etwas dem echten Kennzeichen ähnliches; auch hier soll der Anschein erweckt oder wenigstens die Möglichkeit einer Täuschung hervorgerufen werden, als ob das hinzugefügte Kennzeichen das echte, polizeilich für dieses Fahrzeug ausgegebene Kennzeichen sei. Strafbar macht sich auch, wer die Kennzeichen verschiedener Kraftfahrzeuge miteinander vertauscht, sofern es in rechtswidriger Absicht geschieht. Fahrlässigkeit reicht für keinen der Tatbestände des § 25 aus.

Wird aber absichtlich die Urkundseigenschaft eines fremden echten Kennzeichens mißbraucht, um durch dessen Einfügung in ein anderes Fahrzeug den Anschein hervorzurufen, als sei das Kennzeichen für dieses Fahrzeug ausgegeben, so liegt Urkundenfälschung vor und es muß Bestrafung aus § 267 RStGB. eintreten, sobald das Fahrzeug in der gefälschten Verfassung in eine die Täuschung Anderer ermöglichende Benutzung genommen wird. Vgl. RG. v. 9. 1. 93, Entsch. in Straff. Bd. 23, 278.

4. Zu Ziffer 3.

Wie bei Ziffer 2 wird hier vorausgesetzt, daß das Fahrzeug mit einem echten Kennzeichen versehen ist. Wird an dieser öffentlichen Urkunde eine Veränderung ihres Inhalts, also eine Verfälschung, vorgenommen, so ist damit die erste Voraussetzung für die Anwendung des § 267 RStGB. gegeben; tritt noch ein Gebrauchmachen zum Zwecke der Täuschung hinzu, so ist der Tatbestand des § 267 vollendet. Vor dem Gebrauch tritt lediglich Bestrafung aus § 25³ ein. Außer der Verfälschung fällt aber auch die Beseitigung, Verdeckung und überhaupt jede Beeinträchtigung der Erkennbarkeit des Kennzeichens unter die Strafbestimmung des § 25³, sofern die Absicht des Täters auf diesen Erfolg, die Erkennbarkeit zu beeinträchtigen, gerichtet war. Hierher gehört insbesondere das Beschmieren des Kennzeichens mit Öl, damit durch den sich ansammelnden, von dem Öl festgehaltenen Straßenstaub das Kennzeichen verdeckt werde. Bestrafung kann erst eintreten, nachdem die Erkennbarkeit durch Staub beeinträchtigt worden ist; in dem Aufschmieren von Öl liegt an sich nur ein strafloser Versuch.

5. sofern nicht nach den Vorschriften des StGB. eine höhere Strafe verwirkt ist.

Hierbei ist namentlich an die Strafe aus § 267 RStGB. gedacht.

6. Zu Absatz 2.

Die Bestimmung ist dem § 270 RStGB. nachgebildet. Während es zum Tatbestande des § 270 gehört, daß der Täter von der gefälschten Urkunde Gebrauch mache, soll nach der vorliegenden Bestimmung der Gebrauch des Kraftfahrzeugs bestraft werden. Damit ist aber nichts wesentlich anderes gemeint. Das Kennzeichen erhält seine Eigenschaft als solches erst durch die Verbindung mit einem Kraftfahrzeug, und der Gebrauch eines mit falschem Kennzeichen versehenen Kraftfahrzeuges bietet regelmäßig die Möglichkeit der Täuschung und stellt also einen Gebrauch des falschen Kennzeichens dar. Auch das vorliegende Gesetz will offenbar nur denjenigen strafen, der gerade von der Fälschung oder Unterdrückung des Kennzeichens in unerlaubter, rechtswidriger Weise Gebrauch machen will. Auch hier ist deshalb die rechtswidrige Absicht als Merkmal des Tatbestandes zu fordern, so daß sich der Fahrgast, der sich — vielleicht in einer Notlage — einer mit falschem Kennzeichen versehenen Kraftdroschke bedient, nicht bestraft werden kann, weil er nicht die Absicht der rechtswidrigen Täuschung hat.

§ 26.

Dieses Gesetz tritt hinsichtlich der Vorschriften über die Haftpflicht — Teil II — mit dem 1. Juni 1909, im übrigen mit dem 1. April 1910 in Kraft.

Urkundlich unter Unserer höchsteigenhändigen Unterschrift und beigedrucktem Kaiserlichen Insiegel.

Gegeben Achilleion, Corfu, den 3. Mai 1909.

(L. S.) **Wilhelm.**

Fürst von Bülow.

Anhang.

Grundzüge, betreffend den Verkehr mit Kraftfahrzeugen,

welche auf Grund des Bundesratsbeschlusses vom 3. Mai 1896 von den einzelnen Landesbehörden im Wege der Verordnung eingeführt sind und zurzeit im ganzen Reichsgebiet gelten.

Auf Grund der . . . werden für den nicht an Bahngleise gebundenen Verkehr der durch elementare Triebkraft bewegten Fahrzeuge — Kraftwagen und Krafträder — auf öffentlichen Wegen und Plätzen folgende Vorschriften erlassen:

A. Allgemeine Vorschriften.

§ 1.

Für den Verkehr mit Kraftfahrzeugen gelten sinngemäß die den Verkehr von Fuhrwerken oder von Fahrrädern auf öffentlichen Wegen und Plätzen regelnden polizeilichen Vorschriften, sofern nicht nachfolgend andere Bestimmungen getroffen werden.

Auf Kraftfahrzeuge, welche für den öffentlichen Fuhrbetrieb verwendet werden, sowie auf die Führer dieser Fahrzeuge finden neben den nachstehenden Vorschriften die allgemeinen Bestimmungen über den Betrieb der Droschken, Omnibusse und sonstigen dem öffentlichen Transportgewerbe dienenden Fuhrwerke Anwendung.

Fahrzeuge, die aus einem Kraftrad und einem damit fest oder mittels Kuppelung verbundenen besonderen Sitze auf eigenem Rade oder eigenen Rädern seitlich neben dem Kraftrade bestehen, gelten als Kraftwagen im Sinne dieser Vorschriften.

Auf Straßenlokomotiven und schwere Vorspannmaschinen finden die nachstehenden Vorschriften keine Anwendung.

B. Das Kraftfahrzeug.

a) Beschaffenheit und Ausrüstung.

§ 2.

Die Kraftfahrzeuge müssen betriebssicher und insbesondere so gebaut, eingerichtet und ausgerüstet sein, daß Feuers- und Explosionsgefahr sowie eine Belästigung von Personen und Gefährdung von Fuhrwerken durch Geräusch, durch Entwicklung von Rauch oder Dampf oder durch üblen Geruch möglichst ausgeschlossen ist. Die Vorrichtung zum Auspuffen des Dampfes oder der Gase muß an einer möglichst wenig sichtbaren Stelle angebracht sein.

Die Radkränze dürfen nicht mit Unebenheiten versehen sein, welche geeignet sind, die Fahrbahn zu beschädigen.

§ 3.

Jedes Fahrzeug muß versehen sein:

1. mit einer kräftigen Lenkvorrichtung, welche gestattet, sicher und rasch auszuweichen und in einem möglichst kleinen Bogen zu wenden;
2. mit zwei voneinander unabhängigen Bremseinrichtungen, von denen mindestens die eine unmittelbar auf die Triebräder oder auf Bestandteile, die mit den Rädern fest verbunden sind, wirken, und von denen jede für sich geeignet sein muß, den Lauf des Fahrzeugs sofort zu hemmen und es auf die kürzeste Entfernung zum Stehen zu bringen;
3. mit einer Vorrichtung, die beim Befahren größerer Steigungen die unbeabsichtigte Rückwärtsbewegung verhindert;
4. mit einer eintonigen Huppe zum Abgeben von Warnungszeichen;
5. nach eingetretener Dunkelheit und bei starkem Nebel mit mindestens zwei, an den Seiten in gleicher Höhe angebrachten, hellbrennenden Laternen mit farblosem Glase, welche den Lichtschein derart auf die Fahrbahn werfen, daß diese auf mindestens 20 Meter vor dem Fahrzeuge von dem Führer übersehen werden kann. Übermäßig stark wirkende Scheinwerfer dürfen nicht verwendet werden.

Für Krafträder gelten Ziffer 2 und 5 mit der Einschränkung, daß eine wirksame Bremsvorrichtung und eine Laterne der bezeichneten Art genügt; Ziffer 3 findet auf solche Fahrzeuge keine Anwendung.

Jeder Kraftwagen, dessen Eigengewicht 350 Kilogramm übersteigt, muß so eingerichtet sein, daß er mittels des Motors vom Führersitz aus in Rückwärtsgang gebracht werden kann.

Die Griffe zur Bedienung des Motors und der in Abs. 1 bis 3 angeführten Einrichtungen müssen so angebracht sein, daß der Führer sie, ohne sein Augenmerk von der Fahrtrichtung abzulenken, leicht und auch im Dunkeln ohne Verwechselungsgefahr handhaben kann.

Jedes Kraftfahrzeug muß mit einem Schilde versehen sein, welches die Firma, die das Fahrzeug hergestellt hat, die Anzahl der Pferdekräfte des Motors und das Eigengewicht des Fahrzeugs angibt.

b) Inbetriebnahme.

§ 4.

Wenn ein Kraftfahrzeug in Betrieb genommen werden soll, hat der Eigentümer hiervon der zuständigen Polizeibehörde seines Wohnorts eine schriftliche Anzeige zu erstatten, in welcher anzugeben sind:

1. Name, Stand und Wohnort des Eigentümers,
2. die Firma, welche das Fahrzeug hergestellt hat,
3. die Bestimmung des Fahrzeugs (Personen- oder Lastfahrzeug),
4. die Betriebsart,
5. die Anzahl der Pferdekräfte,

6. das Eigengewicht des Fahrzeugs,
7. für Lastkraftwagen das Höchstgewicht der Ladung.

Der Anzeige ist das Gutachten eines amtlich anerkannten Sachverständigen beizufügen, das die Richtigkeit der Angaben unter 4 bis 7 sowie ferner bestätigt, daß das Fahrzeug den nach dieser Verordnung zu stellenden Anforderungen genügt. Das Gutachten hat der Anzeigende auf seine Kosten zu beschaffen. An Stelle dieses Nachweises kann von der Landespolizeibehörde eine amtliche Prüfung auf Kosten des Anzeigenden vorgeschrieben werden.

Änderungen hinsichtlich der Punkte 1, 3 und 4 sowie wesentliche Änderungen hinsichtlich der Punkte 5 bis 7 sind in gleicher Weise anzuzeigen. Eine Änderung des Wohnorts des Eigentümers ist der Polizeibehörde des neuen Wohnorts unter Vorlegung der Bescheinigung (§ 5 Abs. 2) anzuzeigen.

Die zuständige Landespolizeibehörde ist befugt, auf Antrag einer Firma, deren Sitz sich im Bezirke der Behörde befindet, nach einer auf Kosten der Firma vorgenommenen Prüfung eine Bescheinigung darüber zu erteilen, daß eine fabrikmäßig gefertigte Gattung eines Kraftfahrzeugs den nach Maßgabe dieser Verordnung zu stellenden Anforderungen genügt. Bei der Veräußerung eines Kraftfahrzeugs, das einer derart zugelassenen Gattung angehört, kann die Firma dem Abnehmer eine mit laufender Nummer versehene Ausfertigung der Bescheinigung, die auch die Richtigkeit der im Abs. 1 unter 4 bis 7 vorgeschriebenen Angaben bestätigen muß, mit der Wirkung verabfolgen, daß sie das im Abs. 2 geforderte Gutachten ersetzt. Diese Bestimmung gilt für alle von einer deutschen Zentral- oder Landespolizeibehörde ausgestellten Bescheinigungen über die vorschriftsmäßige Beschaffenheit einer Gattung.

c) Polizeiliche Kennzeichnung.

§ 5.

Die Zulassung des Kraftfahrzeugs zum Verkehr auf öffentlichen Wegen und Plätzen ist von der Polizeibehörde abzulehnen, wenn den Vorschriften des § 4 nicht entsprochen ist.

Im Falle der Zulassung hat die Polizeibehörde das Kraftfahrzeug in eine Liste nach beiliegendem Muster 1 einzutragen. Demnächst ist das Fahrzeug mit einem polizeilichen Kennzeichen (§ 7) zu versehen. Die Angabe der Erkennungsnummer erfolgt durch die nach § 4 Abs. 1 zuständige Behörde. Der Antragsteller erhält über die Zulassung und die Eintragung des Kraftfahrzeugs und die Zuteilung des Kennzeichens eine Bescheinigung nach beiliegendem Muster 2. Die Bescheinigung ist in Urschrift oder beglaubigter Abschrift bei der Benutzung des Fahrzeugs auf öffentlichen Wegen und Plätzen mitzuführen und den Polizeibeamten auf Verlangen vorzuzeigen.

Bei Verlegung des Wohnorts des Eigentümers in einen Bezirk, in dem die Kraftfahrzeuge mit anderen Buchstaben oder römischen Ziffern (§ 7 Abs. 1) gekennzeichnet werden, ist das Fahrzeug mit einem Kennzeichen des neuen Bezirkes zu versehen und auf Grund der vorgelegten Bescheinigung eine neue auszustellen.

§ 6.

Vorbehaltlich der Vorschrift im § 29 muß jedes auf öffentlichen Wegen und Plätzen verkehrende Kraftfahrzeug das polizeiliche Kennzeichen tragen.

§ 7.

Das von der Polizeibehörde zuzuteilende Kennzeichen besteht aus einem (oder mehreren) Buchstaben (oder römischen Ziffern) zur Bezeichnung des Bundesstaats (oder engeren Verwaltungsbezirkes) und aus der Erkennungsnummer, unter welcher das Fahrzeug in die polizeiliche Liste (§ 5) eingetragen ist. Das Kennzeichen ist an der Vorderseite und an der Rückseite des Fahrzeugs nach außen hin an leicht sichtbarer Stelle anzubringen. Bei Krafträdern kann die Polizeibehörde aus besonderen, aus der Bauart des Fahrzeugs sich ergebenden Gründen von der Anbringung des zweiten Kennzeichens absehen und demgemäß zulassen, daß nur ein Kennzeichen an der Vorderseite oder an der Rückseite angebracht wird.

Das vordere Kennzeichen ist in schwarzer Balkenschrift auf weißem, schwarzgerandetem Grunde auf die Wandung des Fahrzeugs oder auf eine rechteckige

Tafel aufzumalen, die mit dem Fahrzeuge durch Schrauben, Nieten oder Nägel fest zu verbinden ist. Die Buchstaben (oder die römischen Ziffern) und die Nummern müssen in eine Reihe gestellt und durch einen wagerechten Strich voneinander getrennt werden. Die Abmessungen betragen: Randbreite mindestens 10 Millimeter, Schrifthöhe 75 Millimeter bei einer Strichstärke von 12 Millimeter, Abstand zwischen den einzelnen Zeichen und vom Rande 20 Millimeter, Stärke des Trennungsstrichs 12 Millimeter, Länge des Trennungsstrichs 25 Millimeter, Höhe der Tafel ausschließlich des Randes 115 Millimeter (Muster 3).

Bei dem an der Rückseite des Fahrzeugs mittels Schrauben, Nieten oder Nägel fest anzubringenden Kennzeichen sind die Buchstaben (römischen Ziffern) und die Nummer auf einer viereckigen weißen schwarzgerandeten Tafel in schwarzer Balkenschrift auszuführen. Die Tafel kann Bestandteil einer Laterne sein (vgl. § 10). Die Buchstaben (römischen Ziffern) müssen über der Nummer stehen. Die Abmessungen betragen: Randbreite mindestens 10 Millimeter, Schrifthöhe 100 Millimeter bei einer Strichstärke von 15 Millimeter, Abstand zwischen den einzelnen Zeichen und vom Rande 20 Millimeter, Höhe der Tafel ausschließlich des Randes 260 Millimeter (Muster 4). Bei Kraftzweirädern ist auf der Rückseite auch eine sechseckige Tafel (Muster 5) zulässig. Im Falle des § 10 Abs. 1 Satz 2 kann das hintere

Kennzeichen auch auf die Wandung des Fahrzeugs aufgemalt werden.

§ 8.

Die Kennzeichen müssen mit dem Dienststempel der Polizeibehörde versehen sein.

§ 9.

Die Kennzeichen dürfen nicht zum Umklappen eingerichtet sein; sie dürfen niemals verdeckt sein und müssen stets in lesbarem Zustand erhalten werden. Der untere Rand des vorderen Kennzeichens darf nicht weniger als 20 Zentimeter, der des hinteren nicht weniger als 45 Zentimeter vom Erdboden entfernt sein.

§ 10.

Während der Dunkelheit und bei starkem Nebel ist das hintere Kennzeichen durchscheinend so zu beleuchten, daß es deutlich erkennbar ist. An Stelle der durchscheinenden Beleuchtung kann die Polizeibehörde eine Beleuchtung von außen zulassen, sofern der Leuchtkörper oberhalb der Tafel angebracht ist und die Erkennbarkeit des Kennzeichens dadurch nicht beeinträchtigt wird. Die Beleuchtungsvorrichtung muß so eingerichtet sein, daß sie weder vom Sitze des Führers noch vom Innern des Wagens aus abgestellt werden kann.

Bei Krafträdern kann die Polizeibehörde auf Antrag von einer Beleuchtung des Kennzeichens absehen.

§ 11.

Der Verlust oder das Unbrauchbarwerden eines Kennzeichens muß der Zuteilungsstelle sofort angezeigt werden.

Tritt der Verlust oder das Unbrauchbarwerden an einem Orte ein, von dem aus die Zuteilungsstelle ohne Zeitverlust nicht erreicht werden kann, so genügt die Anzeige an die nächste für die Zuteilung von Kennzeichen zuständige Behörde, die in derartigen Fällen das erneuerte Kennzeichen mit dem Dienststempel zu versehen und, daß dies geschehen, in der Bescheinigung (§ 5 Abs. 2) ersichtlich zu machen hat.

§ 12.

Die Anbringung mehrerer verschiedener Kennzeichen ist unzulässig.

§ 13.

Bei Ausstellung von Kraftfahrzeugen können von der zuständigen Landespolizeibehörde Ausnahmen von den Vorschriften der §§ 7, 10 mit der Maßgabe zugelassen werden, daß für die an der Veranstaltung teilnehmenden Kraftfahrzeuge die Führung eines besonderen Kennzeichens vorgeschrieben wird, dessen Beschaffenheit im Einzelfalle von dieser Behörde festzusetzen ist. Soweit es sich um Kraftfahrzeuge handelt, die bereits in die polizeiliche Liste eingetragen und mit einem Kennzeichen versehen sind, muß dies Kennzeichen auch während der Ausstellung weiter geführt werden.

C. Der Führer des Kraftfahrzeugs.

a) Eigenschaften des Führers.

§ 14.

Das Führen von Kraftfahrzeugen ist nur solchen Personen gestattet und darf nur solchen Personen überlassen werden, die mit den Einrichtungen und der Bedienung des Fahrzeugs völlig vertraut sind und sich hierüber durch ein von einer sachverständigen Behörde oder einer behördlich anerkannten Stelle ausgestelltes Zeugnis ausweisen können. Das Zeugnis ist der Polizeibehörde des Wohnorts des Führers zur Kenntnisnahme vorzulegen und von dieser, sofern gegen die Zuverlässigkeit und Befähigung der betreffenden Person Bedenken nicht bestehen, mit einem hierauf bezüglichen Vermerke zu versehen. Der Führer hat das Zeugnis bei sich zu führen und auf Verlangen den zuständigen Beamten vorzuzeigen.

Personen unter 18 Jahren ist das Führen von Kraftfahrzeugen, insbesondere auch von Krafträdern, nicht gestattet. Ausnahmen können von der Polizeibehörde mit Zustimmung des gesetzlichen Vertreters zugelassen werden.

b) Besondere Pflichten des Führers.

§ 15.

Der Führer ist dafür verantwortlich, daß das Kraftfahrzeug mit den nach dieser Verordnung vorgeschriebenen Vermerken und polizeilichen Kennzeichen versehen ist, daß es in vorgeschriebener Weise beleuchtet ist, sowie dafür, daß bei der Benutzung des Fahrzeugs auf öffentlichen Wegen und Plätzen die durch § 5 Abs. 2 vorgeschriebene Bescheinigung mitgeführt wird.

Der Führer ist verpflichtet, sich vor der Fahrt davon zu überzeugen, daß das Fahrzeug in ordnungsmäßigem Zustand ist und daß seine maschinellen sowie die im § 3 vorgeschriebenen Einrichtungen gut wirken.

§ 16.

Der Führer ist zu besonderer Vorsicht in Leitung und Bedienung seines Fahrzeugs verpflichtet. Er darf von dem Fahrzeuge nicht absteigen, solange es in Bewegung ist, und darf sich von ihm nicht entfernen, solange der Motor angetrieben ist; auch muß er, falls er sich von dem Fahrzeug entfernen will, die nötigen Vorkehrungen treffen, daß kein Unbefugter den Motor antreiben kann.

Auf den Haltruf oder das Haltzeichen eines als solchen kenntlichen Polizeibeamten hat der Führer sofort anzuhalten. Zur Kenntlichmachung eines Polizeibeamten ist auch das Tragen einer Dienstmütze ausreichend.

§ 17.

Die Fahrgeschwindigkeit ist jederzeit so einzurichten, daß Unfälle und Verkehrsstörungen vermieden werden.

Jedenfalls darf innerhalb geschlossener Ortsteile die Fahrgeschwindigkeit das Zeitmaß eines in gestrecktem Trabe befindlichen Pferdes — etwa 15 Kilometer in der Stunde — nicht überschreiten. Außerhalb geschlossener Ortsteile darf sie, wenn übersichtliche Wege befahren werden, insoweit erhöht werden, als der Führer in der Lage bleibt, unter allen Umständen seinen Verpflichtungen Genüge zu leisten.

Auf unübersichtlichen Wegen, insbesondere nach Eintritt der Dunkelheit oder bei starkem Nebel, beim Einbiegen aus einer Straße in die andere, bei Straßenkreuzungen, bei scharfen Straßenkrümmungen, bei der Ausfahrt aus Grundstücken, die an öffentlichen Wegen liegen und bei der Einfahrt in solche Grundstücke, bei der Annäherung an Eisenbahnübergänge in Schienenhöhe, ferner beim Passieren enger Brücken und Tore sowie schmaler oder abschüssiger Wege, sowie da, wo die Wirksamkeit der Bremsen durch die Schlüpfrigkeit des Weges in Frage gestellt ist, endlich überall da, wo ein lebhafter Verkehr stattfindet, muß langsam und so vorsichtig gefahren werden, daß das Fahrzeug nötigenfalls sofort und jedenfalls auf einer Wegstrecke von höchstens 5 Meter zum Halten gebracht werden kann.

§ 18.

Der Führer hat entgegenkommende, zu überholende, in der Fahrtrichtung stehende oder die Fahrtrichtung kreuzende Menschen sowie die Führer von Fuhrwerken, Reiter, Radfahrer, Viehtreiber usw. durch deutlich hörbares Warnungszeichen rechtzeitig auf das Nahen des Kraftfahrzeuges aufmerksam zu machen.

Auch an unübersichtlichen Stellen (§ 17 Abs. 3) ist Warnungszeichen zu geben.

Das Abgeben von Warnungszeichen ist sofort einzustellen, wenn Pferde oder andere Tiere dadurch unruhig oder scheu werden.

Warnungszeichen dürfen nur mit der eintonigen Huppe (§ 3 Abs. 1 Ziffer 4) abgegeben werden.

Das Abgeben langgezogener Huppensignale, die Ähnlichkeit mit Feuersignalen haben, ist nicht statthaft.

Merkt der Führer, daß ein Pferd oder ein anderes Tier vor dem Kraftfahrzeuge scheut, oder daß sonst durch das Vorbeifahren mit dem Kraftfahrzeuge Menschen oder Tiere in Gefahr gebracht werden, so hat er langsam zu fahren sowie erforderlichenfalls anzuhalten und den Motor außer Tätigkeit zu setzen.

Im Falle eines Zusammenstoßes des Kraftfahrzeugs mit Personen oder Sachen hat der Führer sofort zu halten und die nach den Umständen des Falles gebotene Hilfe zu leisten.

§ 19.

Beim Einbiegen in eine andere Straße ist nach rechts in kurzer Wendung, nach links in weitem Bogen zu fahren.

Der Führer hat entgegenkommenden Fuhrwerken, Kraftfahrzeugen, Reitern, Radfahrern, Viehtransporten oder dergleichen rechtzeitig und genügend nach rechts auszuweichen oder, falls dies die Umstände oder die Örtlichkeit nicht gestatten, so lange anzuhalten, bis die Bahn frei ist. Ebenso hat er anzuhalten beim Zusammentreffen mit marschierenden Militärabteilungen, öffentlichen Aufzügen, Leichenbegängnissen oder dergleichen.

Das Vorbeifahren an eingeholten Fuhrwerken, Kraftfahrzeugen, Reitern, Radfahrern, Viehtransporten oder dergleichen hat auf der linken Seite zu erfolgen.

D. Die Benutzung öffentlicher Wege und Plätze.

§ 20.

Das Fahren mit Kraftfahrzeugen ist nur auf Fahrwegen gestattet. Auf Radfahrwegen und auf Fußwegen, die für Fahrräder freigegeben sind, ist der Verkehr mit Krafträdern nur mit besonderer polizeilicher Genehmigung zulässig.

§ 21.

Durch allgemeine polizeiliche Vorschriften oder durch besondere, für einzelne Fälle getroffene polizeiliche Anordnungen kann, soweit der Zustand der Wege oder die Eigenart des Verkehrs es erfordert, der Verkehr von Kraftfahrzeugen auf bestimmten Wegen, Plätzen und Brücken verboten oder beschränkt, insbesondere die zulässige Fahrgeschwindigkeit auf ein bestimmtes Maß herabgesetzt werden.

Allgemeine Vorschriften dieser Art sind an den betreffenden Stellen durch öffentlichen Anschlag auf zu diesem Zwecke kenntlich gemachten Tafeln zur Kenntnis zu bringen.

§ 22.

Das Wettfahren und die Veranstaltung von Wettfahrten auf öffentlichen Wegen und Plätzen sind verboten. Ausnahmen bedürfen der Genehmigung der zuständigen Landeszentralbehörde oder der von dieser zu bestimmenden höheren Verwaltungsbehörde, welche im einzelnen Falle die besonderen Bedingungen festsetzt.

Für Zuverlässigkeitsfahrten ist die Genehmigung der zuständigen Behörde erforderlich.

§ 23.

Das Mitführen von Anhängewagen ist nur auf Grund polizeilicher Erlaubnis zulässig. Der Erlaubnisschein ist bei der Fahrt mitzuführen und den Polizeibeamten auf Verlangen vorzuzeigen. Auf den Transport schadhaft gewordener Fahrzeuge findet diese Vorschrift keine Anwendung.

E. Verkehr über die Reichsgrenze und im Zollgrenzbezirke.

§ 24.

Für die Zulassung und Kennzeichnung der zu vorübergehendem Aufenthalt in das Gebiet des Deutschen Reichs aus dem Auslande gelangenden außerdeutschen Kraftfahrzeuge und für die Zulassung der Führer solcher Fahrzeuge gelten folgende besondere Bestimmungen:

a) Die Vorschriften über die Anmeldung und über die Zulassung von Kraftfahrzeugen zum Verkehr auf öffentlichen Wegen und Plätzen in den §§ 4, 5 finden auf die außerdeutschen Kraftfahrzeuge keine Anwendung, sofern der Führer des Kraftfahrzeugs durch eine Bescheinigung der zuständigen Behörde des Auslandes nachweisen kann, daß das Fahrzeug den an dem betreffenden Orte gültigen polizeilichen Vorschriften entspricht; Bescheinigungen dieser Art müssen den Namen, Stand und Wohnort des Eigentümers, die Firma, die das Fahrzeug hergestellt hat, seine Betriebsart, die Anzahl der Pferdekräfte, das Eigengewicht des Fahrzeugs und bei Lastkraftwagen das Höchstgewicht der Ladung angeben und mit dem Anerkennungsvermerk einer deutschen Behörde versehen sein.

b) Die außerdeutschen Kraftfahrzeuge müssen an Stelle der durch §§ 7, 10 vorgeschriebenen polizeilichen Kennzeichen ein besonderes länglichrundes Kennzeichen (Muster 6) führen, das zugleich mit der Bescheinigung über die Zuteilung des Kennzeichens (Muster 7) nach Maßgabe der besonderen hierüber ergehenden Anordnungen auf den Grenzzollämtern ausgegeben wird und beim Verlassen des Deutschen Reichs nebst Bescheinigung wieder abzuliefern ist. Das Kennzeichen ist an der Rückseite des Fahrzeugs nach außen hin an leicht sichtbarer Stelle fest anzubringen und bei Kraftwagen während der Dunkelheit und bei starkem Nebel so zu beleuchten, daß es deutlich erkennbar ist; die Beleuchtungsvorrichtung darf das Kennzeichen nicht verdecken. Etwa vorhandene ausländische Kennzeichen sind zu entfernen oder zu überdecken.

Die für das Kennzeichen zu entrichtende Gebühr beträgt

für Kraftwagen . . . . . 6 Mark,
„ Krafträder . . . . . 3 „ .

Wird die Tätigkeit der Amtsstelle außerhalb der Geschäftszeit, d. h. in den Monaten Oktober bis Februar vor 7½ Uhr vormittags und nach 5½ Uhr nachmittags, in den übrigen Monaten vor 7 Uhr vormittags und nach 8 Uhr nachmittags, in Anspruch genommen, so erhöht sich die Gebühr

für Kraftwagen auf . . . . 10 Mark,
„ Krafträder „ . . . . 5 „ .

Beim Ausgang eines außerdeutschen Kraftfahrzeugs aus dem Reichsgebiet ist das Kennzeichen mit der über seine Zuteilung ausgestellten Bescheinigung der nächsten zur Ausgabe von Kennzeichen befugten Amtsstelle behufs Rücksendung an die Eingangs-Amtsstelle zu übergeben. Erfolgt infolge dauernden Verbleibs im Inlande später die Zulassung des Fahrzeugs gemäß § 5, so hat die Rücksendung durch Vermitteilung der die Zulassung aussprechenden Polizeibehörde zu geschehen.

c) Die durch § 14 Abs. 1 für die Führer von Kraftfahrzeugen vorgeschriebenen Zeugnisse können für die Führer außerdeutscher Kraftfahrzeuge durch entsprechende ausländische Zeugnisse ersetzt werden, sofern diese von einer deutschen Behörde mit einem Anerkennungsvermerke versehen sind.

Als „deutsche Behörde", deren Anerkennungsvermerk nach Abs. 1 unter a und c die ausländischen Bescheinigungen und Zeugnisse tragen müssen, gilt der zuständige deutsche Konsul. Sind die Schriftstücke nicht in deutscher Sprache abgefaßt, so muß ihr Inhalt aus dem Anerkennungsvermerk ersichtlich sein.

Die zuständige Landespolizeibehörde kann von dem im vorstehenden unter a geforderten Anerkennungsvermerk einer deutschen Behörde für die Bescheinigungen bestimmter Behörden des benachbarten Auslandes absehen lassen.

Den Eigentümern außerdeutscher Kraftfahrzeuge kann von der zuständigen Landespolizeibehörde auf Antrag gestattet werden, das deutsche Kennzeichen zu führen. Die betreffenden Kraftfahrzeuge sind in diesem Falle in polizeilicher Beziehung als deutsche anzusehen und unterliegen demgemäß den Vorschriften der §§ 4, 5, 7, 10. Die zuständige Landespolizeibehörde bezeichnet die Polizeibehörde, welche die Eintragung des Kraftfahrzeugs in die Liste zu bewirken und die Erkennungsnummer zuzuteilen hat.

§ 25.

Im Zollgrenzbezirke haben die Beamten der Grenzzollverwaltung hinsichtlich der Kraftfahrzeuge die gleichen Befugnisse wie die Polizeibeamten.

F. Untersagung des Betriebs.

§ 26.

Die Polizeibehörde kann jederzeit auf Kosten des Eigentümers eine Untersuchung darüber anstellen, ob ein Kraftfahrzeug den nach Maßgabe dieser Verordnung zu stellenden Anforderungen entspricht.

Kraftfahrzeuge, welche diesen Anforderungen nicht genügen, können durch die Polizeibehörde vom Befahren der öffentlichen Wege und Plätze ausgeschlossen werden.

§ 27.

Ungeeigneten Personen, insbesondere solchen, welche die den Führern von Kraftfahrzeugen obliegenden Verpflichtungen verletzt haben, kann das Führen von Kraftfahrzeugen dauernd oder für bestimmte Zeit polizeilich untersagt werden. Sie haben alsdann das ausgestellte Zeugnis (§ 14 Abs. 1) der Polizeibehörde abzuliefern. Handelt es sich um ausländische Zeugnisse (§ 24 Abs. 1 unter c), so ist die Polizeibehörde befugt, den Anerkennungsvermerk zu löschen.

G. Strafbestimmungen.

§ 28.

Zuwiderhandlungen gegen die vorstehenden Bestimmungen werden in Gemäßheit des § 366 Nr. 10 des Reichsstrafgesetzbuchs mit Geldstrafe bis zu 60 Mark oder mit Haft bis zu 14 Tagen bestraft.

H. Ausnahmen.

§ 29.

Von der Verpflichtung zur Führung des Kennzeichens sind befreit:

a) Kraftfahrzeuge, die nur in Schleppzügen für den Frachtverkehr Verwendung finden,

b) Kraftfahrzeuge der Feuerwehr,

c) Kraftwagen, die im öffentlichen Fuhrverkehre Verwendung finden und für die Sondervorschriften hinsichtlich ihrer Kennzeichen bestehen (Droschken, Omnibusse usw.).

Auf Antrag können durch die Polizeibehörde von der Verpflichtung zur Führung des Kennzeichens entbunden werden:

a) leichte, nur für den Stadtverkehr bestimmte Personenkraftfahrzeuge mit einer Höchstgeschwindigkeit auf ebener Bahn von nicht mehr als 15 Kilometer in der Stunde,

b) Geschäftswagen, die in deutlich erkennbarer Form mit der Firma des Geschäfts versehen sind. Insoweit mehrere Kraftfahrzeuge zu einem

Geschäftsbetriebe gehören, müssen sie indessen mit besonderer laufender Erkennungsnummer versehen sein, die den Anforderungen in den §§ 7, 10 zu entsprechen hat.

Auf die Kraftfahrzeuge der Militärverwaltung und auf die Führer dieser Kraftfahrzeuge finden die Vorschriften im § 14 Abs. 1 Satz 2 und Abs. 2, § 18 Abs. 4, §§ 23, 26, 27 keine Anwendung. Krafträder der Militärverwaltung sind von der Verpflichtung zur Beleuchtung des Kennzeichens (§ 10) befreit.

Die Kraftfahrzeuge der Feuerwehren sind von den Bestimmungen der § 3 Abs. 1 Ziffer 4, §§ 17, 19, 23 ausgenommen.

J. Schlußbestimmungen.

§ 30.

Diese Vorschriften treten am 1. Oktober 1906 in Kraft.

Sachregister.

(Die Zahlen bedeuten die Seiten.)

A.

Abänderungsklage 171, 175, 176, 183, 190, 198, 209 ff.

Abfindung, Kapital— 192, 194, 196—199; im Wege der Abänderungsklage 219, 220; Höchstbetrag der Abfindung 183.

Ablieferung d. Führerscheins nach Entziehung der Fahrerlaubnis 23, 24.

Absicht, rechtswidrige 267, 268, 270, 271.

Abwägung beim Vorhandensein mehrerer ursächlich mitwirkender Umstände 96, 116 ff.

Abwendung, Pflicht zur Abwendung drohenden Schadens 109, 117, 121, 122.

adäquate Ursache 37 ff., 64, 115.

Alter, Einfluß des zunehmenden —s auf die Erwerbsfähigkeit und auf die Rente 151, 165, 167, 171—173, 216.

Amtspension, Anrechnung der — 163.

Anerkenntnis, Unterbrechung der Verjährung durch — 233.

Angestellte, Haftung für rechtswidrige Handlungen der —n 113—115.

Anhängewagen 20.

Anhalten, Pflicht d. Führers zum — nach dem Unfall 260, 261.

Anrechnung des Mannes-erbes auf die Schadensersatzforderung der Witwe 146—149; d. Amtspension 163, 200; der Witwen- und Waisengelder, 149, 150, 200; der Lebensversicherung 150, 162, 163.

Anzeige des Unfalls durch den Haftgläubiger als Voraussetzung des Haftpflicht-

anspruchs 234 ff.; des Unfalls durch den Führer bei der Polizei (tätige Reue) 256, 262.
Aufhebung der Erwerbsfähigkeit 125, 154, 180 ff., 190.
Aufmerksamkeit d. Straßenpassanten 98 ff.
Aufrechnung, keine — des Verschuldens 96, 118.
Ausbildung, Ermächtigung zur — von Fahrlehrlingen 22, 23.
Ausführungsanordnungen des Bundesrats 25.
Ausgleich zwischen mehreren Haftpflichtigen 241 ff., 250, 252.
Ausschlußfrist für Anzeige des Unfalls durch den Haftgläubiger 234 ff.
Ausweichen, Pflicht des Führers zum — 99.

B.

Badereise 157, 182.
Bahngleise 18, 20.
Beamte, Ersatzansprüche der —n 163; der Witwe und Kinder eines —n 149, 150; Ermittelung des Schadens bei Verletzung eines —n 169, 170, 173, 174, 175, 176, 214.
Beamtenpension, Anrechnung der — auf den Schadensersatz 149, 150, 200.
Bedürfnisse, vermehrte 125, 154, 182, 183, 190.
Bedürftigkeit als Voraussetzung des Ersatzanspruchs wegen Entziehung d. Unterhaltsrechts 132, 134, 140, 151; Wegfall der — 214.
Beendigung des Betriebs 33.
Beerdigungskosten 125, 127, 128.
Befähigung zur Führung eines Kraftfahrzeugs 20 bis 22, 23, 24.
Beförderung als Zweck des Kraftfahrzeugs 30, 32; des Verletzten oder der beschädigten Sache schließt die Haftpflicht aus 90 ff., 246.
Beförderungsvertrag, Haftung aus dem — 245.
Beginn des Betriebs 30 ff., der Rente 192, 193.
Berufswahl bei verletzten Kindern 178, 182.
Berufswechsel 175, 176, 181.
Beschädigter, mittelbar — 58; bei Sachschaden 57, 58.
Beschädigung einer Sache 26, 45—47.

Beschaffenheit, Fehler in der — d. Fahrzeugs 26, 72, 73.

Bescheinigung über die Fahrerlaubnis 20, 21.

Beschränkung der Haftpflicht auf Höchstbeträge 183 ff.

Beseitigung des Kennzeichens 267 ff.

Betrieb eines Kraftfahrzeuges, Begriff 26, 27 ff.; im Verhältnis zum Eisenbahn— 29; Beginn des —s 30 ff.; Beendigung 33; in — setzen 87, 88, ohne Wissen und Willen des Halters 86, 87; Zusammenhang zwischen — und Unfall 33 ff.

Betriebsäußerung als Ursache des Unfalls 34.

Betriebsgefahr als Grund der Haftpflicht 96, 117, 118.

Betriebssicherheit 72; Prüfung der — 19.

betriebstätige Personen, ihr Verhalten als Ursache des Unfalls 79, 80; als Verletzte 90, 93.

Betriebsunfall 28 ff.

Beweispflicht für den Zusammenhang zwischen Krankheitserscheinungen u. Unfall 67; für die Aufklärung des Unfalls 67, 68; für mitwirkendes Verschulden des Verletzten 111, 112; für die zur Erkenntnis der Verantwortlichkeit erforderliche Einsicht 112, 113; für den Erfolg eines nicht angewendeten Heilmittels, einer Operation 113; bei Ermittelung des künftigen Erwerbsausfalls 170, 171; für die Anzeige vom Unfall 235, 237, 238; des Führers für Nichtverschulden 251.

Bewußtlosigkeit schließt Verschulden aus 105, 107.

Bundesrat, Ausführungsverordnungen des — 25, 255; Grundzüge des — für den Verkehr mit Kraftfahrzeugen 25, 272 ff.

C.

Chauffeurschulen 21.

Compensatio lucri, siehe Vorteilsausgleichung.

D.

Dampfstraßenwagen 19.

Dauer der Schadensersatzrente bei Erwerbsbehinderung 164, 167, 168, 171 ff.; für entzogenen Unterhalt

138 ff.; mutmaßliche — des Lebens des Getöteten 138, 139.

Dritter in seinen Unterhaltsrecht Verletzter 125, 129 ff., 191; ursächliches Verhalten (Verschulden) eines Dritten 26, 77—80.

E.

Ehefrau, Ersatzanspruch der verletzten — 159—161; der — des Getöteten 142 bis 151.

Ehegatte, Unterhaltsanspruch des —n 135; des geschiedenen —n 136.

eigenmächtige Inbetriebsetzung des Kraftfahrzeuges durch einen Anderen 86 bis 89.

Eigenschaften des Führers 21, 23.

Einrede des unabwendbaren Ereignisses 68 ff.; — des Verschuldens des Verletzten 74—77.

Einsicht zur Erkenntnis der Verantwortlichkeit bei Verschulden Jugendlicher 108, 109; Beweispflicht für Fehlen der — 112, 113.

Eisenbahnunternehmer, Haftpflicht des —s in Konkurrenz mit Haftpflicht des Fahrzeughalters 241, 242, 248—250.

Eltern, Ersatzanspruch der — des Getöteten 133, 134.

entgangener Gewinn 62, 174 ff.

Entstehung, Aufklärung der — des Unfalls 68.

Entziehen, Unternehmen, sich der Feststellung zu entziehen 256 ff.

Entziehung der Fahrerlaubnis 23, 24; des Rechts auf Unterhalt 125, 129 ff.

Erbschaft, Anrechnung der — auf den Schaden 146 bis 149, 151.

Erhöhung der Rente 213, 214; der Sicherheit 191, 208.

Erkennbarkeit, Beeinträchtigung der — des Kennzeichens 267 ff.

Erlaubnis zur Führung eines Kraftfahrzeugs 20, 21; Strafe für Führung ohne — 264 ff.

Ermittelung des Schadens durch Erwerbsbehinderung 168 ff.

Ersatzpflicht 26, Umfang der — bei Tötung 125; bei

Körperverletzung 154; bei Sachbeschädigung 61, 62.

Erwerb, unerlaubter 169.

Erwerbsfähigkeit 125, 154; Begriff der — 158; Schadensersatz für Beeinträchtigung der — 168 ff.; Einfluß des Alters auf die — 151, 165, 167, 171— 173, 216; — der Ehefrau 145, 146, 159 bis 161; — des Hauskindes 159, 161, 162; — bei Kindern 178—180, 140, 151.

Erziehungskosten gehören zum Unterhalt 152.

Explosion 72.

F.

Fälschung des Kennzeichens 267 ff.

Fahrerlaubnis 20, 21; Entziehung der — 23, 24; Versagung der — 21, 24.

Fahrlässigkeit, Begriff 97.

Fahrlehrlinge 22, 23.

Fahrräder 18.

Fahrzeughalter als Beschädigter 246; Haftpflicht des —s in Konkurrenz mit der Haftpflicht des Tierhalters und des Eisenbahnunternehmers 241, 242, 248 ff.

Fehler in der Beschaffenheit des Fahrzeugs 26, 72, 73.

fehlerhafte ärztliche Behandlung 64, 66.

Feststellung des Fahrzeugs und des Führers nach einem Unfalle 256 ff.

Feststellungsklage 21, 161, 177—179, 226; Unterbrechung der Verjährung durch — 230 ff.

Flucht des Führers nach einem Unfalle 256, 261.

fremdes Verschulden, Haftung für — 113—115, 122 bis 124.

Führer, Befähigung und Eigenschaften (Prüfung) des —s 21, 23; Zulassung der — ausländischer Kraftfahrzeuge 25; Pflichten der — im allgem. 81 ff., 85, 86, 99, 100; im besonderen nach einem Unfalle 256 ff.; Verschulden des —s 250; Haftpflicht des —s 250 ff.; Haftpflicht des —s in Konkurrenz mit anderen Mitverpflichteten 252, 253; der Begleiter bei Übungs- und Probefahrten gilt als — 22, 23.

Führerschein 20—22; Entziehung und Ablieferung des —s 23, 24; Strafe für Nichtablieferung 265, 266.

Führung eines Kraftfahrzeugs, Erlaubnis dazu 20—22; ohne Erlaubnis, Strafe 264; Üben in der — 22, 23.

G.

Gebrauch eines Fahrzeugs mit gefälschtem oder unterdrücktem Kennzeichen 267, 271.

Gefängnisstrafe d. Verletzten, Einfluß auf die Rente 166, 214.

Gefahr, Betriebs— als Grund der Haftpflicht 96, 117, 118; unbesonnenes Handeln in — unter Umständen kein Verschulden 102, 103; bewußtes Sich-Aussetzen der — s. Rettung.

Gehaltszulagen der Beamten 174, 175, 216.

Geisteskrankheit als Unfallsursache, d. Verletzten 76, 77; eines Dritten 77.

Geldrente 193, 194.

Gerichtsstand des Unfalls 254, 255.

Gesamtschuldner 242 ff.

Geschädigter, Ersatzansprüche mittelbar — 129, 159, 164, 241, 252.

Geschwindigkeit 30, 90, 94, 95.

Gesundheit, Einfluß der — des Verletzten auf den Schadensersatz 63, 64; Wiederherstellung der —, Einfluß auf Rente 167.

Gesundheitsbeschädigung 26, 45; Schadensersatz im Falle der — 154.

Gewalt, höhere 69 ff., 81; tatsächliche — über eine Sache, Verschulden desjenigen, der sie ausübt 95, 124, 125.

Gewinn, entgangener 62, 174 ff.

Grundzüge des Bundesrats 25, 272 ff.

H.

Haftsumme 183 ff.

Haftung für fremdes Verschulden 113—115, 122 bis 124.

Halter eines Kraftfahrzeugs 26; Begriff 47, 53—56; bei eigenmächtiger Inbetriebsetzung 86—89.

Hauskind, Ersatzanspruch d. verletzten —es 159, 161, 162; des —es für Entziehung des Unterhaltsrechts 151—154.

Heilmittel, Pflicht des Verletzten zur Anwendung von —n 109—111, 122, 124; Beweispflicht für den Erfolg nicht angewandter — 113.

Heilungskosten 125—127, 154—158.

Heirat eines verletzten Mädchens, Einfluß auf Rente 214; einer verletzten Ehefrau desgl. 166; einer Haustochter, Einfluß auf den Schadensersatz wegen Entziehung des Unterhaltsrechts 140; einer Witwe desgl. 140, 141, 215.

hilflose Lage, Verlassen in — 256, 262, 263.

Höchstbeträge des Schadensersatzes 183 ff.

Höchstgeschwindigkeit 90, 94, 95.

Höhere Gewalt 69 ff., 81.

J.

Inhaber, Verschulden des —s der beschädigten Sache 124, 125.

Insassen des Kraftfahrzeugs ausgenommen vom Haftpflichtschutz 90 ff.

Irrtum, entschuldbarer 104.

K.

Kausalzusammenhang, Begriff 37—40; zwischen Betrieb und Unfall 33 ff.; zwischen Betriebsfehlern und Unfall 73; zwischen Unfall und Tod oder Krankheitserscheinungen 44, 45, 67; zwischen Unfall und Vermögensschaden 62—67; zwischen Verletzung und Erwerbsausfall 164—166; zwischen Verschulden des Verletzten und Schaden 95—97, 101, 102, 115, 116.

Kenntnis des Schadens als Voraussetzung der Verjährung 222, 224—227; bei zukünftigem Schaden 225, 226; — des Haftpflichtigen vom Unfall erübrigt die Anzeige des Geschädigten 234, 239.

Kennzeichen, Fälschung und Unterdrückung des —s 267 ff.; öffentliche Urkunde 269.

Kennzeichnung der Fahrzeuge 25.

Kind, Ersatzanspruch eines —es wegen Beeinträchtigung der künftigen Erwerbsfähigkeit 178, 179; wegen Entziehung des Unterhaltsrechts 134, 135, 151—154; Beendigung des Anspruchs durch Eintritt der Erwerbsfähigkeit 140; im besonderen des unehelichen —es 136, 137; Verhalten von —ern als Unfallsursache 77, 82, 107 bis 109; Verschulden des gesetzlichen Vertreters eines —es 108, 122—124.

Konkurrenz mehrerer Ersatzberechtigter auf die Haftsumme 186—190.

Körperverletzung 26, 45; mit Todeserfolg 44, 45; Schadensersatz im Falle der — 154 ff.

Kosten der Erziehung gehören zum Unterhalt 152; der Heilung 154—158; der versuchten Heilung 125 bis 127; der Beerdigung 125, 127, 128.

Kraftfahrzeug, Begriff 18, 19, 20; — der Militär- und Postverwaltung 25; —e, die nur zur Beförderung von Lasten dienen 90, 94, 95; Zulassung zum Verkehr 18, 19; Zulassung der Führer ausländischer —e 25; Betrieb eines —s siehe Betrieb; Fehler in der Beschaffenheit des —s 26, 72, 73; Mehrheit von schädigenden —en 241 ff.; — als beschädigte Sache 246.

Krankheit des Verletzten (Getöteten) vor dem Unfall 63, 64, 165, 173; nach dem Unfall 165—167.

Kutscher, Verschulden des —s des Verletzten 115.

L.

Lastautomobile mit begrenzter Höchstgeschwindigkeit 90, 94, 95, 247, 248.

Lebensalter, Einfluß des zunehmenden —s auf die Erwerbsfähigkeit und die Rente 151, 165, 167, 171—173, 216.

Lebensdauer, mutmaßliche des Getöteten 138 ff.

Lebenszeit, Rente auf — des Verletzten 171—173.

Leistungsfähigkeit des Verpflichteten als Voraussetzung der Unterhaltspflicht 132—135, 140.

Leistungsklage 60, 179; Unterbrechung der Verjährung durch — 229, 230.

M.

Maschinenkraft 18—20, 30 bis 32.
Mehrheit von schädigenden Kraftfahrzeugen 241 ff.
Mensch, Verletzung u. Tötung eines —en 26, 44, 45.
Mieter eines Kraftfahrzeugs als Halter 56; — der beschädigten Sache ist schadensersatzberechtigt 59;
mildernde Umstände 256.
Militärverwaltung, Kraftfahrzeuge der — 25.
Minderung, Pflicht des Verletzten, auf — des Schadens bedacht zu sein 109, 110, 117, 121, 122; — der Erwerbsfähigkeit 125, 154, 180 ff., 190.
Mitarbeit der Ehefrau, Einfluß auf ihren Ersatzanspruch wegen Entziehung d. Unterhalts 145, 146; Schadensersatzanspruch wegen Verlustes der Fähigkeit dazu 159—161.
mittelbar Geschädigte, Ersatzansprüche der — 129, 159, 164, 241, 252.
Mitverantwortlichkeit Mehrerer 241 ff., 250 ff.; unverschuldete 246—248.
Mitwirkung mehrerer Ursachen 36 ff.; eines Verschuldens des Verletzten 95 ff.
Möglichkeit künftigen Schadens als Grundlage des Anspruchs auf Schadensersatz 60, 61, 161, 177 ff.

N.

Narkose, Tod in der — 64, 65.
Nasciturus 125, 130, 154.
Neurose, traumatische 45.

O.

Oberleitung, elektrische 20.
Öffentlichkeit des Unfallsorts keine Voraussetzung der Haftpflicht 30.
öffentliche Wege und Plätze 18, 19, 20, 22, 264, 265; Ordnung darauf 255; Fahrübungen darauf 22, 23; Führung eines nicht zugelassenen Kraftfahrzeugs darauf 264.
Operation, Verweigerung der — 110, 111; Beweispflicht für den Erfolg der verweigerten — 113.

Ordnung auf öffentlichen Straßen, Strafvorschriften 255.

Ortspolizeibehörde, Befugnis der — zum Erlaß von Anordnungen für den Automobilverkehr 20, 22.

P.

Pächter der beschädigten Sache ersatzberechtigt 59.

Pension, Anrechnung auf den Schaden 149, 150 (Witwenpension), 163, 200.

Pfändbarkeit d. Rente 202 ff.

Pferde, Benutzung automobilscheuer — 100, 101.

Pflegekosten 155 ff., 182, 183.

Plätze, öffentliche Wege und — 18, 19, 20, 22, 264, 265; Fahrübungen darauf 22, 23.

Polizeivorschriften, Übertretung der — als haftpflichtbegründendes Verschulden 101, 102; als strafbare Handlung 255.

Postverwaltung, Kraftfahrzeuge der — 25.

Privatunterricht, Kosten des —s als vermehrter Bedarf 182.

Prozeß, gesundheitsschädliche Aufregungen des Schadensersatzprozesses 65.

Prüfung der Kraftfahrzeuge auf Betriebssicherheit 18, 19, 25; der Führer eines Kraftfahrzeugs 20, 21, 22, 24; Fahrten zur — des Führers 22, 23.

R.

Recht auf Unterhalt 125, 129 ff.; Voraussetzungen 131, 132.

Rechtskraft des Rentenurteils 210 ff.

rechtswidrige Absicht 267, 268, 270, 271.

Regreßanspruch gegen die Mitverpflichteten 242 ff., 252, 253.

Reichsgericht, Zuständigkeit 253, 254.

Rekurs gegen Versagung der Fahrerlaubnis 21, 24; gegen deren Entziehung 24.

Rente als Form d. Schadensersatzes 191 ff.; für Erwerbsausfall 158 ff.; Dauer 171 ff., 167; auf Lebenszeit des Verletzten 171 bis 173; für vermehrte Bedürfnisse 183; Einheit der — für Erwerbsausfall und für vermehrte Bedürfnisse 192, 212; Beginn der — 192, 193, 60; für entzogenen Unterhalt 129 ff.; Dauer 138 ff.; Vorauszahlung der — 195; Höchstbeträge d. — 183 ff.; Sicherheitsleistung für — 194, 196, 204 ff.; Pfändbarkeit der — 202—204; Erhöhung, Verminderung der — 213 ff.

Rentenanspruch, Teilung des —s in mehrere Klagen 211, 212.

Rentenform bei Heilungskosten 156.

Rentenurteil, vorläufige Vollstreckbarkeit des —s 201; Rechtskraft des —s 210 ff.; Abänderung des —s wegen veränderter Umstände 209 ff.

Rettung, Unfall beim Versuch der Rettung eines Andern aus Gefahr, Einfluß auf Kausalität 43, 44; Verschulden 103—105; Beweispflicht 112.

Reue, tätige 256, 262.

S.

Sache, Begriff 45, 46; Beschädigung einer — 26, 46, 47; beförderte — 90, 92, 93; Verschulden des Inhabers der beschädigten — 95, 124, 125.

Sachbeschädigung, Schadensersatz für — 61, 62; Verletzter bei — 57—59.

Sachmiete, Übergang der Haltereigenschaft bei — 56.

Schaden, Begriff 95—97; zukünftiger — 177; immaterieller — 241; Pflicht des Verletzten zur Abwendung und Minderung des —s 109—111, 124.

Schadensermittlung bei Beeinträchtigung der Erwerbsfähigkeit 168 ff.; insbesondere eines Beamten 169, 170, 173—176; eines Gelegenheitsarbeiters 170; eines ungelernten Arbeiters 181; eines Berufsarbeiters 181, 182.

Schadensersatz bei Sachbeschädigung 61, 62, 126; Höchstbetrag 184 ff.; bei Personenschaden, Allgemeines 59 ff.; Rentenform des —es 191, 192 ff.; Kapitalabfindung 196 bis 199; Höchstbeträge 184 ff.; im Falle der Tötung 125; für entzogenen Unterhalt 125, 138 ff., 190 ff.; Inhalt und Umfang 141 ff.;

Dauer des Ersatzanspruchs 138 ff., 164; insbesondere der Witwe 139, 140; im Falle der Körperverletzung 154; für Beeinträchtigung der Erwerbsfähigkeit 158 ff., 190 ff.; für vermehrte Bedürfnisse 154, 182, 183, 190 ff.; insbesondere der Ehefrau 159—161; des Hauskindes 159, 161, 162; des Beamten 163, 169, 170, 173—176.

Scheuen von Pferden vor Kraftfahrzeugen 41, 80, 91, 100, 101, 257.

Schmerzensgeld 61, 252.

Schreck, Unfall infolge von — 41, 42; unbesonnene Handlungen infolge von — nicht schuldhaft 102, 103.

Schutzvorrichtungen zur Verhütung von Unfällen 82.

Selbstverschulden des Verletzten siehe Verschulden.

Sicherheit auf öffentlichen Straßen, Strafvorschriften 255, 256.

Sicherheitsleistung 191, 194 bis 196; Anspruch auf nachträgliche — 204 ff.; Verjährung des Anspruchs auf — 223.

Sicherheitsvorrichtungen, Pflicht, sich ihrer zu bedienen 99.

Sorgfalt des Halters und Führers 26, 81 ff.; bei Auswahl der Angestellten 114, 115; des Verletzten 97 ff.; abstraktes Maß der — 106, 107.

Straflosigkeit bei tätiger Reue 256, 262.

Strafvorschriften 255 ff.

Straßenlokomotiven als Kraftfahrzeuge 19, 20.

Straßenpassanten, Pflichten der — 98 ff.

T.

tätige Reue 256, 262.

Teilung des Rentenanspruchs in mehrere Klagen 211, 212; — des Schadens zwischen mehreren Mitverantwortlichen 242 ff.

Tier, Verursachung eines Unfalls durch ein — 26, 80; — als Gegenstand einer Sachbeschädigung 46.

Tierhalter, Begriff 47—53; Haftung des —s in Konkurrenz mit der Haftpflicht des Fahrzeughalters 242, 248 ff.

Tötung eines Menschen beim Betriebe eines Kraftfahrzeugs 26, 44, 45; eines Kranken 63, 64; in der Narkose 64, 65; Schadensersatz im Falle der — 125 ff.; Höchstbetrag 183.

traumatische Neurose 45.

Trunkenheit des Verletzten als Ursache 105, 106.

U.

Üben in der Führung eines Kraftfahrzeugs 22, 23.

Übertretung von Polizeivorschriften als Verschulden 101, 102; — der Straßenpolizeivorschriften 225.

Umschau, Pflicht zur — 99, 100.

Umwandlungsklage s. Abänderungsklage.

unabwendbares Ereignis 26, 68 ff., 73, 74, 81—86; Verhalten des Verletzten als — 74—77; dritter Personen als — 77—80; von Tieren als — 80.

unbesonnenes Handeln in Gefahr, Wirkung auf Kausalzusammenhang 41—43, kein Verschulden 102, 103.

Unfall, Betriebs— 28 ff., 236, 237; Begriff 37 ff.; Zusammenhang zwischen Betrieb und — 33 ff.; Schutzvorrichtungen zur Verhütung von — 82; Anzeigepflicht 234 ff.

Unterbrechung der Verjährung 229 ff.

Unterdrückung des Kennzeichens 267 ff.

Unterhalt, Recht auf — 125, 131, 133 ff.; Schadensersatz wegen entzogenen —s 125, 190; Verjährung des Ersatzanspruchs 226, 227.

Unterhaltsanspruch der Eltern 133, 134; der Kinder 134, 135; der Ehegatten 135, 142 ff.; des unehelichen Kindes 136, 137; des geschiedenen Ehegatten 136; — gegen Dritte ist nicht auf die Schadensersatzrente anzurechnen 152—154, 199 bis 201.

Unterlassung als Verschulden 109—111.

Unternehmen, sich der Feststellung zu entziehen 256 ff.

Urkundenfälschung 267 ff.

Ursache, Mitwirkung mehrerer —n 36, 37, 95; Abwägung der Ursächlichkeit der mehreren mitwirkenden Umstände 96, 116 ff.

Ursächlichkeit der Betriebsgefahr 118, 119; des Verschuldens des Verletzten 119—121.

ursächlicher Zusammenhang s. Kausalzusammenhang, auch Zusammenhang.

V.

Verdeckung des Kennzeichens 267.

Vergleich 128, 190.

Vergleichsverhandlungen hemmen die Verjährung 222, 227, 228.

Verhältnis zu anderen Gesetzen 239 ff., 251, 252; zwischen mehreren Haftpflichtigen 241 ff., 250 ff.; zwischen dem Führer und seinem Halter 253; —se, welche eine Unterhaltspflicht erzeugen 125, 130, 131.

Verjährung des Schadensersatzanspruchs 222 ff.; der Umwandlungsklage 218, 223; Hemmung der — 227—229; Unterbrechung d. — 229—233; Wirkung der — 228.

Verjährungsfrist 224, 227.

Verkehr, Zulassung zum — 18; Zuwiderhandlungen gegen die Vorschriften über den Verkehr mit Kraftfahrzeugen 255.

Verlassen des Verletzten in hilfloser Lage 256, 262, 263.

Verletzte, mitwirkendes Verschulden des —n 95 ff.; vom Haftpflichtschutz ausgeschlossene — 90 ff.

Verletzung eines Menschen beim Betriebe eines Kraftfahrzeugs 26, 154; eines Kranken 63, 64; Schadensersatz im Falle der — 154; Höchstbetrag 183.

Verlust des Ersatzanspruchs durch Unterlassung der Anzeige 234, 235.

Vermehrung der Bedürfnisse 125, 154, 182, 183, 190.

Verminderung der Rente 213, 214.

Vermögen der Ehefrau, Einfluß auf ihren Unterhaltsanspruch 142 ff.

Vernachlässigung der Verletzungen 65, 110, 111, 124.

Versagen der Verrichtungen des Fahrzeugs 26, 72, 73.

Versagung der Fahrerlaubnis 20, 24.

Verschulden, Begriff 97, — des Führers 250, 251, 252; — der betriebstätigen Personen 79, 80; — des Verletzten 43, 74—77, 95 ff., 119—121; — durch Benutzung automobilscheuer Pferde 100, 101; — durch Übertretung straßenpolizeilicher Verordnungen 101, 102; — durch Trunkenheit 105, 106; — durch Unterlassungen 109—111; — durch Nichtanwendung von Heilmitteln und Verweigerung einer Operation 110, 111; Beweispflicht für den Erfolg des nicht angewandten Heilmittels oder der Operation 113; — des Verletzten nach dem Unfall 96, 121; — durch unterlassene Abwendung oder Minderung des Schadens 122; — durch Vernachlässigung der Heilung 110, 111, 124; Haftung für Verschulden von Angestellten 113—115; Haftung für — des gesetzlichen Vertreters 122—124; Haftung aus BGB. für — 239—241, 242 ff., 251, 252.

Versicherung, Nicht-Anrechnung der — auf den Schadensersatz 150, 162, 163.

Vertreter, Verschulden des gesetzlichen —s 108, 122 124.

Verursachung, adäquate 37 ff.; 64, 115; Maß der — bei mitwirkenden Verschulden des Verletzten 117 ff.; — bei einer Mehrheit von Haftpflichtigen 241 ff.

Vollstreckung, vorläufige des Rentenurteils 201.

Vorauszahlung der Rente 194, 195.

Vorschuß auf Heilungskosten 157.

Vorsicht, siehe Sorgfalt.

Vorteilsausgleichung 135, 141, 143, 144, 145, 146 ff. (Erbschaft); 149 ff. (Pension); 154, 162, 163.

W.

Waisengelder, Anrechnung 149—151, 200.

Wege, öffentliche 18, 19, 20; Üben im Fahren auf öffentlichen —n 22, 23.

Werkvertrag, Übergang der Haltereigenschaft bei — 55, 56.

Wiedergewährung der Rente 219.

Wiederherstellung der Gesundheit, Einfluß auf die Rente 167.

Wiederverheiratung der Witwe, Einfluß auf die Schadensersatzrente 140, 141.

Willensfreiheit, Voraussetzung für Verschulden 107—109.

Willensschwäche, krankhafte, als Ursache der Erwerbsunfähigkeit 65, 66.

Witwe, Ersatzanspruch der — 139, 140; Einfluß ihrer Wiederverheiratung auf ihren Ersatzanspruch 140, 141.

Witwenpension, Anrechnung 149, 150, 200.

Z.

Zufall, Haftung für — 83, 84.

zukünftiger Schaden 177; Rentenform des Ersatzes für — 191, 192, 210 ff.; Verjährung 224—226.

zukünftige Veränderungen, Berücksichtigung im Rentenurteil 215—217.

Zulassung der Kraftfahrzeuge zum Verkehr 18, 19; Strafe für Inbetriebsetzung eines nicht zugelassenen Fahrzeugs 264; — der Führer ausländischer Kraftfahrzeuge 25.

Zuleitungsanlage 20.

Zurechnung von Handlungen Dritter 113—115.

Zurechnungsfähigkeit bei Trunkenen 105, 106; bei Kindern und Taubstummen 107—109; Beweispflicht 112, 113.

Zusammenhang ursächlicher unmittelbarer 36, 37; mittelbarer 37 ff.; durch psychische Eindrücke vermittelter 40 ff.; durch freie Handlungen vermittelter 42 ff.; im übrigen siehe Kausalzusammenhang.

Zusammenwirken mehrerer Umstände zum Unfall 68.

Zuständigkeit für Entziehung der Fahrerlaubnis 24, 25; für den Erlaß von Polizeiverordnungen 24, 25, 255; des Reichsgerichts 253, 254.

Zwischenurteil über den Klaggrund 139, 198, 199.

Herrosé & Ziemsen, G. m. b. H., Wittenberg.

Nachtragsband: enth. Novelle **„Kleiner Befähigungsnachweis"** von Geh. Ober-Regierungsrat **Spielhagen.** 1908. 30 Pf.

Ergänzungsband: **Preußische Ausführungsanweisung.** 1904. 2 M.

7. **Post- und Telegraphen-Gesetzgebung.** Nebst Weltpostvertrag und internationalem Telegraphenvertrag. 6. Aufl. von Geh. Ober-Postrat Dr. **M. König.** 1908. 4 M.

8. Die Reichsgesetze über den **Unterstützungswohnsitz die Freizügigkeit, den Erwerb und Verlust der Bundes- und Staatsangehörigkeit.** Von Geheimrat Dr. **J. Krech,** Mitglied d. Bundesamtes für das Heimatwesen. 7. Aufl. 1908. 3 M.

9. **Sammlung kleinerer strafrechtlicher Reichsgesetze.** Bearbeitet von **M. Werner,** Geh. Ober-Regierungsrat. 2. Aufl. 1903. 3 M.

10. **Das Reichsbeamtengesetz** von **J. Pieper.** 2. Aufl. 1901. 4 M. 50 Pf.
— In der Fassung von 1907 siehe Nr. 82.

11. **Zivilprozeßordnung mit Gerichtsverfassungsgesetz** in den neuesten Fassungen. Von **R. Sydow.** Fortgeführt von **L. Busch.** 11. Aufl. 8°. 1909. 6 M.

12. **Strafprozeßordnung und Gerichtsverfassungsgesetz** nebst den Gesetzen, betr. die Entschädigung der im Wiederaufnahmeverfahren freigesprochenen Personen und die Entschädigung für unschuldig erlittene Untersuchungshaft. Von Dr. **A. Hellweg,** Reichsgerichtsrat. 15. Aufl. 1908. 2 M.

13. **Konkursordnung und Anfechtungsgesetz.** Von **R. Sydow.** Fortgeführt von **L. Busch.** 10. Aufl. 1906. 2 M. 25 Pf.

14. **Gerichtsverfassungsgesetz** mit Einführungsgesetz. Herausgegeben von **R. Sydow.** Fortgeführt von **L. Busch.** 9. Aufl. 1905. 1 M. 50 Pf.

15. **Das Deutsche Gerichtskostengesetz** nebst den Gebührenordnungen für Gerichtsvollzieher, Zeugen und Sachverständige. Von **R. Sydow.** Weiter bearbeitet von **L. Busch.** 8. Aufl. 1907. 2 M.

16. **Rechtsanwaltsordnung.** Von **R. Sydow.** 6. Aufl. von Justizrat **M. Jacobsohn.** 1907. 1 M. 20 Pf.

17. **Die Deutsche Gebührenordnung für Rechtsanwälte und das Preußische Gebührengesetz** vom 27. September / 6. Oktober 1899. Von **R. Sydow.** Fortgeführt von **L. Busch.** 8. Aufl. 1909. 2 M.

18. **Reichsstempelgesetz (Börsensteuer, Frachturkunde, Kraftfahrzeuge, Personenfahrkarte, Tantieme für Aufsichtsratsmitglieder).** Vom 3. Juni 1906. 9. Aufl. von **P. Loeck,** Regierungsrat. 8⁰. 1906. 4 M. 50 Pf.

19. Die **Seegesetzgebung.** Von Dr. **W. E. Knitschky.** 4. Aufl. bearbeitet von Oberlandesgerichtsrat **Otto Rudorff** in Hamburg. 1908. 6 M.

20. **Krankenversicherungsgesetz.** Von weil. Dr. **E. von Woedtke.** 11. Aufl. von Geh. Reg.-Rat Dr. **G. Eucken-Addenhausen.** 1905. 3 M.

21. Die **Konsulargesetzgebung.** Von Professor Dr. **Ph. Zorn.** 2. Aufl. 1901. 3 M.

22. **Patentgesetz.** Nebst Ausführungsbestimmungen, völkerrechtlichen Verträgen und der Patentanwalts-Ordnung. 7. Aufl. bearbeitet von **R. Lutter,** Geh. Reg.-Rat im Kaiserl. Patentamt. 1908. 2 M. 80 Pf.

23. **Gewerbe-Unfallversicherungsgesetz.** Von weil. Dr. **E. v. Woedtke.** 9. Aufl. von **Franz Caspar,** Direktor im Reichsamt des Innern. 1907. 2 M. 50 Pf.

24. **Aktiengesellschaft und Kommanditgesellschaften auf Aktien.** Von Justizrat Dr. **H. Veit Simon** und Amtsrichter **L. Keyssner.** 1909. 6. Aufl. Im Druck.

25. **Brausteuergesetz** vom 3. Juni 1906. Von **A. Düffe,** Obersteuerkontrolleur. 1907. 3 M.

26. Die Reichsgesetzgebung über **Münz- und Notenbankwesen,** Papiergeld, Prämienpapiere und Reichsschulden. Von Dr. jur. **R. Koch,** Präsident des Reichsbankdirektoriums. 5. Aufl. 1905. 3 M.

27. Die **Gesetzgebung,** betr. das **Gesundheitswesen** im Deutschen Reich. Von Dr. jur. **C. Goesch** und Dr. med. **J. Karsten.** 1888. 1 M. 60 Pf.

28. **Bau-Unfallversicherungsgesetz.** Vom 30. Juni 1900. Von **R. Chrzescinski,** Kaiserl. Regierungsrat. 3. Aufl. 1900. 2 M.

29. **Erwerbs- und Wirtschaftsgenossenschaften.** Von **L. Parisius** und Dr. **H. Crüger.** 12. Aufl. von Dr. **H. Crüger.** 1907. 1 M. 50 Pf.

30. **Invalidenversicherungsgesetz** vom 13. Juli 1899. Von weil. Dr. **E. v. Woedtke.** 10. Aufl. von Regierungsrat **H. Follmann.** 1906. 4 M.
Siehe auch Handausgabe von Freund Seite 24.

31. **Gewerbegerichtsgesetz.** Von Stadtrat **L. Mugdan.** 6. Aufl. bearbeitet von **W. Cuno,** Erstem Bürgermeister zu Hagen i. W. 1906. 2 M. 20 Pf.

32. **Reichsgesetz,** betr. die **Gesellschaften mit beschränkter Haftung.** Von **L. Parisius** und Dr. **H. Crüger.** 9. Aufl. von Dr. **H. Crüger.** 1908. 1 M. 40 Pf.

33. **Vereins- und Versammlungsrecht.** Von Dr. **E. Ball.** 2. Aufl. von Dr. **F. Friedenthal.** 1907. 2 M. 50 Pf.

Reichs-Vereinsgesetz vom 19. April 1908 vide Nr. 88.

34. **Die Abzahlungsgeschäfte.** Gesetz vom 16. Mai 1894. 2. vermehrte Aufl. besorgt von Dr. **E. Wilke,** Landgerichtsrat. 1901. 1 M. 20 Pf.

35. **Die Reichs-Eisenbahngesetzgebung.** Von **W. Coermann,** Kaiserl. Amtsrichter. 1895. 2 M. 25 Pf.

36. **Gesetze, betr. die privatrechtlichen Verhältnisse der Binnenschiffahrt und der Flößerei.** Von **E. Löwe,** Landgerichtsrat. 4. Aufl. 1909. 3 M.

37. **Gesetz zur Bekämpfung des unlauteren Wettbewerbes.** Vom 27. Mai 1896. Von Dr. **R. Stephan,** Geh. Regierungsrat. 3. Aufl. 1903. 1 M.

38/39. **Bürgerliches Gesetzbuch nebst Einführungsgesetz** von Dr. **A. Achilles.** In Verbindung mit Professor Dr. **André,** Kammergerichtsrat **Ritgen,** Ober-Landesgerichtsrat **Strecker,** Ministerialrat Dr. **Unzner** herausgegeben von Geh. Ober-Justizrat **Greiff.** 6. Aufl. 8°. 1909. 6 M. 50 Pf.

40. **Gesetz, betr. die Pflichten der Kaufleute bei Aufbewahrung fremder Wertpapiere (Depotgesetz).** Mit Erläuterungen. Von **F. Lusensky,** Geh. Ober-Regierungsrat. 2. Aufl. 1905. 1 M.

41. **Börsengesetz.** In der Fassung der Novelle vom 8. Mai 1908. 2. Aufl. Von Wirkl. Geh. Ob.-Regierungsrat **Th. Hemptenmacher,** Staatskommissar an der Berliner Börse. 1908. 2 M.

42. **Grundbuchordnung** nebst den preußischen Ausführungsbestimmungen. Mit Einleitung. Von Prof. Dr. **O. Fischer.** 5. Aufl. 1909. 2 M.

43. **Zwangsvollstreckung in das unbewegliche Vermögen** im Reiche und in Preußen. Mit Einleitung, Kosten- und Gebührentabellen. Von Dr. **J. Krech,** Kaiserl. Geh. Regierungsrat und Professor Dr. **O. Fischer.** 5. Aufl. 1907. 2 M.

44. Das Reichsgesetz über das **Auswanderungswesen** vom 9. Juni 1897. Von Professor Dr. **Felix Stoerk.** 1899. 2 M. 25 Pf.

45. Das **Entmündigungsrecht** unter Berücksichtigung der für Preußen geltenden Vorschriften nebst der preußischen Justiz-Ministerial-Verfügung vom 28. November 1899. Von Landgerichtsrat **Dr. P. Koll** in Cöln. 1900. 1 M. 50 Pf.

46. **Die Gesetze des Reiches und Preußens über die freiwillige Gerichtsbarkeit.** Von **Herm. Jastrow,** Amtsgerichtsrat. 4. Aufl. 1906. 3 M.

47. Das **deutsche Vormundschaftsrecht** und das preuß. Gesetz über die Fürsorgeerziehung Minderjähriger nebst den dazu gehörigen preußischen Nebengesetzen. Von **Max Schultzenstein,** Oberverwaltungsgerichtsrat und Amtsgerichtsrat Dr. **Paul Köhne.** 2. Aufl. 1901. 3 M.

48. Gesetze und Verordnungen, betr. den **Drogen-, Gift- und Farbenhandel** außerhalb der Apotheken. Von Dr. **Broh,** Rechtsanwalt. 1899. 1 M. 25 Pf.

49. Deutsche **Kolonialgesetzgebung.** Von Professor Dr. **Philipp Zorn.** 1901. 4 M. 50 Pf.

50. Der **Viehkauf** (Viehgewährschaft) nach dem Bürgerlichen Gesetzbuche. Nebst Verordn. betr. die Hauptmängel und Gewährsfristen beim Viehhandel. Von Rechtsanwalt Dr. **H. Stölzle** und Königl. Kreistierarzt **H. Weiskopf.** 4. Aufl. 1908. 4 M.

51. **Hypothekenbankgesetz** vom 13. Juli 1899. Von Dr. **H. Göppert,** Gerichts-Assessor. 1900. 1 M. 80 Pf.

52. Gesetz, betreffend die gemeinsamen **Rechte der Besitzer von Schuldverschreibungen.** Von Dr. **Heinrich Göppert,** Gerichts-Assessor. 1900. 2 M.

53. **Reichspreßgesetz** vom 7. Mai 1874. Kommentar von **A. Born,** Polizeiassessor. 1900. 1 M. 50 Pf.

54. **Die Reichsgesetzgebung über den Verkehr mit Nahrungsmitteln, Genußmitteln und Gebrauchsgegenständen.** Von Dr. **Georg Lebbin,** Nahrungsmittelchemiker. 1900. 2 M. 25 Pf.

55. **Das Recht der Beschlagnahme von Lohn- und Gehaltsforderungen.** Von Justizrat **Georg Meyer.** 3. Aufl. 1908. 2 M. 50 Pf.

56. Gesetz, betr. die **Bekämpfung gemeingefährlicher Krankheiten.** Nebst Ausführungsbestimmungen. Von Dr. **Bruno Burkhardt,** Regierungsrat, Mitglied des Kais. Gesundheitsamts. 1900. 1 M. 40 Pf.

57. **See-Unfallversicherungsgesetz.** Von **Dr. Max Mittelstein,** Oberlandesgerichtsrat in Hamburg. 1901 2 M.

58. **Das Recht der unehelichen Kinder** nach dem BGB. Von **Hermann Jastrow,** Amtsg.-Rat. 1901. 1 M. 80 Pf.

59. Reichsgesetz über die **Beurkundung des Personenstandes und die Eheschließung.** Von Dr. **F. Fidler,** Amtgerichtsrat. 1901. 1 M. 80 Pf.

60. Gesetz, betreffend das **Urheberrecht an Werken der Literatur und der Tonkunst.** Von Landrichter **Otto Lindemann.** 2. Aufl. 1907. 1 M. 60 Pf.

61. **Gesetz über das Verlagsrecht.** Von Justizrat **Ernst Heinitz.** 1901. 1 M. 50 Pf.

62. Über die **privaten Versicherungsunternehmungen.** Von **H. Könige,** Reichsgerichtsrat. 2. Aufl. in Bearbeitung.

63. **Gesetzestafel des Deutschen Reichsrechts.** Systematisch geordnete Nachweisung des z. Z. geltenden Reichsrechts. Ergänzungsband zu der Guttentag'schen Sammlung Deutscher Reichsgesetze. Von **Hugo Bruhns,** Syndikus. 1902. 8°. 2 M. 50 Pf.

64. Gesetzsammlung betr. den **Handel mit Drogen und Giften.** Reichsgesetzl. Bestimmungen und Anhang mit den landesgesetzl. Verordnungen sämtlicher Bundesstaaten. Von Rechtsanwalt **H. Sonnenfeld,** Syndik. d. Berl. Drogisten-Innung. 1902. 3 M.

65. Das **Weingesetz** in der Fassung v. 1909. Mit Ausführungsbestimmungen von Dr. **Georg Lebbin,** Handels- u. Gerichtschemiker. 2. Aufl. 1909. ca. 2 M. 50 Pf.

66. Die **Eisenbahn-Gesetzgebung.** Von **W. Pietsch,** Geh. exp. Sekretär im Reichs-Eisenbahn-Amt. 1902. 5 M.

67. **Militär-Strafgesetzbuch.** In Vorbereitung.

68. Das **Fleischbeschaugesetz.** Vom 3. Juni 1900. Von Dr. **Georg Lebbin,** Gerichtschemiker und Rechtsanwalt Dr. **Georg Baum.** 1903. 4 M.

69. **Reichsgesetz über die Naturalleistungen der bewaffneten Macht im Frieden** nebst den in Preußen geltenden Bestimmungen. Von Regierungsassessor Dr. **Walter v. Hippel.** 1903. 1 M. 25 Pf.

70. Das **Reichs-Haftpflichtgesetz**, betr. die Verbindlichkeit zum Schadensersatz für die bei dem Betriebe von Eisenbahnen, Bergwerken, Steinbrüchen, Gräbereien und Fabriken herbeigeführten Tötungen und Körperverletzungen, vom 7. Juni 1871. Von Regierungsrat Dr. **G. Eger.** 1903. Preis 3 M.

71. **Kinderarbeit in gewerblichen Betrieben**, v. 30. März 1903. Von **H. Spangenberg**, Oberverwaltungsgerichtsrat. 2. Aufl. 1904. 1 M. 60 Pf.

72. **Unfallversicherungsgesetz für Land- und Forstwirtschaft** von weil. Dr. **E. von Woedtke**, fortgesetzt von Dr. **Alfred Radtke**, Geh. Regierungsrat und Senatspräs. im Reichsversicherungsamt. 2. Aufl. 1904. 4 M. 50 Pf.

73. **Entschädigung für unschuldig erlittene Verhaftung und Bestrafung.** Nebst Anhang, enth. die dazu gehörigen Nebengesetze über Schadensersatz. Von Dr. jur. **A. Romen**, Wirkl. Geh. Kriegsrat und vortr. Rat im Kriegsministerium. 1904. 2 M.

74. Die **Kaufmannsgerichte** nebst den preuß. Ausführungsbestimmungen. Von Prof. Dr. **Max Apt**, Syndikus der Korporation der Berliner Kaufmannschaft. 3. Aufl. 1905. 2 M.

75. Reichsgesetz über die **Konsulargerichtsbarkeit.** Von Dr. jur. **A. F. Vorwerk,** Rechtsanwalt in Schanghai. 2. Ausgabe, mit dem Schutzgebietsgesetz und der Ausführungsverordnung, betr. die Rechtsverhältnisse in den Schutzgebieten. 1908. 2 M.

76. **Die Rechtshilfe im Verkehr mit den ordentlichen Gerichten nach deutschem Reichsrecht.** Von Landrichter Dr. **A. Friedländer.** 1906. 1 M. 80 Pf.

77. **Das Reichserbschaftssteuergesetz.** Vom 3. Juni 1906. Von **Ulrich Hoffmann,** Geh. Registrator im Kgl. Preuß. Finanzministerium. 1906. 2 M. 60 Pf.

78. **Zigarettensteuergesetz.** Vom 3. Juni 1906. Von Dr. **Cuno,** Gerichtsassessor. 1906. 1 M. 80 Pf.

79. **Die Militärpensionsgesetze** vom 31. Mai 1906 nebst Ausführungsbestimmungen. Zum Gebrauch für Heer, Marine und Schutztruppe von Dr. jur. **A. Romen,** Wirklicher Geheimer Kriegsrat.

a) I. Teil: Offizierpensionsgesetz. 1907. 3 M. 50 Pf.

b) II. Teil: Mannschaftsversorgungsgesetz. 1908. 3 M. 50 Pf.

80. Reichsgesetzgebung über **gerichtliche Registerführung.** Von **Otto Lindemann,** Landrichter. 1906. 3 M.

81. Gesetz, betr. **Urheberrecht an Werken der bildenden Künste und der Photographie.** Von Dr. **Ludw. Fuld,** Rechtsanwalt. 1907. 1 M.

82. **Reichsbeamtengesetz** in der Fassung vom 18. Mai 1907 und seine Ergänzungen von Geheimrat Professor Dr. **Ad. Arndt.** 1908. 3 M.

83. Reichsgesetz über **den Versicherungsvertrag** nebst Einführungsgesetz. Von Dr. **Paul Hager** und Dr. **R. Behrend,** Regierungsräte im Kaiserl. Aufsichtsamt f. Privatversicherung. 1908. 5 M.

84. **Sammlung kleinerer privatrechtlicher Reichsgesetze** von Landrichter **Georg Müller.** 1908. 6 M. 50 Pf.

Enthält eine Fülle von Gesetzen, die anderweit fast garnicht oder nur schwer zu beschaffen sind.

85. **Scheckgesetz** mit Einleitung usw. Von Prof. Dr. **Max Apt.** 5. Aufl. Mit Postscheckordnung v. 6. XI. 1908. 1909. 2 M.

Postscheckordnung vom 6. XI. 08. Apart mit Erläuterungen u. Ausführungsbestimmungen. (30 Pf.)

86. **Die Auslieferungsverträge des Deutschen Reiches** von Landrichter **A. Cohn.** 1908. 4 M.

87. Gesetz zum **Schutz der Warenbezeichnungen.** Von Geh. Reg.-Rat, Mitgl. des Patentamts Dr. **Freund** u. Rechtsanwalt **Magnus.** 5. Aufl. 1909. 3 M. 50 Pf.

88. **Vereinsgesetz** vom 19. April 1908. Von Dr. jur. **A. Romen,** Wirkl. Geh. Kriegsrat. 2. Aufl. 1908. 1 M. 50 Pf.

89. **Vogelschutzgesetz vom 30. Mai 1908 nebst den das** Flugwild betr Bestimmungen der Preußischen Jagdordnung von Dr. jur. **Leo von Boxberger.** 1908. 1 M.

90. Die Haager Abkommen über das **Internationale Privatrecht** von Dr. **G. A. E. Bogeng.** 1908. 2 M. 20 Pf.

91. **Eisenbahn-Verkehrsordnung** vom 23. Dez. 1908. Mit Ausführungsbestimmungen. Von Regierungsassessor bei der Eisenbahndirektion Breslau Dr. **Ernst Blume.** 1909. 2 M. 50 Pf.

92. Gesetz, betr. den **Verkehr mit Kraftfahrzeugen.** Von Amtsrichter **Kirchner.** Im Druck.

93. **Haftpflicht der Reichs- und Staats-Beamten** v. Dr. **H. Delius.** 2. Aufl. 1909. Im Druck.

94. Ges. betr. den **Schutz der Baugläubiger** von Rechtsanwalt u. Notar **Harnier.** Im Druck.

Guttentag'sche Sammlung

Preußischer Gesetze.

Text-Ausgaben mit Anmerkungen. Taschenformat.

1. **Die Verfassungs-Urkunde** für den Preußischen Staat. Mit Einleitung, vollständigem Kommentar. Von Prof. Dr. **Adolf Arndt.** 6. Aufl. 1907. 3 M.

2. Preußische **Beamten-Gesetzgebung.** Enthaltend die wichtigsten Beamtengesetze in Preußen. Von **C. Pfafferoth.** 4., neubearb. Aufl. 1905. Mit Anhang: Abänderung vom 27. Mai 1907. 2 M.

3. **Die Aufnahme des Nottestaments** durch die bestellten Urkundspersonen. Anweisung mit Musterbeispielen und Abriß des Erbrechts von Amtsgerichtsrat **C. Kurtz.** 1904. 1 M. 50 Pf.

4. **Gebührenordnung** für **Notare** vom 25. Juni 1895. Von **R. Sydow.** 3. Aufl. bearbeitet von Justizrat Dr. **Rausnitz.** 1908. 1 M. 60 Pf.

5. **Gesetz vom 24. April 1854 (betr. die außerehel. Schwängerung).** Von Dr. **Schulze.** 1873. 75 Pf. Gültiges Recht siehe: Reichsgesetze Nr. 58.

6. Die Preuß. **Ausführungsgesetze und Verordnungen zu den Reichs-Justizgesetzen.** Von **R. Sydow.** 3. vermehrte Aufl. 1895. 2 M. 40 Pf. S. Seite 25, Busch-Eylau, Ausführungsgesetze.

7. **Allg. Gerichtsordnung** und Preuß. **Konkursordnung.** Von **F. Vierhaus.** Vergriffen.

8. **Vormundschaftsordnung.** Von **F. Schultzenstein.** Gültiges Recht siehe: Reichsgesetze Nr. 47.

9. Die **Preußische Grundbuchgesetzgebung.** Von Prof. Dr. **Fischer.** Vergriffen. Siehe: Reichsgesetze Nr. 42.

10. **Einkommensteuergesetz.** Von **A. Fernow,** Geh. Ober-Finanzrat. 7. Aufl. 1908. 3 M. 25 Pf.

11. **Gewerbesteuergesetz.** Von **A. Fernow,** Geh. Ober-Finanzrat. 4., vermehrte Aufl. 1905. 2 M.

12. **Allgemeines Berggesetz** für die Preußischen Staaten vom 24. Juni 1865. Von **W. Westhoff** und **W. Schlüter.** 2. Aufl. 1907. 5 M.

13. **Ergänzungssteuergesetz** (Vermögenssteuergesetz). Von **A. Fernow,** Geh. Ober-Finanzrat. 4. vermehrte Aufl. 1907. 2 M. 40 Pf.

14. **Kommunalabgabengesetz.** Vom 14. Juli 1893 und Gesetz wegen Aufhebung direkter Staatssteuern. Von Dr. **F. Adickes,** Oberbürgermeister. 4. Aufl. 1906. 1 M. 50 Pf.

15. Die **Kreisordnungen** für den Preußischen Staat. Von **O. Kolisch,** Landgerichtsrat. 1894. 4 M.

16. **Konzessionierung gewerblicher Anlagen.** Preuß. Ausführungs-Anweisung zu §§ 16 u. ff. der Gewerbe-Ordnung. Von Dr. **W. v. Rüdiger,** Geh. Regierungs- u. Gewerberat. 2. Aufl. 1901. 2 M.

17. **Preußisches Gerichtskostengesetz.** Mit Kostentabellen. Von Dr. **P. Siméon,** Landgerichtsrat. 5. Aufl. 1908. 2 M. 60 Pf.

18. **Preußisches Stempelsteuergesetz** vom 31. Juli 1895. Mit Ausführungsbestimmungen und Tabellen. Von **P. Loeck,** Regierungsrat. 6. Aufl. 8°. 1907. 6 M.

19. **Das Jagdscheingesetz.** Mit ausführlichen Erläuterungen. Von **F. Kunze,** Wirklichem Geh. Ober-Regierungsrat. 2. Aufl. 1899. 2 M.

20. **Die preußischen Erbschaftssteuergesetze.** Unter Berücksichtigung der Novelle vom 31. Juli 1895. Von **U. Hoffmann,** Geh. Registrator im Königl. preuß. Finanzministerium. 1905. 4 M. (Reichs-Erbschaftssteuergesetz s. Reichsgesetze Nr. 77).

21. **Gesetz über die Handelskammern.** Von **F. Lusensky,** Geh. Regierungsrat. 2. Aufl. 1909. ca. 3 M.

22. **Gesetz, betr. Anstellung und Versorgung der Kommunalbeamten.** Von Dr. **W. Ledermann,** Magistratsassessor zu Berlin. 1899. 1 M. 25 Pf.

23. **Ausführungsgesetz zum Bürgerlichen Gesetzbuche.** Von Landrichter Dr. **P. Siméon.** 2. Aufl. 1905. 1 M. 80 Pf.

24. **Die Hinterlegungsordnung** in der Fassung des Ausführungsgesetzes z. BGB. v. 20. Sept. 1899 nebst Ausführungsbestimmungen. Von Regierungsrat Dr. **Georg Bartels.** 2. Aufl. 1908. 2 M.

25. **Preußische Kommunalbeamtengesetzgebung.** Von Magistr.-Assess. Dr. **Fr. Kremski,** Berlin. 1901. 3 M.

26. **Gesetze über das Diensteinkommen der Lehrer und Lehrerinnen, Ruhegehalt und Fürsorge für Hinterbliebene.** Tabelle zur Berechnung der Ruhegehalts-, Witwen- u. Waisenbezüge. Von Dr. **Ed. Cremer,** Beigeordneter. 1900. 2 M. 40 Pf.

27. **Gesetz, betreffend die Warenhaussteuer.** Von Geh. Ober-Finanzrat Dr. **G. Strutz.** 1900. 1 M. 20 Pf.

28. **Gesetz über die Fürsorgeerziehung Minderjähriger.** Von Landgerichtsdirektor Dr. **P. F. Aschrott.** 2. umgearbeitete Aufl. 1907. 2 M. 80 Pf.

29. **Gesetz, betr. die ärztlichen Ehrengerichte, das Umlagerecht und die Kassen der Aerztekammern.** Von Amtsgerichtsrat Dr. **F. Fidler.** 1901. 1 M. 50 Pf.

30. **Die das Preußische Staatsschuldbuch und Reichsschuldbuch** betr. Gesetze nebst Ausführungsbestimmungen. Von Wirkl. Geh. Ober-Finanzrat **J. Mücke,** Mitglied der Staatsschuldenverwaltung. 1902. 2 M.

31a. **Die geltenden Preußischen Gesindeordnungen.** Herausgegeben in zwei Bänden von **Stephan Gerhard,** Rechtsanwalt in Berlin. 1902.

Band I: Gesindeordnung für die altpreußischen Provinzen vom 8. XI. 1810, mit Erläuterungen unter Berücksichtigung der Ergänzungsgesetze und der Rechtsverhältnisse der Gesindevermieter, sowie die Gesindeordnungen für Neuvorpommern und Rügen und für die Rheinprovinz. 2 M. 50 Pf.

31b. **Band II:** Gesindeordnungen für Hannover, Schleswig-Holstein, Hessen-Nassau und den Regierungsbezirk Hohenzollern. 2 M. 50 Pf.
Siehe auch Seite 24: Ratgeber von Grieben.

32. **Die Städteordnung für die sechs östlichen Provinzen Preußens vom 30. Mai 1853.** Von **Dr. jur. Walter Ledermann,** Magistrats-Assessor zu Berlin. 8°. 1902. 6 M.

33. **Rentenguts- und Anerbenrechts-Gesetzgebung in Preußen.** Von Landgerichtsrat **M. Peltasohn** und Rechtsanwalt **Bruno Peltasohn.** 1903. 3 M.

34. Sammlung der wichtigsten **preußischen** Strafgesetze nebst Anhang: **Gesetz** betr. polizeiliche Strafverfügungen vom 23. April 1883. Von **Otto Lindemann,** Amtsrichter. 1903. 2 M. 50 Pf.

35. **Geschäftsordnung für Gerichtsvollzieher.** Gerichtsvollzieherordnung und Gebührensätze von Amtsgerichtssekretär **Emil Exner.** 1904. 3 M. 50 Pf.

36. **Polizeiverordnungen in Preußen.** Von **Otto Lindemann,** Landrichter. 1904. 1 M. 50 Pf.

37. **Gesetz** über die **Enteignung von Grundeigentum** vom 11. Juni 1874. Von Landrichter **O. Meyer.** 1905. 2 M.

38. **Kreis- und Provinzial-Abgabengesetz.** Vom 23. April 1906. Von **Fr. Schmidt,** Gemeindevorsteher. 1906. 1 M. 25 Pf.

39. Gesetz betr. die **Unterhaltung der öff. Volksschulen.** Von **Dr. A. Marcks,** Reg.-Rat. 1906. 2 M.

40. **Verwaltungsstrafverfahren** bei Zuwiderhandlungen gegen die Zollgesetze und indirekte Reichs- und Landesabgaben, sowie die Bestimmungen über die Schlacht- und Wildpretsteuer vom 26. Juli 1897. Von **Dr. Richard Katzenstein,** Gerichtsassessor. 1907. 3 M. 60 Pf.

41. Die **preußischen Jagdpolizeigesetze.** Von **Fr. Kunze,** Wirkl. Geh. Oberregierungsrat und **R. Kühnemann,** Rechtsanwalt. 2. Aufl. 1907. 3 M. 60 Pf.

42. Die Gesetzgebung über die **Allgemeine Landesverwaltung** und über die **Zuständigkeit der Verwaltungs- und Verwaltungsgerichtsbehörden.** Von Rechtsanwalt **Dr. Karl Friedrichs.** 1908. 3 M.

43. Gesetz betr. die **Zulassung einer Verschuldungsgrenze** für land- und forstwirtschaftlich benutzte Grundstücke v. 20. August 1906 nebst Ausführungsvorschriften. Von Dr. jur. **R. Leweck,** Syndikus der Ostpreuß. Landschaft. 1908. 2 M. 40 Pf.

44. **Quellenschutzgesetz** vom 14. Mai 1908 nebst den Ausführungsbestimmungen von **Carl Voelkel,** Geheimer Bergrat. 1909. 1 M.

Guttentag'sche Sammlung von
Text-Ausgaben mit Sachregister ohne Anmerkungen.
Taschenformat, elegant in Leinen gebunden.

Reichs-Justizgesetze: Gerichtsverfassungsgesetz. Zivilprozeßordnung. Konkursordnung. Strafprozeßordnung. 2. Aufl. In einem Bande geb. 3 M. 80 Pf.

Zivilprozeßordnung mit **Gerichtsverfassungsgesetz** und **Einführungsgesetzen** in den neuesten Fassungen. 2 M.

Konkursordnung mit **Einführungsgesetz.** 80 Pf.

Bürgerliches Gesetzbuch nebst Einführungsgesetz. 10. Abdruck. 2 M. 50 Pf. Ausg. v. Winter. Siehe S. 25.

Handelsgesetzbuch nebst **Einführungsgesetz** u. **Seerecht.** 7. Abdruck. 1 M. 80 Pf.

Ausführungsanweisung zur Gewerbeordnung vom 1. Mai 1904 nebst der preuß. technischen Anleitung. 2 M.

Militärstrafgerichtsordnung nebst **Einführungsgesetz** u. Ges., betr. Dienstvergehen der richterlichen Militärjustizbeamten u. unfreiwillige Versetzung derselben usw. **Militär-Strafgesetzbuch***) mit Abdruck der entsprechenden Bestimmungen des Reichs-Strafgesetzbuchs. 2. Aufl. 1 M. 50 Pf. *) Ist auch einzeln zu haben. Preis 1 Mk.

Wechselordnung in der Fassung der Bekanntmachung v. 3. Juni 1908. Mit Anhang: **Wechselprozeß und Ausführungsanweisung.** 1908. 1 M.

Bürgerliches Gesetzbuch nebst Einführungsgesetz. Von Landrichter Dr. **Paul Winter.** 1901. 8°. Geb. in Leinen 3 M.

Die Preußischen Ausführungsgesetze zum Bürgerlichen Gesetzbuche und Nebengesetze. Text-Ausgabe ohne Anmerkungen. 5. Aufl. Taschenformat. Geb. in ganz Leinen Preis 1 M. 80 Pf.

Guttentag'sche Sammlung von Text-Ausgaben mit Sachregister ohne Anmerkungen.

Die Preußischen Ausführungsgesetze, Verordnungen und ministeriellen Verfügungen zu dem Bürgerlichen Gesetzbuche und den Reichs-Justizgesetzen nebst anderen zugehörigen Gesetzen. Von **L. Busch.** 2. Aufl. von Gerichtsassessor **O. Eylau.** 8°. Preis geb. 4 M. 50 Pf.

Preußische Bürgerliche Gesetzsammlung. Sammlung der noch geltenden Landesgesetze privatrechtlichen Inhalts. Herausgegeben von den Gerichtsassessoren **D. Fischer** und **Dr. F. Schroeder.** 8°. 2 Bände Preis geb. in ganz Leinen 20 M.

Erster Band: **Das Allgemeine Landrecht mit den Einführungs-Patenten.** Preis 6 M.

Zweiter Band: **Gesetze von 1773—1902.** Preis 14 M.

Der Post-Überweisungs- und Scheckverkehr. Vortrag von Geh. Ober-Postrat **Max Aschenborn,** Vortragender Rat im Reichspostamt, nebst einem Abdruck der **Postscheckordnung** mit Ausführungsbestimmungen und Formularen. 30 Pf.

Preußisches Baupolizeirecht. Mit Kommentar der Baupolizeiverordnung für die Vororte von Berlin. Vom 28. Mai 1907. Von Gemeinde-Baurat **Carl Saß,** Königlichen Reg.-Baumeister a. D. Preis 6 M.

Fluchtliniengesetz. — Das Gesetz, betreffend die **Anlegung** und **Veränderung** von Straßen und Plätzen in Städten und ländlichen Ortschaften vom 2. Juli 1875. Des Kommentars von weil Oberverwaltungsgerichtsrat R. Friedrichs. Sechste, völlig neubearbeitete Auflage. Von Senatspräsident Dr. jur. Hugo von Strauß und Torney. 1909. Im Druck.

Invalidenversicherungsgesetz vom 13. Juli 1899. Handausgabe mit Anmerkungen herausgegeben von Dr. Richard Freund, Vorsitzendem der Landes-Versicherungsanstalt Berlin. 3 Aufl. geb. 5 M.

Wie leitet man eine Versammlung? Geschäftlicher Handweiser für Vorsitzende. Von einem Mitgliede des deutschen Reichstages und des preußischen Abgeordnetenhauses. 2. Aufl. 1908. kart. 1 M.

Praktischer Ratgeber für Dienstherrschaften nach dem Preuß. Gesinderecht unter Berücksichtigung der neueren Entscheidungen bearbeitet von H. Grieben, Verwaltungsdir. a. D. u. Bürgermeister. 1908. 1 M.

Das Recht der Handlungsgehilfen und Handlungslehrlinge. Von Rechtsanwalt Hugo Horrwitz. 2. Aufl. 1905. (203 S.) Geb. in Leinen 3 M.

Die Registratur. 2. Auflage. 1906. Von Hermann Kollrack, Kgl. Polizeisekretär am Berliner Polizeipräsidium. 8°. (84 S.) Kart. 1 M. 40 Pf.

Die Pflichten des Waisenrates. Ein praktischer Leitfaden für Waisenräte und Verwaltungsbeamte. Von F. Baum, Geh. Justizrat und Vormundschaftsrichter. Achte vermehrte und verbesserte Auflage. 1906. 8°. (46 S.) 60 Pf.

Der Vormund, Gegenvormund, Pfleger u. Familienrat. Nach dem Bürgerlichen Gesetzbuch, dem Reichsgesetz über die Angelegenheiten der freiwilligen Gerichtsbarkeit und dem Ausführungsgesetz zum BGB. Ein praktischer Leitfaden. Von F. Baum, Geh. Justizrat und Vormundschaftsrichter. 1899. 8°. (64 S.) 50 Pf.

Schlagwort-Register.

R. = Nummer der Sammlung Deutscher Reichsgesetze.
P. = Nummer der Sammlung Preußischer Gesetze.
S. = Seite.

Abzahlungsgeschäfte R. 34.
Aerztekammern P. 29.
Aerztl. Ehrengerichte P. 29.
Aktienrecht R. 24, 26.
Altersversicherungsges R. 30.
Anerbenrechtsgesetz P. 33.
Anfechtungsgesetz R. 13.
Ansiedelungsgesetz s. S. 23 Baupolizeirecht.
Arbeiterschutzgesetz R. 6.
Arbeiterversicherungsgesetze R. 20, 23, 28, 30, 57.
Arzneimittel R. 6, 64.
Ausführungsanweisung zur Gew.O. S. 22.
Ausführungsgesetze z. BGB. P. 23, S. 22.
Ausführungsgesetze zu den Reichsjustizgesetzen P. 6, S. 23.
Auslieferungsverträge R. 86.
Auswanderungsgesetz R. 9, 44.
Automobilges. R. 18.

Bankgesetz R. 26.
Baufluchtengesetz S. 23.
Bauunfallversicherungsgesetz R. 28.
Baupolizeirecht S. 23.
Beamtengesetze R. 10, 82, 92, P. 2.
Bekämpfung gemeingefährlicher Krankheiten R. 56.
Belagerungszustand P. 34.
Berggesetz P. 12.
Beschlagnahme von Lohn- und Gehaltsforderungen R. 55.
Beurkundung des Personenstandes R. 59.
Binnenschiffahrtsgesetz R. 36.
Blei- u. zinkhaltige Gegenst. R. 9.
Börsengesetz R. 41.
Börsensteuergesetz R. 18.
Brausteuererhebung R. 25.
Bundes- und Staatsangehörigkeit R. 8.
Bürgerliche Gesetzsammlung für Preußen S. 24.
Bürgerliches Gesetzbuch R. 38/39, S. 22, 23.
Bürgerliches Rechts-Lexikon S. 31.

Chausseegeld P. 34.
Civilprozeßordnung R. 11, S. 22.

Dampfkesselbetrieb R. 6, P. 34.
Deichgesetz S. 23 (Baupolizeirecht).
Depotgesetz R. 40.
Diensteinkommen der Lehrer und Lehrerinnen P. 26.
Dienstboten siehe Gesinde.
Ratgeber für Dienstherrschaften S. 24.
Drogenhandel R. 48, 64.

Eheschließungsgesetz R. 59.
Einkommensteuergesetz P. 10.
Eisenbahngesetzgebung R. 66, 35.
Eisenbahnverkehrsordnung R. 91.
Elektrizitäts-Diebstahl R. 2.
Enteignung von Grundeigentum P. 37.
Entmündigungsgesetz R. 45.
Entschädigung freigesprochener Personen R. 12.
Entschädigung unschuldig Verhafteter u. Verurteilter R. 73.
Entziehung elektr. Arbeit R. 2.
Erbschaftssteuergesetz R. 77, P. 20.
Ergänzungssteuergesetz P. 13.
Erwerbs- und Wirtschaftsgenossenschaften R. 29,

Fahrkartensteuer R. 18.
Farbengesetz R. 9, 48.
Farbenhandel R. 48.
Feingehalt der Gold- und Silberwaren R. 9.
Feld- u. Forstpolizeiges. P. 34.
Feuerversicherung P. 34.
Fischereigesetz P. 34.
Fleischbeschauges. R. 9, 54, 68.
Flößereigesetz R. 36.
Forstdiebstahl P. 34.
Frachturkundensteuer R. 18,
Freiwillige Gerichtsbarkeit R. 46.
Freizügigkeit R. 8.
Fürsorgeerziehung Minderjähriger R. 47, P. 28.

Gast- u. Schankwirtschaftsgehilfen R. 6.
Gebrauchsgegenstände, Verkehr mit R. 9, 54.
Gebrauchsmusterschutzgesetz R. 9, 84.
Gebührengesetz, preußisches, für Rechtsanwälte und Gerichtsvollzieher R. 17.
Gebührenordnung für Gerichtsvollzieher R. 15.
Gebührenordnung für Notare P. 4.
Gebührenordnung für Rechtsanwälte R. 17.
Gebührenordnung für Zeugen und Sachverständige R. 15.
Gehaltsforderungen, Beschlagnahme von R. 55.

Genehmigung gewerblicher Anlagen P. 16.
Genossenschaftsgesetz R. 29.
Genußmittel, Verkehr mit R. 9, 54.
Gerichtsbarkeit, freiwillige R. 46.
Gerichtskostengesetz, deutsches R. 15.
Gerichtskostengesetz, preußisches P. 17.
Gerichtsordnung, Preußische P. 7.
Gerichtsverfassungsgesetz R. 14, 11, 12, S. 22.
Gerichtsvollzieher-Gebührenordnung R. 15.
Geschäftsordnung für Gerichtsvollzieher P. 35.
Gesellschaften mit beschränkter Haftung R. 32.
Gesetzbuch, Bürgerliches R. 38/39, S. 22, 23.
Gesetzestafel des deutschen Reichsrechts R. 63.
Gesetz-Sammlg., preuß. S. 23.
Gesindedienstpflichten P. 34.
Gesindeordnungen, preußische P. 31 a, 31 b, S. 24.
Gesundheitswesen R. 27.
Gewerbebetrieb im Umherziehen R. 6, P. 34.
Gewerbegerichte R. 31.
Gewerbeordnung R. 6, S. 22.
Gewerbesteuergesetz, preußisches P. 11.
Gewerbe-Unfallversicherungsgesetz R. 23.
Gifthandel R. 48, 64.
Gold- u. Silberwaren-Feingehalt R. 9.
Grundbuchordnung R. 42,
Grundbuchgesetzgebung, Preußische P. 9.
Grundeigentum, Enteignung von P. 37.

Haftpflichtgesetz R. 70.
Handelsgesetzbuch R. 4, S. 22,
Handelskammergesetz P. 21.
Handfeuerwaffen R. 9.
Handlungsgehilfen S. 24.
Handwerkergesetz R. 6.
Hilfskassen, eingeschr. R. 20.
Hinterlegungsordnung P. 24.
Hypothekenbankgesetz R. 51.

Jagdpolizeigesetz P. 34, 41.
Jagdscheingesetz P. 19, 34.
Inhaberpapiere mit Prämien R. 9.
Internat. Privatrecht R. 90.
Invalidenversicherung R. 30. S. 24.

Kaufleute, Pflichten bei Aufbewahrung von Wertpapieren R. 40.
Kaufmannsgerichte R. 74.
Kiautschou-Gebiet, militär. Strafrechtspflege im R. 3.

Kinder, Recht d. unehel. R.58.
—, Unterbringung verwahrloster R. 47.
Kinderarbeit, gewerbl. R.2, 71.
Kinderschutzgesetz R. 71.
Kolonialgesetzgebung R. 49.
Kommunalabgabenges. P. 14.
Kommunalbeamtenges. P. 22.
Kommunalbeamtenrecht P. 25.
Konkursordnung R.13, S.22.
Konkursordnung, Preuß. P. 7.
Konsulargerichtsbarkeit R.75.
Konsulargesetzgebung R. 21, 75.
Konzessionierung gewerbl. Anlagen P. 16.
Kraftfahrzeuge R. 18.
Krankenversicherungsgesetz R. 20.
Kreisabgabengesetz P. 38.
Kreisordnungen P. 15.

Ladenschluß R. 6.
Landesgesetze, privatrechtliche. (Bürg. Gesetzsamml.) S. 23.
Landestrauer P. 34.
Landesverwaltungges. P. 42.
Landrecht, preußisches S. 23.
Lehrergehalts- u. -Pensionsgesetze P. 26.
Literaturschutz R. 60.
Lohnforderungen, Beschlagnahme von R. 55.
Lotteriespiel P. 34.

Mannschaftsversorgungsges. R. 79 b.
Mantelgesetz R. 23.
Margarinegesetz R. 9, 54.
Markenschutzgesetz R. 87.
Medizinalgesetzgebung R. 27.
Militärpensionsgesetze R. 79.
Militärische Geheimnisse, Verrat R. 9, 84.
Militärstrafgerichtsordnung R. 3, S. 22.
Militärstrafgesetzbuch R. 67, S. 22.
Minderjährige, Fürsorgeerziehung für R. 47, P. 28.
Mineraliengewinnung und Aneignung P. 34.
Mobiliar-Feuerversich. P. 34.
Modellschutzgesetzgeb. R. 9.
Münzwesen R. 26.
Musterschutzgesetz R. 9.

Nahrungsmittelgesetze R. 9, 54, 65.
Naturalleistung für die bewaffnete Macht R. 69.
Notare, Gebührenordnung für preußische P. 4.
Notenbankwesen R. 26.
Nottestament P. 3.

Patentgesetz R. 22, 9.
Personenstandsges. R. 59, 9, 2.
Photographieschutz R. 81, 9.

Polizeiverordnungen i. Preußen P. 36.
Postgesetze R. 7.
Postscheckordnung R. 85, S. 23.
Preßgesetz R. 9, 53.
Preußische Verfassung P. 1.
Privatrechtliche preußische Landesgesetze S. 23.
Privatrechtliche Reichsgesetze R. 84, 90.
Provinzialabgabenges. P. 38.

Quellenschutzgesetz P. 44.

Rayongesetz R. 84.
Reblausgesetz R. 84, P. 34.
Rechte der Besitzer v. Schuldverschreibungen R. 52.
Rechtsanwalts-Gebührenordnung R. 17.
Rechtsanwaltsordn. R. 16.
Rechtshilfe R. 76.
Rechtslexikon S. 23.
Rechtsmittel S. 29, 30.
Registerführung, gerichtliche R. 80.
Registratur S. 24.
Reichsbeamtengesetz R. 10, 82.
Reichseisenbahngesetzgebung R. 35, 66.
Reichserbschaftssteuer R. 77.
Reichsgewerbeordnung R. 6, S. 22.
Reichsgrundbuchordn. R. 42,
Reichs-Justizgesetze S. 22, R. 11, 12, 13.
— —, Ausführungsgesetz dazu S. 22.
Reichskassenscheine R. 9.
Reichsmilitärgesetz R. 9a.
Reichspreßgesetz R. 53.
Reichsschuldbuch P. 30.
Reichsseuchengesetz R. 9, 55.
Reichsstempelgesetz R. 18.
Reichsverfassung R. 1.
Rentengutsgesetze P. 33.
Rinderpest R. 9.

Saccharingesetz R. 9, 54.
Schadensersatz an unschuldig Verhaftete u. Verurteilte R. 73.
Scheckgesetz R. 85.
Schlachthäuser P. 34.
Schlachtviehgesetz R. 9, 54, 68.
Schonzeit des Wildes P. 34.
Schuldverschreibungsgesetz R. 52.
Schulunterhaltungsgesetz P. 39.
Schutztruppe, Strafverfahren R. 3, Pension R. 79.
Schwängerung, außereheliche R. 58, P. 5.
Seegesetzgebung R. 19.
See-Unfallversicherungsgesetz R. 57.
Seuchengesetz R. 56.
Sklavenhandel R. 9.

Sozialpolitische Gesetze R. 20, 23, 28, 30, 57, 72.
Sprengstoffgesetz R. 2, 9.
Staatsangehörigkeit, Erwerb und Verlust R. 8.
Staatsschuldbuch P. 30.
Staatssteuern, Gesetz betr. Aufhebung direkter P. 14.
Städteordnung für die 6 östlichen Provinzen P. 32.
Stempelsteuergesetz f. Preußen P. 18.
Stempelsteuergesetz für das Reich R. 18.
Steuergesetze R. 5, 18, 25, P. 10, 11, 13, 14, 18, 20, 27.
Strafgesetzbuch R. 2.
Strafgesetze preuß. P. 34.
Strafprozeßordnung R. 12, S. 24.
Strafrechtliche RG. R. 9.
Straßen- und Baufluchtengesetz S. 24.
Süßstoffe, künstliche R. 9, 54, 64.

Tantièmensteuer R. 18.
Telegraphengesetze R. 7.
Testamentsrecht P. 3.

Uneheliche Kinder R. 58.
Unfallversicherungsgesetze R. 23, 28, 57, 72.
Unlauterer Wettbewerb R. 37.
Unterbringung verwahrloster Kinder R. 47, 28.
Unterhaltung d. Volksschulen P. 39.
Unterstützungswohnsitz R. 8.
Urheberrechtsgesetze R. 9, 60, 22, 81.

Vereinsgesetz R. 88.
Vereins- u. Versammlungsrecht R. 33, P. 34.
Verfälschung v. Nahrungsmitteln R. 54, Wein R. 65.
Verfassung, Reich R. 1
Verfassung, preußische P. 1.
Verkehrsabgaben P. 34.
Verlagsrecht R. 61.
Vermögenssteuergesetz P. 13.
Verrat militärischer Geheimnisse R. 2, 9.
Versammlung, wie leitet man eine S. 24.
Verschuldungsgrenze P. 43.
Versicherungsvertrag R. 83.
Versicherungsunternehmungen, private R. 62.
Versorgung der Kommunalbeamten P. 22.
Verwaltungsstrafverfahren P. 40.
Verwendung gesundheitsschädlicher Farben, Nahrungsmittel, Wein R. 54, 65.
Viehkauf (Viehgewährschaft) und Viehhandel R. 50.
Viehseuchengesetz R. 84.

Vogelschutzgesetz R. 89.
Vormundschaftsordnung, preußische P. 8.
Vormundschaftsrecht, Deutsches R. 47, S. 25.

Waisenrat S. 35.
Wald- und Wassergenossenschaft P. 34.
Wandergewerbebetrieb P. 34.
Warenzeichenrecht R. 9, 87.
Warenhaussteuergesetz P. 27.
Wechselordnung R. 5, S. 22.
Wechselstempelsteuerges. R. 5.
Weingesetz R. 9, 54, 64, 65.
Wertpapiere, Depotgesetz R. 40.
Wettbewerb, Bekämpfung unlauteren R. 9.
Wild-Schonzeit P. 34.
Wuchergesetz R. 2.

Zigarettensteuergesetz R. 78.
Zuständigkeitsgesetz P. 42.
Zwangserziehung R. 47.
Zwangsversteigerung an Immobilien R. 43.
Zwangsvollstreckungsgesetz R. 43.

---

5. 45 000. V. 09.

Kolibri 360 GmbH
Ferdinand-Jühlke-Straße 7
99095 Erfurt, Deutschland
produktsicherheit@kolibri360.de